Sabrina Görlitz

Letzte Gefühle

© Franz Schepers

Sabrina Görlitz ist ausgebildete Jounalistin und Sterbebegleiterin. Seit 2019 begleitet sie als Geschichtenpflegerin unheilbar erkrankte Menschen in ihren letzten Lebenswochen. Gemeinsam mit ihnen schreibt sie auf Grundlage der Würdezentrierten Therapie ihre Biografie auf. Außerdem ist sie Dozentin im Studiengang »Palliativ begleiten« an den Fernschulen Hamburg und Gründerin von Story Care®. Sie hält Vorträge über die Kraft des Storytellings in der Palliativpflege und setzt sich dabei insbesondere für die Würdigung der traurigen Momente in der Lebensgeschichte ein. Über ihre besondere Form der Biografiearbeit berichten zahlreiche Medien wie *Spiegel, SZ* und *DLF*. www.storycare.de

Sabrina Görlitz

Letzte Gefühle

Über das Sterben, Trauern und die Liebe, die bleibt

BELTZ

MIX
Papier aus verantwortungsvollen Quellen
FSC® C089473
www.fsc.org

Klimaneutral
Papier
ClimatePartner.com/13732-1910-1001

Dieses Buch ist erhältlich als:
ISBN 978-3-407-86785-8 Print
ISBN 978-3-407-86786-5 E-Book (EPUB)

1. Auflage 2023

in der Verlagsgruppe Beltz • Weinheim Basel
Werderstraße 10, 69469 Weinheim

Dieses Werk wurde vermittelt durch rauchzeichen-agentur, Berlin.

Lektorat: Katharina Theml, Büro Z, Wiesbaden; Dorothea Bühler
Umschlaggestaltung: FAVORITBUERO, München
Bildnachweis: © Bukhavets Mikhail/Shutterstock.com

Herstellung, Layout und Satz: Sarah Veith
Druck und Bindung: Beltz Grafische Betriebe, Bad Langensalza
Beltz Grafische Betriebe ist ein klimaneutrales Unternehmen (ID 15985-2104-100)
Printed in Germany

Weitere Informationen zu unseren Autor*innen und Titeln
finden Sie unter: www.beltz.de

Für meinen Vater, meine erste große Liebe,
und für meinen Sohn, meine letzte

Inhalt

Vorgeschichte:
Am Anfang war das Wort 9

1
Aufbruch: Im Schatten der Hoffnung 22

2
Auf der Suche nach dem verklungenen Herzschlag 51

3
Ziemlich schlechte Freunde 67

4
Das Recht auf eine unsichere Welt 90

5
Schweigen ist Silber, Reden ist Gold 119

6
Sehnsucht nach Zuhause 141

7
Jenseits der Hoffnung 167

8
Die Magie der Trauer 191

9
Ankunft: Ein Ort zwischen richtig und falsch 214

10
Die Sache mit dem Loslassen 232

Nachwort:
Ein letzter Akt der Elternschaft 241

Anmerkung der Autorin 254

Quellenhinweise 256

Vorgeschichte
Am Anfang war das Wort

Ich weiß noch genau, wie ich von der Unausweichlichkeit des Todes erfuhr. Es war Herbst, ich war drei oder vier Jahre alt. Mein Bruder, meine Mutter und ich waren auf dem Weg in die Innenstadt, und wir liefen wie immer an der Friedhofsmauer entlang. Der Bürgersteig war von knisternden braunen und gelben Blättern übersät, durch die ich mir tanzend den Weg bahnte. Die beiden unterhielten sich über einen älteren Bekannten, der bald sterben würde.

»Warum muss er denn sterben?«, fragte ich.

Mein Bruder, fast sechs Jahre älter, antwortete: »Weil wir alle einmal sterben müssen.«

Meine Mutter sagte nichts, ich auch nicht, und schon war das Gespräch wieder vorbei. Ich hörte auf, durch die Blätter zu tanzen, das weiß ich noch. Ich lief nur noch geradeaus, mit hängendem Kopf.

An diesem Tag, an dem ich erfahren hatte, dass das Leben vergänglich ist und alle Menschen sterblich sind, ist irgendetwas in mir zerbrochen. Ich weiß heute, dass das nicht hätte sein müssen. An diesem Tag wurde aber auch meine Sehnsucht nach Reparatur geboren, und deswegen ist es auch der Tag, an dem diese Geschichte beginnt. Ja genau, sie beginnt mit fehlenden Worten.

In jedem Leben kommt eine Zeit, in der wir erfahren, dass wir sterblich sind. Und als wäre das nicht schon an profunder Information genug, geht dieser Moment in der Regel auch mit der Erkenntnis einher, dass dieses universale Gesetz auch die Menschen betrifft, die wir lieben. Unsere Eltern zum Beispiel. Oft sind sie es, die uns dann versichern, dass es aber noch ganz lange dauert, bis es so weit ist. *Irgendwann. Nicht jetzt.*

Heute weiß ich, dass dieses zunächst beruhigende »Irgendwann, aber nicht jetzt« auch eine unangenehme Kehrseite hat. Es kann sein, dass wir uns immer noch daran festklammern, wenn aus diesem unbestimmten Irgendwann in der Zukunft ein zum Greifen naher Tag geworden ist. Es fällt schwer, an die Gegenwart zu glauben, wenn es ums Sterben geht. Manchmal denke ich, wir glauben nicht einmal ans Sterben selbst. Wir wissen darum, aber wir glauben nicht daran. Dass es tatsächlich passiert, geschweige denn uns selbst.

Bei mir war das schon immer ein bisschen anders. Ich habe mich bereits in meiner Kindheit obsessiv mit dem Sterben beschäftigt, und obwohl ich nicht sterben wollte, hat mich dieses Vertrösten aufs Irgendwann eher verstört. Wenn der Tod etwas ist, was uns alle betrifft, was niemanden ausschließt – warum schließen wir ihn dann aus der Gegenwart aus und geben uns der Illusion hin, ihn auf unbestimmte Zeit in die Zukunft verschieben zu können?

Ich erinnere mich noch sehr gut daran, wie ich in der Grundschule einmal all meinen Mut zusammennahm und meine Religionslehrerin auf den Tod ansprach. Doch als ich mich ihr mitten im Unterricht offenbarte, war sie überfordert.

»Ich denke oft an den Tod«, sagte ich, »und der Gedanke daran macht mir Angst. Ich frage mich, was dann wird, ob es ein Leben danach gibt.«

Wenn man jemandem so eine Frage stellen konnte, dann doch einer Religionslehrerin, dachte ich. Doch Frau Andresen ließ die Gelegenheit verstreichen.

»Du bist noch so jung, Sabrina, lebe erst einmal dein Leben.«

Ich wusste nichts mit dieser Aussage anzufangen. Wie sollte ich denn »erst einmal mein Leben leben«, wenn ich mir nicht sicher sein konnte, dass es in ein großes Ganzes eingebettet war, sodass am Ende alles doch irgendwie einen Sinn ergab?

Natürlich, es ist nicht leicht, Kindern, vor allem seinen eigenen, sagen zu müssen, dass man eines Tages nicht mehr bei ihnen sein wird – im Idealfall, denn andersherum möchte man es ja auch nicht erleben. Und als Überbringerin von schlechten Nachrichten hat man tendenziell auch ein schlechtes Gewissen, selbst wenn man für die Nachricht selbst gar nichts kann, und möchte sich schnell wieder besser fühlen. An der Stelle kommt dann die Hoffnung ins Spiel.

»Es dauert sicherlich noch ganz lange«, und wenn wir »sicherlich« sagen, meinen wir eigentlich »hoffentlich«. *Hoffentlich* werden wir noch viel Zeit miteinander haben. Aber die wenigsten nutzen diese Zeit, um sich und ihre Liebsten vorzubereiten auf das, was mit Sicherheit irgendwann kommt.

Auch ich war über dreißig Jahre mehr oder minder allein mit meinen Gedanken an den Tod, ein Umstand, mit dem ich mich einigermaßen arrangiert hatte. Es gab Zeiten, in denen er präsenter war als in anderen, und das waren in der Regel die Phasen, die von Veränderungen gekennzeichnet waren. Die Pubertät, das Ende einer Beziehung, ein Ortswechsel, der Studienabschluss, solche Sachen. Übergänge fielen mir besonders schwer. Bevor ich einen unwiderruflich verstrichenen Lebensabschnitt loslassen und mich auf einen neuen einlassen konnte, fiel ich in ein tiefes Loch, in dem die Grübeleien über den Tod viel Raum einnahmen. Sie ließen kaum Platz übrig für Lebensfreude und Leichtigkeit. Das Nachdenken über den Tod nahm mir regelmäßig die Energie, mich konstruktiv mit meinem Leben zu beschäftigen. Gleichzeitig war es sicherlich auch eine sogenannte »aufrechterhaltende Bedingung«, wie es in der Psychologie heißt, um es gar nicht erst zu tun. Warum leben, wenn man sterben muss?

Im Sommer 1995 fingen die Depressionen an. Ich war gerade fünfzehn geworden. Während meine gleichaltrigen Freundinnen gegen alles Mögliche rebellierten, kapitulierte ich als Teenagerin innerlich vor dem Nichts. Was für einen Sinn machte das Erwachsenwerden, wenn es mich in erster Linie bloß dem Tod näherbringt?

Es gab niemanden in meinem Umfeld, dem ich mich getraut hätte, diese Frage zu stellen. Oder andersherum: Es gab niemanden, dem ich zugetraut hätte, sie zu beantworten.

Als ich mit einundzwanzig einen Working Holiday Trip in Australien nach ein paar Monaten abbrechen musste, weil für die Depression kein Weg zu weit war und sie mich sogar dorthin verfolgt hatte, wies ich mich auf Drängen meiner Familie in eine psychiatrische Klinik ein. Ich weiß noch genau, wie ich am ersten Tag zur Visite in einen Raum gebeten wurde, in dem eine Handvoll Menschen in weißen Kitteln im Halbkreis um mich herumsaß. Ich wurde gefragt, was aktuell mein Hauptproblem wäre. Ich hätte alles Mögliche vorschieben können, so wie ich es zuvor immer gemacht hatte. Wie mein geringer Selbstwert die Beziehung zu meinem australischen Freund, den ich im vorherigen Jahr in Irland kennengelernt hatte, überschattete, zum Beispiel. Wie ich mich hin- und hergerissen fühlte zwischen dem Wind in meiner Heimat Schleswig-Holstein und der Sonne in Sydney. Ich hätte es ihnen leichter machen können, aber ich spürte, ich brauchte dringend jemanden, der das Schwere halten konnte. Also entschied ich mich für die Wahrheit.

»Ich beschäftige mich andauernd mit dem Tod, ich denke darüber nach, dass eigentlich alles sinnlos ist, wenn wir sowieso alle sterben müssen.«

Als ich in die Runde blickte, saßen sie alle mit gesenktem Kopf da, starrten auf ihre Klemmbretter und machten sich Notizen. Alibi-mäßig, glaubte ich, damit sie mich bloß nicht anschauen mussten. Niemand sagte ein Wort oder fragte nach. Wahrscheinlich waren meine Gedanken in ihren Ohren nur ein zu vernachlässigendes Symptom. Für mich jedoch waren sie der Ursprung allen Übels, und ich fühlte mich mal wieder darin bestätigt, dass es sich nicht lohnte, über den Tod zu sprechen. Seine Existenz war eine unumstößliche Wahrheit, die auch kein Halbgott in Weiß vom Thron stoßen konnte. Niemand von ihnen hatte Worte dafür, geschweige denn ein Medikament dagegen, und deswegen wandten sie sich lieber ab. Vielleicht hatte ich sie auch an ihren eigenen Tod erinnert, und sie hatten es als Kränkung empfunden. Jedenfalls checkte ich noch am selben Tag wieder aus der Klinik aus.

Irgendwie schaffte ich es aus den tiefsten Tälern aber auch immer wieder hinaus, und ich hatte auch viele gute, intensive Momente in meinem Leben, die ich sicher nicht erlebt hätte, wenn mir in stabilen Zeiten der Tod nicht auch ein Antrieb gewesen wäre. Ich glaube, er hat mich unbewusst auch immer motiviert, mich auf die Suche nach Augenblicken zu machen, die einen Funken Unsterblichkeit in sich trugen und natürlich dennoch flüchtig blieben.

Durch dieses ständige Auf und Ab dauerte vieles etwas länger in meinem Leben. Ich war Anfang dreißig, als ich mich das erste Mal in meinem Leben in einer tragfähigen Beziehung wiederfand. Nach nur wenigen Monaten wurde ich schwanger, ein Umstand, den ich zunächst nicht fassen konnte: Im Jahr zuvor hatte man mir im Zuge einer Routineuntersuchung eine Hormonstörung diagnostiziert, die eine Schwangerschaft eigentlich ausschloss. Ich hatte nie vorgehabt, Kinder zu bekommen, insofern hatte mich die Diagnose nicht beunruhigt, der blaue Streifen auf dem Schwangerschaftstest hingegen versetzte mich in großen Aufruhr. Mein Kopf konnte sich nicht vorstellen, Mutter zu werden. Als meine Frauenärztin das positive Testergebnis zwei Wochen später bestätigte, hatte mein Kopf jedoch nicht mehr viel zu sagen. Es waren nur vier Millimeter Leben auf dem Ultraschall zu sehen, aber es war das Schlagen dieses unfassbar kleinen Herzens, das mein eigenes ganz weich werden ließ. Ich fing vor Rührung an zu weinen. Der Sound machte mich glücklich. Und so tat ich etwas, was bis dahin eher untypisch für mich war. Ich entschied mich für die Veränderung. Für die Ungewissheit. Und für das Leben. In mir schlugen jetzt buchstäblich zwei Herzen, und es ist die schwere, aber wichtigste Aufgabe des Herzens, sich Schlag für Schlag immer wieder für das Leben zu entscheiden.

Bald fand ich heraus, dass es ein Junge wird, und da war mir klar, dass ich ihn Ennis nennen würde. Der Name kommt aus Irland, und ich habe ein paar der besseren Zeiten meines Lebens in Dublin verbracht. Außerdem gefiel mir die gälische Bedeutung: *the only choice*. Das passte doch gut.

Als Ennis endlich da war, kamen die Depressionen zurück. Rückblickend muss ich sagen: mit Ansage. Die bis dahin größte Veränderung in meinem Leben war eingetreten. Ich hatte ein Kind geboren. Aber ich hatte auch seinen unsichtbaren Zwilling auf die Welt gebracht: seinen Tod. Für ihn fehlten mir noch immer die passenden Worte.

Ich weiß noch, dass ich mich auf dem Weg in den Frühstückssaal der Geburtsklinik, Ennis in seinem fahrbaren Gitterbettchen vor mir herschiebend, mit einem kritischen Blick auf die anderen Neumütter fragte: *Wie viele von euch plagt wohl auch der Gedanke, dein Kind qua Amt zum Tode verurteilt zu haben?*

Ich schätzte, keine von ihnen, aber vielleicht lag ich falsch, denn ich sprach ja selbst auch mit niemandem darüber. Ich war mir sicher, dass die meisten Eltern vor allem über den ersten Atemzug ihrer Nachkommen entzückt gewesen waren, ohne dabei zeitgleich auch den letzten im Sinn zu haben. Ich schämte mich dafür, dass es bei mir mal wieder anders war, und behielt es deswegen lieber für mich. Scham macht stumm.

In den ersten Wochen und Monaten nach seiner Geburt dachte

ich sehr viel daran, dass Ennis diese Welt, die er doch gerade erst gefühlt aus dem Nirgendwo betreten hatte, eines Tages wieder verlassen würde. Und dass ich schuld daran war, dass er schließlich sterben würde – weil ich es war, die entschieden hatte, dass er lebt. Die Schuldgefühle verfolgten mich sogar in die wenigen Stunden Schlaf, die nach dem Stillen noch übrig blieben. Einmal träumte ich, dass wir Vögel waren, und Ennis flog unter meiner Schwinge neben mir her. Er musste nicht mit den Flügeln schlagen, sondern segelte ohne Anstrengung in meinem Windschatten. Das war ein schönes Bild, eigentlich – aber als ich wach wurde und auf mein kleines schlafendes Baby neben mir blickte, dachte ich wieder bloß daran, dass ich eines Tages nicht mehr die Kraft haben werde, voranzufliegen, und dass ich ihn schließlich zurücklassen muss. Aber ich teilte diese Dinge mit niemandem, weil ich die Hoffnung längst aufgegeben hatte, dass irgendjemand mit meinen Gedanken über das Ende etwas anfangen konnte.

Allmählich gewöhnte ich mich aber daran, dass Ennis jetzt hier war, und auch die Depressionen zogen sich ein wenig zurück. Es war im Übrigen nie so, dass es mir schwerfiel, eine Beziehung zu meinem Sohn aufzubauen, wie es bei postnatalen Depressionen manchmal der Fall ist. Ich hatte ihn sofort über alles geliebt. Es war die Verantwortung, die diese Liebe mit sich brachte, die so schwer auf meinen Schultern lastete. Und anders als vielleicht die meisten Mamas fühlte ich eben nicht nur die Verantwortung, ihn bestmöglich auf das Leben vorzubereiten, sondern auch auf das Sterben.

Manchmal, wenn er schlief, studierte ich ihn ganz genau: wie er da so lag, so zerbrechlich, schutzbedürftig und gleichzeitig noch mit der Unwissenheit über all den Herzschmerz gesegnet, den das dreidimensionale Leben mit sich bringt. Jetzt war es zu spät, um ihn vor jenem Herzschmerz zu bewahren. Jetzt war er da, und wenn er eines Tages gehen muss, dann werde ich vermutlich nicht mehr da sein, um ihm auf seiner letzten Reise die Hand zu halten. Vielleicht werde ich ihn irgendwo in Empfang nehmen, doch das kann ich heute nicht wissen. Was kann ich also jetzt, am Anfang seines Lebens tun, um ihn auf das Ende vorzubereiten?

Ich hatte keine Ahnung.

In der Theorie hatte ich mich zwar viel mit ihm beschäftigt, aber praktisch wusste ich eigentlich gar nichts über den Tod. Ich war noch nie dabei gewesen, wenn jemand starb, und ich hatte auch noch nie einen toten Menschen gesehen. So geht es heute den meisten Leuten, wir sehen einfach nicht mehr viel vom Tod – wir hören von ihm über Dritte oder in den Nachrichten, aber direkte Begegnungen haben wir in der Regel erst, wenn in unserer Familie jemand unheilbar erkrankt. Mein Opa starb in den Neunzigern im Krankenhaus an Leberkrebs, meine Oma 2011 an Magenkrebs in einem Pflegeheim, wo sie ihre letzten Wochen verbracht hatte. Ich hatte sie regelmäßig besucht, aber als sie zwei Tage nach Weihnachten starb, saß mein Bruder an ihrem Bett und ich fünfundsiebzig Kilometer entfernt in meinem Zimmer in Hamburg. Dafür, dass der Tod so eine große Rolle in meinem Leben spielte, hatte ich keinerlei praktische Erfahrungen vorzuweisen.

Ich beschloss, dass sich das ändern musste – denn jetzt hatte ich, im wahrsten Sinne des Wortes, eine Deadline, in Form einer Handvoll Leben. Wenn Ennis größer wird und erfährt, dass jeder, den er liebt, sterben muss, inklusive ihm und mir, wird er bestimmt darüber reden wollen. Und sein Umgang mit dieser Tatsache wird davon abhängen, was ich ihm zu diesem Thema zu sagen habe. Und auch wenn ich damals noch nicht wusste, wie meine Antworten ausfallen werden, wollte ich eines auf gar keinen Fall: Ihm diesen Rucksack mit all den ungesagten Wörtern vererben, der zeitlebens auf meinen Schultern lastete und der mich regelmäßig in die Tiefe zog. Ich erlebte es seit über dreißig Jahren am eigenen Leib: Es kann einfach nicht gesund sein, über etwas nicht zu sprechen, nur weil es traurig ist. So schwer der Gedanke auszuhalten ist, dass wir uns alle voneinander verabschieden müssen, so wahr ist er eben auch.

Schönheit ist Wahrheit, Wahrheit ist Schönheit, hat der englische Dichter John Keats gesagt – ein Satz, den ich sehr gut früher in meinem Leben gebraucht hätte. Aber mich hatte niemand in der Sprache des Todes oder der Trauer unterrichtet, geschweige denn in ihrer Poesie, also musste ich es selbst tun. Und wenn ich sie gelernt hatte, würde ich Ennis ein Buch über den Tod schreiben. Ich würde ihm eine Geschichte erzählen, die ihm die Angst davor nimmt. Uns beiden. Eine Geschichte, die dafür sorgt, dass das unsichtbare Band, das uns heute verbindet, nicht zerreißt, auch wenn der Tod es schließlich in nicht mehr messbare Weiten dehnt. Das war zumindest der Plan.

Mit meinem kleinen Kind war ich aber erst einmal ein paar Jahre ganz gut ausgelastet, ohne neben meiner »normalen« Arbeit als freie Autorin auch noch ein Buch zu schreiben, und so verschob ich meine Pläne immer wieder ins ungeliebte, aber gleichzeitig eben auch für mich sehr bequeme Irgendwann. Ende 2018, Ennis war inzwischen vier, verspürte ich jedoch auf einmal eine Dringlichkeit, endlich mit meiner Geschichte über den Tod anzufangen. Ich konnte diese Dringlichkeit nicht zuordnen, es war mehr eine innere Stimme, die mir zuflüsterte: »Es wird Zeit.«

Kurz darauf, im Januar 2019, besuchten Ennis, sein Papa Mirko und ich meine Eltern in meiner kleinen Heimatstadt in Schleswig-Holstein. Nach dem obligatorischen Kaffeetrinken liefen meine drei Lieblingsmänner in den nahe gelegenen Park für eine Runde Spielplatz. Später, als wir zurück in Hamburg waren, wollte Mirko mir stolz ein Foto zeigen, das er dort von Ennis und seinem Opa gemacht hatte.

»Ich habe ein richtig cooles Bild von Ennis und Wolfgang«, meinte er und gab mir sein iPhone.

In dem Augenblick, als ich auf den Bildschirm schaute – ein leiser Riss, irgendwo ganz tief in meinem Innern. Aus künstlerischer Sicht war es ein gelungenes Foto: ein strahlender kleiner Junge auf der Schaukel, der offenbar gerade einen Schubs von seinem Opa bekommen hatte, der ihn mit ausgestreckten Füßen bis vor die Kameralinse fliegen ließ. Hinein in die Zukunft. Im Hintergrund der grauhaarige Großvater in seiner dunkelblauen Winterjacke. Wie ein Symbol für die Vergangenheit. Doch es war nicht der Aufbau des Bildes, der mich aus der Fassung brachte, es war der Ausdruck im Gesicht meines Vaters.

»Kannst du es nicht sehen?«, fragte ich Mirko, meine Stimme ein bisschen zu schrill. »Guck mal, wie er schaut!«

Mein Vater hatte ein leichtes Lächeln im Gesicht, aber er wirkte irgendwie abwesend. Sein Gesicht war ein bisschen zur Seite geneigt, er blickte nach unten vorne, in Ennis' Richtung zwar, aber er schien durch dessen Rücken hindurchzuschauen. Und sein Hautton, der sonst das ganze Jahr über von der Sonne geküsst wirkte, hatte auf dem Foto einen Graustich bekommen, der mir zuvor nicht aufgefallen war. Mein Vater war inzwischen zweiundsiebzig, und vielleicht war es das erste Mal, dass ich ihn auch anschaute wie einen Zweiundsiebzigjährigen. Ich vermisste seinen *glow*, dieses spezielle Leuchten, das er immer für mich gehabt hatte. Den Schalk in seinen blauen Augen, die meistens strahlten wie der Ozean an einem klaren Sommertag. Klar, das Foto war an einem blassen Wintertag aufgenommen worden, aber das Gefühl, dass mein Vater selbst wie der Winter aussah, schickte mir einen Schauer über den Rücken. Ich gab Mirko schnell das Telefon zurück.

Ein paar Wochen später besuchten uns meine Eltern das letzte Mal in Hamburg. Ich erinnere mich an nichts Bemerkenswertes, was dieses Treffen angeht, bloß an den Abschied. Ich hatte sie etwas früher als gewöhnlich verabschiedet, weil ich gegen Abend noch auf den Geburtstag einer Freundin gehen wollte. Es war halb fünf, als wir Tschüss sagten, mit einer kurzen Umarmung wie immer. Während meine Eltern mit dem Fahrstuhl nach unten fuhren, stellten Ennis und ich uns schon an die Brüstung, die das geöffnete bodentiefe Wohnzimmerfenster absicherte. Wir warteten darauf, dass der blaue VW-Golf meines Vaters aus der Seitenstraße in die Hauptstraße vor unserem Fenster bog. Er hupte, als er um die Kurve fuhr, und obwohl sie uns von da unten nicht sehen konnten, winkten wir dem Auto hinterher, bis es schließlich außer Sichtweite geriet. Es war in diesem Moment, in dem ich mich daran erinnerte, wie ich als Kind das Haus meiner Großeltern verließ. Aus der Haustür heraus war ich immer über die grüne Wiese mit dem Spielplatz gelaufen und hatte mich dabei ständig umgedreht, um den beiden Gesichtern am Küchenfenster zuzuwinken. Ich vergewisserte mich alle zwei Sekunden, ob sie noch da waren und zurückwinkten, und natürlich taten sie das, bis ich um die Ecke ging. Nachdem mein Opa gestorben war, stand meine Oma dann allein am Fenster. Und dann, auf einmal, niemand mehr.

Ich weiß nicht, warum ich mich ausgerechnet an diesem Tag daran erinnerte. Warum ich mich ausgerechnet an diesem Tag fragte, wie oft mein Vater noch hupend um die Ecke fahren würde.

Ein paar Wochen zuvor hatte ich einen zwölfmonatigen Fernlehrgang in der Palliativbegleitung begonnen, und in rund einer Woche sollte vor Ort der Kurs als ehrenamtliche Hospizbegleiterin starten, für den ich mich zusätzlich angemeldet hatte. Ich war kurz davor, umzusetzen, was mir seit der Geburt meines Sohnes immer wieder im Kopf herumgegangen war – ein Buch über den Tod zu schreiben. Inzwischen hatte ich eingesehen, dass das auch nur wirklich funktionieren konnte, wenn ich neben der theoretischen Auseinandersetzung auch echte Begegnungen mit dem Tod haben würde. Ich benötigte sozusagen eine gewisse *street credibility*, und die würde ich mir in den kommenden Monaten durch die beiden Kurse und in der anschließenden Praxis als Ehrenamtliche aneignen. Außerdem würde ich endlich auf Menschen treffen, die genau wie ich übers Sterben sprechen wollten. Ich hatte noch immer großen Respekt vor dem Tod, aber »wo die Angst ist, da geht es lang«. So heißt es doch.

Auf dem Geburtstag meiner Freundin traf ich auf ein paar alte Bekannte und auch auf das ein oder andere neue Gesicht. Es war eine nette Runde, und ich hatte das Gefühl, mich ein wenig öffnen zu können. Ich war gerade dabei, einer Freundin von meinen neuen Weiterbildungen zu erzählen, als sich eine mir bis dahin unbekannte Frau, die neben uns saß, in das Gespräch einschaltete. Sie hatte mir bereits eine Weile zugehört und begann, von ihren eigenen Erfahrungen mit einem Palliativpflegeteam zu berichten, das ihr und ihrer Familie eine große Hilfe gewesen war, als ihr Vater an Krebs starb. Die Frau war ungefähr in meinem Alter, und während sie sprach, musste ich auf einmal wieder an das Foto vom Spielplatz denken. An das hupende Auto. An das leere Küchenfenster. *Es passiert nicht nur den anderen Vätern,* dachte ich. *Es wird auch deinem passieren.*

Sein Kind auf den Tod vorzubereiten, kann somit auch bedeuten, ihm ein Vorbild zu sein, wenn man die eigenen Eltern gehen lassen muss. Ich war schon immer ein richtiges Papa-Kind, ich liebte meinen Vater über alles, und die Vorstellung seines Todes war schon immer eine der schwersten gewesen. Aber sicherlich hatte ich noch ganz viel Zeit. Heutzutage werden viele Männer achtzig und älter, und bisher war Papa nie ernsthaft krank gewesen. Sicherlich. Hoffentlich.

Ich hatte keine Ahnung, dass ich in Wirklichkeit nur noch eine Woche hatte, bevor meine Geschichte vom Ende beginnt. In Echtzeit. Oft denkt man eben nur, dass man selbst eine Geschichte erzählt, aber in Wahrheit wird sie dir von der Geschichte selbst erzählt. Und man muss lernen, ihr gut zuzuhören, wie eine Wissenschaftlerin. Am Anfang kommt sie in Flüstertönen zu dir, und diese werden mitunter zu Donnerschlägen. Dann denkst du an den Anfang zurück und kannst kaum glauben, wie klar auf einmal alles ist.

1
Aufbruch: Im Schatten der Hoffnung

Hamburg, der 18. Februar 2019, circa 11.30 Uhr.

»Der Bursche ist hartnäckig«, sagte der Zahnarzt, und in seiner Stimme war ein Anflug von Anstrengung zu hören. »Er hält sich noch ein bisschen fest.«

Durch die lokale Betäubung spürte ich keinen Schmerz, konnte nur das Drücken und Ziehen wahrnehmen. Siebzehn Jahre war es her, dass ich in ein zu hart gebackenes Franzbrötchen gebissen und in der Folge eine Ecke des vorletzten Backenzahns unten links eingebüßt hatte. Seither hatte ich eine Krone getragen, doch darunter hatte sich über die Jahre, und ohne dass ich es wirklich gemerkt hatte, eine fette Entzündung gebildet, die angeblich nicht mehr zu retten war. Das bedeutete – Zahn raus, Implantat rein.

»So, da haben wir ihn«, sagte der Arzt schließlich und präsentierte mir den in mehrere Stücke zersplitterten Zahn. Im Anschluss legte er mir eine Tamponade in die offene Wunde, die ich für einige Stunden drin lassen sollte. Eine provisorische Brücke hatte er mir bereits ausgeredet. An die Wunde müsse Luft, so könne sie am besten verheilen und sich allmählich schließen. Unter dem Provisorium würden sich sonst nur Bakterien ansammeln und zu neuen Entzündungen führen.

Ich fuhr mit der S-Bahn nach Hause und legte mich aufs Sofa. Ich sollte mich ein bisschen ausruhen, hatte der Arzt gesagt, und genau das hatte ich auch vor. Bevor ich den Fernseher anschaltete, checkte ich noch meine E-Mails. Eine Nachricht vom Hospizdienst lag im Postfach. *Betreff: Fragebogen.*

Es ging um den Kurs zur ehrenamtlichen Sterbebegleiterin, der am kommenden Montag starten würde, und vorher sollten die Teilnehmenden noch ein paar Fragen beantworten. Ich überflog das Dokument, es ging unter anderem um die persönlichen Erfahrungen, die man mit den Themen Tod und Sterben schon gemacht hatte. Ob es zum Beispiel in den vergangenen zwölf Monaten einen Trauerfall im Familien- oder Freundeskreis gegeben hatte. *Die müssen sich bei mir keine Sorgen machen*, dachte ich, ich werde da ganz professionell an die Sache rangehen. Tatsächlich freute ich mich, dass die Dinge endlich Form annahmen. Auch das Fernstudium in der Palliativbegleitung gefiel mir bis hierhin richtig gut, und bald würde mich sicher auch die Muse küssen, um mit dem Buch für Ennis zu beginnen. Aber noch hatte ich keine Lust, den Fragebogen auszufüllen, daher klappte ich das Notebook wieder zu und griff nach der Fernbedienung. Erst mal wollte ich faulenzen, wie es der Zahnarzt verordnet hatte.

Es waren die letzten Minuten, in denen ich noch keine Ahnung hatte, wie dicht der Tod mir bereits auf den Fersen war, und dass er beschlossen haben musste, dass, wenn ich schon über ihn schreiben wollte, er mir seine Lehren höchstpersönlich erteilen würde.

Im Nachhinein habe ich schon manches Mal gedacht, ich könnte die Geschichte vom Tod meines Vaters auch in Tönen nacherzählen. Der erste Sound war das Klingeln des Festnetzes. Es klingelte eigentlich schon seit Jahren nur, wenn meine Eltern anriefen, alle anderen meldeten sich auf dem Smartphone. Daher war es gefühlt jedes Mal so, als würde sich die Verbindung zu meinen Eltern schon aufbauen, bevor ich überhaupt den Hörer in die Hand nahm. Auch an diesem Montag glaubte ich, mein Vater wäre in der Leitung, aber irgendwie war ich noch nicht in Stimmung, zu telefonieren. Meine Lippen waren taub, und meine Wange schwoll bereits etwas an.

»Sag Papa, ich rufe später zurück«, rief ich in Richtung Nebenzimmer, in dem Mirko im Homeoffice arbeitete. Das Klingeln hörte auf, Mirko musste abgenommen haben, aber es blieb seltsam still. Ich wunderte mich, dass ich durch die offenen Zimmertüren nicht das vertraute »Moin Wolfgang, wie geht's?« hörte, sondern nur ein gedämpftes Murmeln wahrnahm. Ich spürte sofort, dass irgendetwas nicht in Ordnung war, und verließ das Sofa. Kurz bevor ich in sein Zimmer kam, hörte ich Mirkos belegte Stimme fragen: »Und wo? In Neumünster? Rendsburg, okay.«

Diese beiden Städtenamen in meiner Heimat Schleswig-Holstein hatten mir ohne weitere Erklärungen schon den entscheidenden Hinweis gegeben. Eins meiner beiden Elternteile lag im Krankenhaus. Die Frage war nur noch, wer.

Mirko legte auf, ich stürmte ins Zimmer. »Was ist passiert?« Ich war sofort in Panik.

»Setz dich«, meinte er. Es war wie im Film, es konnten nur schlechte Nachrichten folgen.

»Dein Vater ist umgefallen, es sieht nicht gut aus.«

Wenige Minuten später saßen wir im Auto auf dem Weg ins Krankenhaus, und auf dem Weg in ein neues Leben.

Als wir meine Mutter am Abend aus der Klinik zurück nach Hause brachten, war schon wieder alles an seinem Platz. Die Nachbarin hatte den Boden gewischt und den rasch beiseitegeschobenen Tisch und die zwei Stühle wieder vor das Küchenfenster gestellt. Doch dann fiel mein Blick auf die Uhr meines Vaters. Sie lag auf der Arbeitsplatte neben dem Kühlschrank. Dort gehörte sie nicht hin.

Früher pflegte mein Vater jeden Abend vor dem Schlafengehen das Ritual, seine schmale lederne Aktentasche, einen quietschgrünen *Granny-Smith*-Apfel und seine Armbanduhr auf der Wohnzimmeranrichte zu platzieren. Das war seine Art, sich auf den nächsten Arbeitstag einzustimmen. Mein Vater trug seine Uhr und seinen Ehering immer links, wie die amerikanischen Familienväter, die im Kino zu Helden werden, und seit jeher symbolisieren derart dekorierte Männerhandgelenke für mich Stärke und Schutz.

Ich fragte meine Mutter, ob ich die Uhr mitnehmen darf. Schnell schob ich noch ein »*Er kriegt sie ja wieder*« hinterher, bevor sie es falsch verstehen konnte. Natürlich würde er sie wieder tragen.

An diesem Morgen war mein Papa zum ersten Mal gestorben. Im Nachhinein stellte sich heraus, dass es ungefähr zur selben Zeit passiert sein musste. Als mein Zahnarzt meinen Drei-Sechser gezogen hatte, war sein Herz aus unerklärlichen Gründen einfach stehen geblieben. Er hatte sich gerade in die Küche gesetzt, um die Zeitung zu lesen, da hörte meine Mutter ihn aus dem Nebenzimmer geräuschvoll nach Luft schnappen. Im nächsten Moment schlug er hin, und als meine Mutter in die Küche lief, war sein Gesicht schon ganz blau, die Augen waren weit geöffnet. Er muss sechs oder sieben Minuten tot gewesen sein, hieß es später, denn dann kam der Krankenwagen, und der Notarzt brachte sein Herz mit sieben Elektroschocks wieder zum Schlagen.

Als ich während der Fahrt ins Krankenhaus mit meinem Bruder telefonierte und vom Einsatz des Defibrillators hörte, war mir das Herz ein zweites Mal in die Hose gesunken. Eine Freundin hatte eine Weile als Ergotherapeutin auf einer Station für neurologische Frührehabilitation gearbeitet, und ich rief mir eines unserer Gespräche in Erinnerung. Da hatte sie mir von den elementaren Fragen erzählt, die sie sich in ihrem Job immer wieder stellte, den Fragen nach den Grenzen der modernen Medizin oder den fehlenden

Skrupeln, diese immer wieder zu überschreiten. In den Medien hört und liest man zwar immer wieder von Menschen, die aller Widrigkeiten zum Trotz reanimiert und »zurück ins Leben« geholt worden sind – wie dieses zweite Leben jedoch aussieht, wird der Öffentlichkeit gern verschwiegen.

Wenn bei einem Herzstillstand der Blutkreislauf zum Erliegen kommt, werden die Organe nicht mehr mit Sauerstoff versorgt, und dabei reagieren die Gehirnzellen besonders empfindlich. Sie beginnen bereits innerhalb weniger Minuten abzusterben – ein unwiderruflicher Prozess.

Zwar ist es je nach Schweregrad der Schädigung unter Umständen möglich, dass andere, nicht betroffene Zellen die alten Aufgaben übernehmen und unterbrochene Verbindungen neu »verdrahtet« werden, aber bis dahin ist es in der Regel ein langer und beschwerlicher Weg mit unbestimmtem Ziel. In den allermeisten Fällen ist lebenslang mit erheblichen kognitiven und motorischen Beeinträchtigungen zu rechnen, die sämtliche Lebensbereiche betreffen. Viele schaffen es nicht einmal mehr nach Hause und verbringen den Rest ihres Lebens im Pflegeheim. Oder sie sterben noch im ersten Jahr nach der Reanimation. Fakt ist: Aus einer Wiederbelebung resultiert in den seltensten Fällen auch eine Wiederauferstehung.

Manchmal ist der Tod besser als das Leben. Das stand in großen fetten Buchstaben auf dem Buchrücken des Krimis, den Papa am Vorabend seines Herzstillstands noch gelesen hatte. Als ich im Haus meiner Eltern auf Spurensuche nach seinen letzten Lebenszeichen aus dem »Davor« ging, hatte ich das Buch auf seinem Nachttisch liegen sehen und es abfotografiert, warum auch immer. Vielleicht war es ein Zeichen, das ich jetzt noch nicht sehen wollte. Vielleicht hatte ich auch eine leise Ahnung, dass ich später noch einmal daran erinnert werden sollte.

Als Mirko und ich später auf der dunklen Autobahn wieder nach Hamburg fuhren, sah ich Papa immer wieder vor mir. Wie er da gelegen hatte auf der Intensivstation im künstlichen Koma, der nackte Oberkörper übersät mit Kabeln, in seinem Mund ein dicker Schlauch. Das Pumpgeräusch der Beatmungsmaschine tönte unwirklich durch den Raum, er selbst lag nur still da. Um ihn herum all diese piependen Monitore. Das wären die nächsten Töne in meiner Soundgeschichte, die Geräusche all dieser Hightech-Geräte, die mich in den kommenden Monaten durch die lange und einsame Wüste des zweiten Akts seiner Sterbegeschichte begleiten würden. Wir hatten nur ein paar Minuten zu ihm gedurft, denn sie waren immer noch dabei, ihn von oben bis unten durchzuchecken, die Fehlerquelle zu finden, die auf einmal seinen Herzschlag gestoppt hatte. Das Herz schlug immer noch nicht »richtig«, was auch immer das hieß, sein Zustand war »kritisch«, und niemand konnte uns sagen, ob er wieder aufwachen würde, und wenn er aufwachen würde, in welchem Zustand. Das Gehirn könnte man frühestens in ein paar Tagen untersuchen – wenn er die nächsten Tage überhaupt überleben würde. Es war ein völlig surreales Szenario, und es drohte noch surrealer zu werden: Jeden Augenblick hätte das Krankenhaus anrufen und mir mitteilen können, dass mein Vater es nicht geschafft hatte.

Planen heißt irren. Noch vor ein paar Stunden hatte ich das Gefühl gehabt, dass alles endlich Sinn ergab. Das Fernstudium in der Palliativbegleitung, der Kurs im Hospizdienst. Das Buch. Ich hatte beschlossen, mich 2019 ganz dem Sterben zu widmen. Dass mein Vater nun so einen Stunt hinlegte, passte zwar thematisch ins Bild, mir selbst aber natürlich überhaupt nicht – das war viel zu dicht dran, viel zu plötzlich, viel zu *real*. Kurz kam mir der Fragebogen von heute Morgen in den Sinn. Das durfte einfach alles nicht wahr sein.

Doch Papa schaffte es – zunächst.

Die nächsten Tage verbrachte ich von früh bis spät auf der Intensivstation. Ich setzte mich morgens in Hamburg in den Zug ins rund eineinhalb Stunden entfernte Rendsburg und wachte dort an seinem Bett. Er lag noch immer im Koma. Offiziell begann die Besuchszeit erst um vierzehn Uhr, aber weil es eine *Akutsituation* war, machte man eine Ausnahme für mich. Meine Mutter und mein Bruder kamen erst am Nachmittag und blieben dafür länger, und so hatte ich zwei, drei Stunden mit Papa allein, in denen ich versuchte, ihn auf seinem Rückweg ins Leben zu begleiten. Ich erzählte ihm alle möglichen Anekdoten aus den vergangenen achtunddreißig Jahren, an die ich mich erinnern konnte, und zwischendurch versicherte ich ihm immer wieder, wie sehr ich ihn liebte. Ich erzählte ihm, wie stolz ich schon immer auf ihn war, wie dankbar und froh, dass er mein Vater war.

Papa war schon immer mein Ein und Alles gewesen. Auch den Schwestern erzählte ich ungefragt, welch besonderer Mensch ihnen anvertraut worden war. Einer, der sich immer zuerst um die anderen gekümmert hatte und sich selbst grundsätzlich hintanstellte. Jemand, den viele Menschen liebten und schätzten, sicher auch wegen dieser besonderen Mischung aus Charisma und Bescheidenheit, die meinen Vater in meinen Augen ausgezeichnet hatte.

Zwischendurch war ich immer wieder ganz still, weil mir ausgerechnet jetzt, wo mein Vater so regungslos vor mir lag, vielleicht zum ersten Mal richtig bewusst wurde, dass dieser Mann ein kleines Universum geschaffen hatte. *Mich.* Alle meine abgefahrenen Gedanken und verrückten Gefühle gab es nur, weil sie in einem Körper ein Zuhause gefunden haben. Und den hätte es ohne meinen Vater nicht gegeben. Ich spürte eine große Ehrfurcht und Demut vor dem Leben, in diesen ersten Tagen, in denen seins am seidenen Faden hing.

Am dritten Tag hatte sich sein Herz-Kreislauf-System so weit stabilisiert, dass die Ärzt*innen entschieden, ihm die Narkosemittel zu entziehen und das künstliche Koma zu beenden. Der komatöse Zustand ist nach so einem Ereignis anfangs wichtig, um dem Körper buchstäblich in Ruhe die Chance zur Regeneration zu geben und auch, damit die künstliche Beatmung besser toleriert werden kann. Jedoch birgt das künstliche Koma auch Gefahren. Mit jedem Tag wächst das Risiko, dass der Patient es nicht schafft, wieder selbstständig die Kontrolle über seine Körperfunktionen zu erlangen, und schließlich stirbt. Die Stunden der Wahrheit standen also bevor: Würde Papa wieder aufwachen, oder würde er auch nach Absetzen der sedierenden Medikamente in einer Art Wachkoma hängen bleiben?

Immer wieder hatte ich in den vergangenen zwei Tagen innegehalten und mich gefragt, ob ich wirklich glaubte, dass in diesem mir so vertrauten Körper noch immer mein Papa steckte. Ob ich es vielleicht nur glauben wollte, weil – würde das nicht jeder tun? Die Krankenhaus-Seelsorgerin meinte, ich würde den Unterschied spüren. Sie glaubte an meine Intuition, und an die enge Verbindung zwischen Papa und mir. Auch eine der Schwestern sagte, was sie eigentlich nicht laut sagen durfte: Sie alle hätten ein gutes Gefühl.

Und Papa wachte tatsächlich wieder auf. Doch eine Seele, die schon auf dem Absprung war und dann der Anziehungskraft eines reanimierten Körpers ausgeliefert wurde, die zahlt einen hohen Preis. Tagelang pendelte er zwischen kurzen lichten Momenten und ausgeprägten delirischen Phasen, in denen er ziemlich angsteinflößende Dinge zu sehen schien. Während er halluzinierte, spannte er immer wieder den ganzen Körper an und fuhr seinen Blutdruck in schwindelerregende Höhen. Die Schwestern mussten ihn fixieren, damit er sich nicht die Schläuche abriss. Wenn ich seine Hand hielt, glich es einem Armdrücken-Wettbewerb. Ich gab mir Mühe, ihn so gelassen und sicher wie möglich durch seine Schattenwelt zu navigieren. Was wir in diesen Tagen erlebten, war das volle Dilemma der Intensivstation – einerseits wurden hier Leben gerettet, andererseits raubten grelles Licht, piepende Monitore und vermummte Gesichter den Patienten (und den Angehörigen) den eh schon angeschlagenen Verstand. Die Ärzt*innen werteten Papas Unruhe jedoch als gutes Zeichen. »Zu groß dürfte der Schaden nicht sein«, mutmaßte einer, dafür könnte sich mein Vater zu gut bewegen.

»Wird alles wieder gut«, versicherte ich Papa ahnungslos, versprach es ihm sogar, wenn er mich zwischendurch mit seinen ozeanblauen Augen fragend anschaute. In diesen kurzen Momenten der Ruhe, bevor in seinem Kopf das nächste Feuerwerk zündete. *Da müssen wir jetzt durch*, redete ich mir gebetsmühlenartig ein, *das schaffen wir schon.*

Doch dann kam der Dienstag. Der Tag fing schon mit einem schlechten Omen an. Als ich mir morgens Papas Uhr umbinden wollte, die ich jetzt jeden Tag trug, riss eine der beiden Armbandschlaufen. Der dicke Kloß in meinem Hals begleitete mich den ganzen Weg bis ins Krankenhaus. Ich war nur noch ein paar Minuten von der Intensivstation entfernt, als mein Bruder mich anrief. Die Ärzt*innen wollten uns sprechen, und meine Mutter war nicht zu erreichen. Wann denn jemand käme. Ich wusste instinktiv, dass das nichts Gutes bedeuten konnte, und die Betroffenheitsminen der beiden Ärzte, die kurz darauf zu mir ins Wartezimmer kamen, bestätigten mein Bauchgefühl.

Mein Vater hatte Probleme, selbstständig zu atmen, in seiner Lunge sammelte sich zunehmend Flüssigkeit, und die Sauerstoffsättigung näherte sich einer gefährlichen Untergrenze. Wenn er nicht zeitnah künstlich beatmet wird, würde er die nächsten Stunden nicht überleben. Zuerst sah ich das Problem nicht. Warum wurde er nicht umgehend intubiert?

Nun, tags zuvor war endlich ein MRT-Bild seines Gehirns angefertigt wurden. Darauf waren diffuse Schäden zu erkennen, nur zum jetzigen Zeitpunkt würde sich kein Neurologe trauen, diesbezüglich eine Prognose abzugeben. Es läge daher an uns, eine Entscheidung zu fällen. Es könnte sein, dass mein Vater wieder zurück in ein halbwegs normales Leben fand. Es wäre aber genauso wahrscheinlich, dass er ein schwerer Pflegefall blieb. Sie könnten verstehen, wenn ich auf meine Mutter warten wollte, aber viel Zeit bliebe nicht.

In diesem Moment wurde ich indirekt gefragt, ob ich meinen Vater lieber jetzt ersticken lassen möchte oder ihm die »Chance« auf eine anstrengende neurologische Frührehabilitation ohne Erfolgsgarantie gewährte. Dafür müssten sie ihn jedoch ein zweites Mal in ein künstliches Koma versetzen, ihn erneut intubieren und sehr wahrscheinlich auch einen Luftröhrenschnitt vornehmen. Vor meinem inneren Auge flackerte der Schriftzug auf dem Buchrücken von Papas letztem Krimi: *Manchmal ist der Tod besser als das Leben.* Aber er verschwand auch ganz schnell wieder.

Wunder kann man nicht im MRT sehen. Diesen Satz mag ich immer noch. Ich glaube, es waren sogar meine ersten Worte, die ich an die Ärzte richtete, nachdem sie mich gefragt hatten, ob sie meinen Vater wieder beatmen sollten. In der Patientenverfügung meines Vaters stand, dass er nicht künstlich beatmet werden möchte, wenn dadurch lediglich der Todeszeitpunkt verzögert würde.

In diesem Fall aber gab es Hoffnung auf eine positive Wendung – nur eben keine Garantie. Und woher sollte ich oder irgendwer wissen, dass das Leben mit einer Hirnschädigung nicht lebenswert war? Nur, weil wir es aus der Perspektive des Gesunden betrachten? Woher sollte mein Vater gewusst haben, was lebenswert ist, wenn er es doch noch gar nicht erlebt hatte?

Ich berichtete den Ärzten von meinen Wahrnehmungen der letzten Tage, von den Momenten, in denen mein Vater präsent gewirkt und mich sogar angelächelt hatte. Meine Entscheidung stand längst fest, als mein Bruder kurz darauf ins Zimmer trat, und nach einem kurzen Briefing nickte er sie ab. Und so schickten wir die Ärzte zurück zu meinem Vater, um ihm ein zweites Mal ungefragt das Leben zu retten.

Nur wenige Minuten darauf stieß unsere Mutter zu uns. Als sie erfuhr, was passiert war, sagte sie uns unter Tränen, dass sie Papa versprochen hatte, ihn niemals an Maschinen anzuschließen. Dass er auf keinen Fall ein Pflegefall werden wollte.

Es war nicht so, dass ich völlig ohne Zweifel gewesen wäre. In dem Moment, als die Ärzte zurück in Papas Zimmer eilten, ist etwas in mir kaputtgegangen. Ich hatte eine Entscheidung treffen müssen, die nicht in Menschenhand liegen sollte. Zu entscheiden, ob jemand leben oder sterben soll, ob er leben oder sterben darf. Ob die Chance auf ein vermeintlich lebenswertes Leben höher zu bewerten ist als das Risiko auf eines, das es vermeintlich nicht ist.

Es war eine Sache, stundenlang an Papas Bett zu sitzen und darauf zu hoffen, dass das Universum zuhört, als ich ihm in einer Tour erzählte, wie wichtig er mir war, und dass es mir dann das Wunder schickt, quasi als Belohnung. Die Entscheidung fällen zu müssen, ihn noch einmal an eine Beatmungsmaschine anzuschließen, war eine andere Sache, die sich eher wie eine Bestrafung anfühlte. Ich nahm es persönlich, vor eine Wahl gestellt zu werden, die man als Tochter schlichtweg nicht haben sollte.

Klar, ich hatte die Entscheidung auch für mich getroffen, aber hatte ich sie auch im Sinne meines Vaters getroffen? Warum hatte sein Herz denn überhaupt aufgehört zu schlagen? Es konnte nie ein offenkundiger Grund diagnostiziert werden – zwar hatte man ihm vorsichtshalber zwei Stents gesetzt, um die Herzkranzgefäße offen zu halten, aber die Ärzte hatten in den Untersuchungen zuvor keinen Beweis dafür gefunden, dass sie jemals verengt gewesen waren. Warum hörte ein scheinbar gesundes Herz auf zu schlagen? Gut, mein Vater war immerhin schon zweiundsiebzig Jahre alt, aber er war sportlich und schlank, er rauchte nicht, trank zwar gern mal ein Bier – aber ungesund hatte er nicht gelebt, im Gegenteil, er war bei Wind und Wetter mit dem Fahrrad unterwegs. Vielleicht gab es etwas, das ich nicht über ihn wusste oder im Detail nicht wissen wollte. Weil es zu wissen bedeutet hätte, zu verstehen, dass sein natürliches Reservoir an Herzschlägen einfach aufgebraucht war. Vielleicht war seine Seele fertig mit dem Leben.

Papa wurde also wieder in ein künstliches Koma gelegt, um ihn erneut zu intubieren. Es war der letzte Versuch. Wenn er es das nächste Mal wieder nicht schaffen würde, selbstständig zu atmen, würde er in ein sogenanntes *palliatives Setting* wechseln. Dann würde er innerhalb weniger Stunden oder Tage sterben.

Als ich an diesem Abend sein Zimmer verließ, flüsterte ich Papa ins Ohr, dass ich es akzeptieren werde, wenn seine Seele gehen will. Es war eine Lüge, und es war auch ein bisschen unfair, nachdem ich es seiner Seele ja gerade nur noch schwerer gemacht hatte, aber vermutlich wollte ich nach dieser harten Entscheidung etwas Verantwortung an ihn abgeben oder zumindest so tun. Dabei hatte mein Vater zu diesem Zeitpunkt die Kontrolle über sein eigenes Leben längst verloren. Er war in den Fängen der Hightech-Medizin gelandet, und ich hing mittendrin in diesem Netz. In den kommenden Wochen versuchte ich, zumindest halbherzig, mich Stück für Stück wieder daraus zu befreien.

Als Erstes hörte ich auf, Papas Uhr zu tragen. Ich konnte seine Zeit nicht an meine binden. Es war ein kindlicher Versuch gewesen, die Kontrolle zu behalten, das sah ich jetzt ein. Und gleichzeitig war es so schwer, die Ohnmacht auszuhalten, die all die unbeantworteten Fragen der letzten Tage mit sich brachten. Und ich hatte so viele:

Wie geht Wiederbelebung auf der Seelenebene?

Ist Wiederbelebung ein Eingriff in das Schicksal? Oder geht das Schicksal mit der Zeit, also ist die moderne Medizin Teil unseres Schicksals?

Will die Seele so eine Erfahrung machen, oder zwingen wir sie?

Bin ich schuld, wenn mein Vater ein Pflegefall bleibt, weil ich es drauf ankommen ließ?

Wer ist mein Vater jetzt, und wo ist der, der er jetzt nicht mehr ist? Kommt er wieder zurück, oder ist es zu hundert Prozent unser Gehirn, das uns ausmacht?

Ich versuchte, mich an mein Lieblingszitat von Rilke zu halten, aus seinen *Briefen an einen jungen Dichter*, »und die Fragen selbst liebzuhaben wie verschlossene Stuben und wie Bücher, die in einer sehr fremden Sprache geschrieben sind. Forschen Sie jetzt nicht nach den Antworten, die Ihnen nicht gegeben werden können, weil Sie sie nicht leben könnten. Und es handelt sich darum, alles zu leben. Leben Sie jetzt die Fragen. Vielleicht leben Sie dann allmählich, ohne es zu merken, eines fernen Tages in die Antwort hinein.«

Inzwischen ist dieser einst so ferne Tag gekommen. Aber damals hatte ich noch keine Ahnung. Was mich antrieb, war der unbändige Wunsch, meinen Vater nicht an den Tod zu verlieren, beziehungsweise an die Wiederbelebung. Denn als er das zweite Mal aus dem Koma erwachte – diesmal zwar etwas sanfter als das erste Mal, da man sich entschieden hatte, die sedierenden Medikamente auszuschleichen, anstatt sie ihm alle auf einmal zu entziehen –, wurde immer deutlicher, dass die Hirnschädigung ausgeprägter sein musste, als zunächst vermutet. Es fiel ihm äußerst schwer, einfache Anweisungen zu befolgen, zum Beispiel die Hand seines Gegenübers zu drücken und diese auch wieder loslassen. Papa konnte immer noch nicht sprechen, da er nach dem Luftröhrenschnitt mit einer Trachealkanüle versorgt worden war. Von daher wussten wir nicht, ob er die Anweisungen nicht verstand oder ob er sie einfach nicht durchführen konnte, da die entsprechenden Gehirnbahnen nicht mehr funktionierten. Die Pflegekräfte versuchten, ihn immer mal wieder an die Bettkante zu setzen, aber er schien absolut keine Kontrolle über seine Bewegungsabläufe zu haben. Manchmal stand ihm die Angst ins Gesicht geschrieben, da er offenbar nicht wusste, was mit ihm geschah.

Die Ärzte sagten, dass Papa so schnell wie möglich in eine neurologische Frührehabilitationseinrichtung verlegt werden müsste. Je früher man begann, desto größer die Chance, die sogenannte *Hypoxische Hirnschädigung*, die durch den Sauerstoffmangel nach dem Herzstillstand entstanden war, zumindest in Teilen zu verbessern.

Immerhin, in dieser Angelegenheit hatten wir zunächst Glück – die erste Klinik, die einen Platz frei hatte, war eine Klinik in Hamburg. Kurioserweise war der Ort, der meinen Vater am und im Leben halten sollte, nur wenige Gehminuten von dem Ort entfernt, an dem einmal wöchentlich auch mein Schulungskurs zur ehrenamtlichen Hospizbegleitung stattfand.

Ich hatte mich ziemlich schnell entschieden, mit beidem weiterzumachen – mit dem Fernstudium in der Palliativbegleitung und mit dem Schulungskurs vor Ort. Den ersten Termin hatte ich unter großem Verständnis der Leitung für meine Situation jedoch sausen lassen. Es war der Tag, an dem ich mich gegen eine palliative Versorgung meines Vaters entschieden hatte, und für eine weitere Chance aufs Leben. Die Koordinatorinnen versuchten mir die Teilnahme aber auch nicht auszureden – der Kurs war sehr spärlich besucht, und wahrscheinlich hatte ich beim Info-Abend auch einen guten Eindruck gemacht.

»Ich würde gern ein Buch über den Tod schreiben, für meinen Sohn«, hatte ich gesagt. »Es beginnt mit der Fragestellung, was ich jetzt, am Anfang seines Lebens, tun kann, um ihn auf das Ende vorzubereiten.«

Robert, ein Pastor und Teil des Schulungsteams, war beeindruckt, diese Frage hätte er sich so tatsächlich noch nie gestellt. »Aber wenn ich an meine zwei Söhne denke«, sagte er, nachdem er eine Weile überlegt hatte, »dann kann ich wahrscheinlich nur versuchen, sie durch meinen eigenen Tod aufs Sterben vorzubereiten.«

Das war aber nicht unbedingt das, was ich damals im Kopf hatte. Ich wollte eine Antwort aus dem Leben heraus schreiben. Hätte ich gewusst, was in den kommenden Wochen auf mich zukommen würde, hätte ich den Mund sicher nicht so voll genommen.

Die neurologische Frühreha hatte, obwohl dort nahezu ausschließlich Patienten waren, die nur knapp dem Tod entronnen waren, mit dem Sterben gefühlt nur wenig zu tun. Hier ging es ums Leben, und zwar um buchstäblich jeden Preis. Ein Tag in der Frühreha, so hörte ich später mal, kostete die Krankenkasse fast zweitausend Euro. Kein Wunder bei all den Apparaturen, Maschinen und Monitoren, die in einer Tour summten, brummten und pumpten. Als ich das erste Mal die Station betrat, fühlte es sich an, als wäre ich beim Tag der offenen Tür im Vorhof zur Hölle gelandet.

Papa war morgens mit dem Krankenwagen aus Rendsburg »angeliefert« worden, und als meine Mutter und ich ihn endlich sehen durften, wirkte er sehr verängstigt. Wir wussten ja immer noch nicht – und würden es auch in den kommenden Wochen nicht erfahren –, wie er die Welt um sich herum wahrnahm und inwieweit er noch wusste, wer er eigentlich war. Eins jedoch schien er zumindest auf der Gefühlsebene nie vergessen zu haben – dass meine Mutter, mein Bruder und ich zu seinem Leben gehörten. In unserer Anwesenheit war er immer viel entspannter und lächelte auch viel. An diesem ersten Tag jedoch muss ihm seine neue Umgebung genauso unheimlich vorgekommen sein wie uns.

Seinen neuen Bettnachbarn hatte es auch ziemlich schwer erwischt. Er litt offensichtlich unter einer Spastik und schrie in einer Tour, was die Situation nicht gerade entspannte. Nach langer Warterei kam schließlich der Chefarzt und führte in dieser befremdlichen Kulisse eine seltsam anmutende Diagnostik durch: Er hielt meinem Vater unter anderem eine Rassel vors Gesicht, das weiß ich noch, vermutlich, um seinen Augenreflex einzuschätzen. Zwischendurch wies er den immer noch schreienden Mitpatienten an, Ruhe zu geben, was allerdings bei diesem kein Gehör fand. Schließlich wandte er sich zu meiner Mutter und mir und resümierte emotionslos: »Ihr Mann ist sehr schwer krank. *Er war tot.* Insofern kann ich nur sagen: Gehen Sie vom Schlimmsten aus, und hoffen Sie auf das Beste.« Dann drehte er sich um und verschwand genauso schnell, wie er gekommen war.

Meine Mutter und mein Bruder konnten nicht jeden Tag nach Hamburg kommen. Mein Bruder war angestellt, während ich freiberuflich arbeitete und mit Mirkos finanzieller Unterstützung alle Jobs auf Eis legen konnte. Außerdem hatte ich entschieden, auf das Beste zu hoffen. Das Gehirn meines Vaters würde seine Funktionen wieder aufnehmen, er würde ins Leben zurückfinden – mit meiner Hilfe. Ich war dankbar, dass ich nun jeden Tag einige Stunden mit Papa allein haben würde, in der ich meine »Mission Hoffnung« vollziehen konnte. Und tatsächlich schien sich der Vorhof zur Hölle zumindest für einige Wochen in eine Insel der Hoffnung zu verwandeln.

Nicht nur ich gab alles, auch das Team in der Klinik setzte in diversen Therapieangeboten alles daran, die Gehirnfunktionen meines Vaters wieder in Schwung zu bringen. Physiotherapie, Ergotherapie, Logopädie, alles mehrmals am Tag. Ich durfte auch bei einigen Sessions dabei sein, da Papa in meiner Gegenwart oft entspannter und zugewandter war. Das Trainingsprogramm war nicht nur hart für meinen Vater, sondern auch hart mitanzuschauen. Nur so viel: Seinen persönlichen Superhelden in Situationen zu sehen, die von absoluter Hilflosigkeit und Abhängigkeit gezeichnet waren, das war manchmal so unglaublich, dass ich es bis heute nicht richtig fassen kann. Aber ich lächelte es weg, gab mich tapfer und erinnerte mich daran, dass schließlich er es war, der das alles aushalten musste, und nicht ich. Stattdessen feuerte ich ihn an, wie eine Cheerleaderin, und blieb stundenlang an seiner Seite. Das, so glaubte ich, war mein Job.

Augenscheinlich schien es Papa in den kommenden Wochen Stück für Stück besser zu gehen. Er wurde insgesamt ruhiger, schien sich an das neue Umfeld gewöhnt zu haben und war in der Lage, Anweisungen bis zu einem gewissen Grad zu folgen. Als die Trachealkanüle endlich entfernt wurde, konnten wir sogar wieder seine Stimme hören. Zwar stellte sich schnell eine große Ernüchterung ein, da die Dinge, die er sagte, oft zusammenhanglos waren und es ihm selten gelang, einen Gedanken länger als einige Sekunden zu halten, aber er selbst schien nicht darunter zu leiden. Wie ein Goldfisch, dachte ich manchmal. Irgendwann in meiner Kindheit hatte ich gelesen, dass ein Goldfisch, ähnlich wie Dorie in *Findet Nemo*, ein Gedächtnis von ungefähr zwei Minuten hat. Dann beginnt alles wieder von Neuem. Der Gedanke daran hatte mich irgendwie beruhigt, denn auf einmal war das enge Goldfischglas, in dem der Fisch schwamm, gar kein Gefängnis mehr, sondern der ganze Ozean. Vielleicht fühlte es sich für Papa auch so an.

Er fragte nie, wo er war und wie er an diesen Ort gelangt war, und wenn ich es ihm trotzdem sagte, schien es ihn nicht sonderlich zu interessieren.

»Du bist hier im Krankenhaus«, sagte ich einmal.

»Aha.«

Oft sprachen wir auch gar nicht, sondern saßen einfach beieinander. Es war inzwischen Frühling geworden, und manchmal schoben die Pfleger und ich sein Bett auf den Rasen vor seinem Zimmer, und wir genossen schweigend die ersten warmen Sonnenstrahlen und lauschten dem Klopfen des Spechts einige Meter weiter. Selbst sein Bettnachbar hatte aufgehört zu schreien.

Einmal sagte der Oberarzt, als ich ihn ganz frei heraus fragte, ob das, was mit meinem Vater passierte, »ein Wunder« sei, dass man das »schon so sagen könne«. Es gebe keinen international publizierten Fall, in dem von einem Menschen mit ähnlichen Parametern berichtet wurde, der es so weit zurück ins Leben geschafft hätte. Nur dieses *weit zurück ins Leben*, das blieb im Angesicht der Tatsache, dass er schon so weit weg gewesen war, eben extrem relativ. Die meisten Menschen aus seinem alten Leben, die ihn in diesem neuen Leben besuchten, waren sich einig, dass »das doch kein Leben mehr« sei. Und dass mein Vater das sicher genauso sehen würde, wenn man ihn in seinem alten Leben nach seiner Meinung fragen könnte. Das glaubte ich zwar auch, aber der »neue Papa« wirkte immer öfter auch recht zufrieden.

Das große Ziel war, dass er nach Hause entlassen werden konnte und nicht ins Pflegeheim musste, und solange sein Zustand sich Woche für Woche zumindest ein kleines bisschen verbesserte, durfte er in der Reha bleiben. Ein Umstand, der akribisch von den Krankenkassen abgefragt wurde – wie gesagt, Zeit ist Geld. Ich kämpfte um jeden Tag.

»Hat Ihr Vater eine Uhr getragen?«, fragte mich die Ergotherapeutin einmal, als ich bei einer Session dabei sein durfte. »Ja, links«, entgegnete ich, »den Ehering auch, man sieht sogar noch ein bisschen den weißen Abdruck.« »Dann bringen Sie ihm die doch mal wieder mit.«

Als ich meinem Vater am nächsten Tag seine Uhr umband, fühlte es sich an, als würde ich ihm seine Zeit zurückgeben. Ich hatte jetzt schon ganz schön lange auf sie aufgepasst, und es hatte mich wirklich Kraft gekostet. Papas Zeit war gleichzeitig so mächtig und so zerbrechlich. Ich konnte sie nicht aufhalten und schon gar nicht überholen. Sie machte ihr eigenes Ding, das wusste ich jetzt. Aber gehalten hatte ich sie, vielleicht kann ich das so sagen. Gehalten, so gut ich es konnte.

Papa drehte sein Handgelenk und blickte auf die Uhr, so wie er es immer getan hatte. Er konnte lesen, das hatten wir inzwischen herausgefunden, da er uns Sätze aus der Zeitung vorgelesen hatte. Einen Zugang zu der tieferen Bedeutung der Wörter schien er aber nicht mehr zu haben – oder er verlor ihn nach Beendigung des Satzes direkt wieder. Als die Ergotherapeutin ihn fragte, wie spät es war, antwortete er nicht.

Ich wusste in dieser Zeit immer noch nicht, ob das alles so »richtig« war. Aber die Hoffnung darauf, das »Richtige« gemacht zu haben und endlich einen Beweis dafür zu bekommen, die war riesig. Der Trugschluss war, dass ich unbewusst immer davon ausging, dass dieser Beweis noch in der Zukunft lag – und somit naturgemäß für mich unerreichbar blieb. Ich wollte die ganze Zeit »mehr Zeit«, dabei hatte ich längst alles erreicht, was möglich gewesen war. Ich hatte mehr Zeit bekommen. Und dann war sie auf einmal abgelaufen.

Die Ärzt*innen hatten beschlossen, dass das Wunder sich nicht ausreichend weiterentwickelt hatte. Oder zumindest nicht schnell genug. Am Anfang hatte es noch geheißen, ein geschädigtes Gehirn bräuchte vor allem eins, um sich wieder neu zu verdrahten – Zeit. Doch auf einmal wollte man ihm diese nicht länger geben. Papas Zustand stagnierte, zumindest in den Augen der Ärzt*innen. Sie konnten nicht sehen, was ich sah, sie schauten ihn anders an als ich. Oftmals tat er Dinge auch nur, wenn ich dabei war, und deswegen hatte das Pflegeteam mir den Tipp gegeben, so viel wie möglich zu dokumentieren. Und so sammelte ich Beweismaterial; hielt das Smartphone hoch, wenn er mir auf Kommando die Zunge rausstrecken sollte, und war stolz wie Bolle, als das klappte. In einer der ersten Wochen war ich einmal bei der Visite dabei gewesen, damals hatte der Chefarzt meinen Vater auch gebeten, ihm die Zunge herauszustrecken. Dass es ihm nicht gelang, hatte nicht an Papas guter Erziehung gelegen, sondern an der gekappten Verknüpfung der für diesen Bewegungsablauf verantwortlichen Hirnareale.

Ich filmte ihn dabei, wie er nach dem Becher Tee griff und ihn zum Mund führte. Ich filmte ihn, wie Mirko ihn im Rollstuhl schob und er dabei kleine Tippelbewegungen mit den Füßen machte. Ich flippte fast aus vor Freude: Mein Papa, der sieben Minuten tot gewesen war und durch sieben Elektroschocks zurück auf die Erde katapultiert worden war, machte seine ersten Schritte in seinem zweiten Leben.

Doch sie kamen zu spät. Meine Videobeweise änderten die Meinung der Schiedsrichter nicht – das Spiel war vorbei, und uns wurde keine Nachspielzeit gewährt. Denn es gab noch ein Problem: Papa hatte keine sogenannten »Komorbiditäten«, die weitere teure Operationen erforderlich machten. Sein Herz schlug längst wieder im Takt, und auch alle anderen Organe funktionierten einwandfrei. Papa hatte einen gesunden Körper, aber sein Gehirn war zu kaputt, um die Kontrolle über dessen Funktionen zurückzuerlangen. Er war also zu gesund und zu krank gleichzeitig, als dass es sich irgendwie rechtfertigen ließe, seinen Aufenthalt weiterhin zu verlängern. Durch den hohen Pflegeaufwand verursachte er inzwischen mehr Kosten als Gewinn.

Papa, ein ehemaliger Bankkaufmann, der Großkredite an Unternehmen vergeben hatte, war das erste Mal in seinem Leben in die roten Zahlen gerutscht.

Ende Juni, an einem Donnerstag, wurde er in ein Pflegeheim in die Nähe meiner Heimatstadt verlegt. Ich war unglaublich traurig. Unsere gemeinsame Vater-Tochter-Zeit würde es in der Form nie mehr geben. Es war absurd, wie sehr mir dieser schreckliche Ort in den vergangenen Monaten ans Herz gewachsen war. Ich nahm mir vor, von nun an immer mittwochs in meine Heimat zu fahren und Papa im Heim zu besuchen. Der Sommer stand kurz bevor, das Pflegeheim lag in einem alten Kloster direkt an einem See, und ich stellte mir vor, wie er im Rollstuhl saß und ich auf einer Bank daneben, und wie wir in stiller Eintracht auf den See starren würden.

»Vielleicht ist er ja nur therapiemüde«, hatte mich eine Schwester getröstet. Vielleicht bräuchte er zur Abwechslung Ruhe und die Natur, um wieder aufzublühen.

Am ersten Wochenende sah ich ihn gar nicht. Es war wahnsinnig heiß, und meine Mutter meinte es nur gut – wir bräuchten uns bei dem Wetter nicht ins Auto setzen. Sie und mein Bruder würden sich kümmern. Als sie mich Sonntagabend wieder anrief und berichtete, dass es Papa wieder schlechter ging, hätte ich mir am liebsten die Ohren zugehalten. Er würde ständig schlafen, und wenn er wach war, wirkte er desorientiert und ängstlich. Der Transport hatte ihn vermutlich geschwächt, und er müsste sich sicher erst an die neue Umgebung gewöhnen.

Am nächsten Morgen hatte ich eine seltsame Vorahnung. Ich schrieb meinem Bruder eine WhatsApp. Er sollte mich sofort anrufen, falls Papas Zustand sich weiter verschlechterte. Ich würde zwar Mittwoch wie geplant kommen, aber wenn irgendetwas wäre, müsste ich es sofort wissen. Er verstand meine Aufregung nicht, er war sich sicher, dass Papa einfach nur zu viel gelegen hätte, da er aufgrund eines Druckgeschwürs am Kreuzbein seit Tagen auch nicht in den Rollstuhl durfte. In der kommenden Woche aber würden auch im Heim die ersten Therapien anlaufen und dann würde es sicher wieder aufwärtsgehen. »Vom vielen Liegen kann man auch eine Lungenentzündung bekommen«, schrieb ich.

Am selben Abend schrieb er mir, dass Papa wieder den ganzen Tag geschlafen und abends hohes Fieber entwickelt hätte. Der herbeigerufene Arzt hatte den Verdacht auf Lungenentzündung geäußert. Sie würden ihn beobachten, und wenn es schlimmer wird, käme er wieder nach Rendsburg ins Krankenhaus. Meine Mutter würde dann informiert.

In dieser warmen Sommernacht fühlte ich mich zurückkatapultiert in die erste Nacht nach Papas Herzstillstand, als ich wie ein Kaninchen neben dem Telefon wachte und auf den Fuchs wartete. Wissend, dass ich meinem Fluchtinstinkt nicht folgen könnte, sollte er wirklich auftauchen. Wenn jetzt das Telefon klingelte, war der Tod am anderen Ende.

Es blieb still. Heute war Ennis fünfter Geburtstag. Vielleicht würde ja doch noch alles gut?

Um sieben Uhr rief mich mein Bruder an. Papa ging es schlechter, aber er würde keine Behandlung mehr bekommen. Der Arzt hatte am Abend noch ein langes Telefonat mit meiner Mutter geführt. Und dann hatte sie ihr Versprechen, das sie meinem Vater einst gegeben hatte, endlich einlösen können. Er sollte keine intensivmedizinische Behandlung mehr bekommen. Die Frage war nur noch, wie viele Stunden sein Herz noch schlagen würde.

Ich weckte Ennis und tat zumindest für ein paar Minuten so, als wäre das einfach nur sein Geburtstag. »Papa liegt im Sterben«, flüsterte ich Mirko zu, während Ennis das Geschenkpapier aufriss, »ich muss los.«

Als ich im Zug saß, war der innere Schmerz grenzenlos, im Außen jedoch blieb ich seltsam kontrolliert. Es war das gleiche Gefühl, das ich jedes Mal im Flugzeug habe: *Egal was passiert, ich komme hier jetzt nicht raus, ich muss warten, bis es landet.* Und so schaute ich aus dem Fenster, hatte Angst vor Baustellen oder Personen auf dem Gleis und hielt es kaum aus, dass die Zeit sich zu dehnen schien, während sie an meinem Zielort davonraste.

Am Bahnhof nahm ich mir ein Taxi. Ich gab dem Fahrer die Adresse und schob nach: »Mein Vater liegt im Sterben.«

Der Taxifahrer sagte nichts, sondern drückte aufs Gas, und als ich ihm fünfzehn Minuten später das Geld gab, drückte er kurz meine Hand.

Papa war wach. Er hatte die Augen auf, aber er sagte kein Wort. Manchmal gab er Laute von sich, das war alles, ansonsten schaute er nur fragend in den Raum, schien aber ansonsten entspannt zu sein. Es war in den späten Abendstunden, als sich die Augenlider über seine blauen Augen senkten, diese strahlenden Augen, die ein Leben lang Freundlichkeit und Sanftheit ausgestrahlt hatten. Aber noch starb er nicht. Über dem Meer zog zunächst ein Sturm auf.

Sein Körper begann zu kämpfen. Die ganze Nacht und den ganzen nächsten Tag. Die Ernährung war eingestellt worden, auch die

Flüssigkeitsgabe, seine Organe schalteten sich nach und nach ab. Nur das Herz nicht. Sein Herz schlug und schlug. Der Herzschlag, mit dessen plötzlichem Erlöschen alles angefangen hatte, wollte nicht enden.

Papa bekam neuroepileptische Krämpfe, sein Oberkörper bäumte sich immer wieder auf, seine Gliedmaßen zuckten unkontrolliert. Wenn die Frühreha der Vorhof zur Hölle gewesen war, dann schienen wir jetzt in der wahrhaftigen Hölle angekommen zu sein. Wir wussten nicht, ob die Krämpfe ihm Schmerzen verursachten, aber der Arzt wollte nicht länger zusehen.

Er begann, Unmengen von Morphium zu spritzen, besser wurde es jedoch nicht. Schließlich gesellten sich Atemaussetzer zu den Krämpfen, und die Abstände zwischen den Atemzügen wurden immer länger. Es war ein seltsames, aber sich Minute um Minute bestätigendes Muster – *achtmal ein- und ausatmen, vierzig Sekunden Pause.* Und zum ersten Mal seit einer gefühlten Ewigkeit war die Hoffnung zurück im Raum. Die Hoffnung, dass er endlich sterben würde.

»Du darfst gehen, Papa, alles in Ordnung.« Ich meinte es nicht wirklich so, denn ich wollte ihn immer noch behalten – aber nicht mehr um jeden Preis. Das hier hatte Papa nicht verdient. Ich konnte mir nicht erklären, dass ein Mensch, der im ersten Anlauf nicht sterben durfte, es im zweiten Anlauf so viel schwerer hatte.

Letztlich wirkte das Morphium doch – allerdings anders als gedacht. Papa starb immer noch nicht. Stattdessen atmete er auf einmal wieder ruhig und gleichmäßig.

»Jetzt kann es noch Stunden dauern«, sagte eine Schwester.

Meine Mutter brauchte dringend eine kleine Pause, und so fuhr mein Bruder mit ihr nach Hause. Wir sollten uns melden, wenn es wieder schlimmer wurde. Inzwischen war Mirko auch im Pflegeheim angekommen. Er hatte am Vortag den Kindergeburtstag gefeiert und Ennis am Morgen in die Kita gebracht, heute Nacht schlief unser Sohn bei einer befreundeten Familie.

Ich legte mir eine Wolldecke auf den Fußboden neben Papas Bett und streckte mich aus. Mirko rollte sich auf einem Sessel zusammen und döste weg. Es war inzwischen nach Mitternacht, eine dieser wenigen Stunden in den nordischen Sommernächten, in denen es wirklich dunkel wird. Draußen vor dem Fenster lag schimmernd schwarz der See. Da draußen hatte ich immer mit ihm sitzen wollen, immer mittwochs. Es war die Nacht von einem Mittwoch auf einen Donnerstag.

Komisch, dachte ich, ich war nie das Mädchen, das in der Dorfkirche in Weiß heiraten wollte, und jetzt, mit neununddreißig, schon gar nicht mehr, aber es war in dem Moment, als Mirko und Papa links und rechts von mir schliefen, in dem mir bewusst wurde, dass mein Vater mich in diesem Leben nie zum Altar geführt hatte. Ich erinnerte mich aus dem Irgendwo an einen Satz, den mir eine Kollegin mit auf den Weg gegeben hatte, als Mirko und ich frisch zusammengekommen waren. Unser Beziehungsstart war kompliziert gewesen, da er in Scheidung lebte und es Kinder aus dieser ersten Ehe gab. Ich hatte mich trotzdem in ihn verliebt, aber es war eben auch nicht »das« gewesen, was ich mir einst vorgestellt hatte. Meine Kollegin hatte gesagt: »Wir wollen immer den Prinzen auf dem weißen Pferd, mit dem alles einfach erscheint. Aber das ist nur der Weg von Disney, ein Gefühl in ein Bild zu packen und es auf diese Weise zu transportieren. Eigentlich ist Disney aber das Gefühl, nicht das Bild.«

Ich blickte zu Papa, ich blickte zu Mirko, und da wurde mir klar, dass Papa mich gerade übergab. Und dann driftete ich für ein oder zwei Stunden in eine seltsame Zwischenwelt – ich wusste immer noch, wo ich war, ich schlief nicht wirklich ein. Ich ruhte. Ich hatte keine Angst mehr. Neben mir lag der Superheldenkörper meines

Vaters, der mich ein letztes Mal beschützte und dessen gleichmäßiger, tiefer Atem mir ein letztes Mal das Gefühl gab: »Ist alles gut, ruh dich aus. Papa ist da.«

Im Morgengrauen stand der Arzt im Türspalt. Als ich sein Gesicht sah, verwandelte sich dieses wohlige Gefühl der letzten Stunden noch einmal in einen verwirrten Hoffnungsschimmer. Ich war wieder hellwach und stand auf. Mirko lag noch immer zusammengekauert in seinem Sessel.

»Ich habe Angst, dass er gar nicht sterben will. Sonst würde er doch nicht so lange durchhalten, oder? Was, wenn wir ihn umbringen?«, fragte ich.

Der Arzt kam ins Zimmer und setzte sich auf die Bettkante. »Ich habe langsam auch ein schlechtes Gewissen«, sagte er.

Ich schaute ihn flehend an: »Können wir ihm nicht wenigstens wieder Flüssigkeit geben?«

Genau davon hatte ich im Studium gelesen: Von verzweifelten Angehörigen, die bis zum Schluss auf Flüssigkeit bestehen. Auch dann, wenn es dem Körper mehr schadet als nützt. Es war dem Arzt nicht möglich, dem Flehen in meinem Blick zu widerstehen.

»Ich sage der Schwester Bescheid.«

Doch als er draußen war, war der Zauber der Nacht endgültig verflogen. Draußen ging die Sonne auf, und Papa begann wieder, zu stöhnen und sich dabei zu winden.

Als die Schwester reinkam, kapitulierte ich und schüttelte bloß mit dem Kopf. Sie schlug noch einmal die Decke zurück. Sein Bauch war gewölbt, der Bereich um die Magensonde schon feucht. Hier passte beim besten Willen keine Flüssigkeit mehr hinein – sie wurde nicht mehr verarbeitet. Jeder vermeintliche Versuch, ihm etwas

Gutes zu tun, kam zu spät und würde ihn jetzt nur noch zusätzlich quälen.

Mit dem Sonnenlicht kehrten kurz darauf auch mein Bruder und meine Mutter zurück. Mirko fuhr wieder nach Hamburg – die Kita hatte angerufen, Ennis hatte Ohrenschmerzen.

»Danke für deine Tochter«, sagte er, als er ein letztes Mal Papas Hand drückte.

Der Kampf des gestrigen Tages gipfelte in den kommenden Stunden in einer Schlacht, in der buchstäbliches Blut, Schweiß und Tränen flossen. Auch das Wasser in Papas Lungen stieg unerbittlich. Damit ging das Geräusch einher, das unumstößlich den dritten Akt einläutete. Sein rasselnder Atem war bis auf den Flur zu hören. Der Arzt kam mit einem Gerät, um das Sekret abzupumpen. Aus meinem Studium wusste ich jedoch auch, dass diese sogenannte »Rasselatmung« für den Sterbenden nicht anstrengend war, das Abpumpen jedoch möglicherweise schmerzhaft. Diesmal blieb ich bei meinem Wissen, nicht bei meinem Wunsch. Ich hielt den Arzt zurück. Wir mussten das Geräusch, das sich anhörte, als würde Papa ertrinken, aushalten. »Ich bin froh, dass Sie das sagen«, sagte der Arzt.

Auch die Krämpfe gingen wieder los. Es war, als ob der Tod in der Schlussphase alle Register zog. Aber Papa war ihm ein ebenbürtiger Gegner. Er war schon immer sportlich gewesen, in seiner Jugend war er Landesmeister im 100-Meter-Lauf, und in der Frühreha hatten wir seinem Körper mit aller Kraft beigebracht, zu überleben. Ich werde nie wissen, welchen Anteil seine Seele an diesem Kräftemessen hatte, aber sein Körper, den nur noch das Herz am Laufen hielt, der wollte nicht aufgeben.

Alle waren überfordert, auch der Arzt. Das hätte er so in fünfundzwanzig Jahren Palliativmedizin noch nicht erlebt. *Vielleicht liegt es an mir*, dachte ich irgendwann in meiner Ratlosigkeit darüber, was ihm noch fehlen könnte, um zu gehen. Vielleicht musste ich fehlen. Ich lief unter Tränen runter an den See, aber schon nach wenigen Minuten wurde ich wieder magnetisch auf den Flur gezogen, in dem sich der Arzt gerade mit meinem Bruder unterhielt.

»Mein Vater ist der wichtigste Mensch in meinem Leben«, heulte ich.

Der Arzt nickte betroffen. »Und das Problem ist, man hat nur einen Vater«, sagt er.

Kurz darauf kamen die Momente, die so schlimm waren, dass der leitende Pfleger uns liebevoll, aber bestimmt anwies, das Zimmer zu verlassen. »Die Bilder und die Geräusche, die kriegen Sie doch nicht mehr aus dem Kopf.«

»Aber wir können ihn doch nicht allein lassen«, flehte ich.

»Wir übernehmen jetzt«, schlug er vor, und dann schnappte er sich zwei Kolleginnen und setzte sich zu Papa ins Zimmer. Nicht einmal ein gestandener Pfleger sah sich in der Lage, dem Todeskampf meines Vaters allein beizuwohnen. Wir anderen drei, die doch eigentlich zu ihm gehörten, setzten uns am Ende des Flurs in eine Sitzgruppe und warteten. Und warteten.

Irgendwann kam eine Schwester zu uns. *Jetzt hat er es geschafft*, dachte ich, doch wieder irrte ich mich.

»Ich glaube, er braucht noch irgendetwas, um loszulassen. Wir denken, er hängt vielleicht noch an irgendetwas fest,« sagte sie. Sie hätte die Bilder der Enkel im Zimmer gesehen und sich gefragt, ob vielleicht eines der Kinder seinem Opa eine letzte Sprachnachricht schicken könnte. Ich wusste intuitiv, dass Ennis das machen würde. Ich weiß nicht, woher ich das Vertrauen nahm, aber ich wusste, dass er die richtigen Worte finden würde. Ich rief Mirko an und sagte ihm, er solle mit Ennis darüber sprechen. Eine Minute später brummte mein Telefon. Ich stand auf und ging zum ersten Mal in den vergangenen fünfzig Stunden und das allererste Mal in den vergangenen viereinhalb Monaten mit entschlossenen Schritten zurück in Papas Zimmer. Ich war bereit.

Papa sah furchtbar abgekämpft aus. So unglaublich bereit zu sterben, gleichzeitig so unglaublich bereit, niemals aufzugeben. Ich setzte mich zu ihm auf sein Bett und nahm seine Hand. Er japste nach Luft wie ein verendender Fisch. Er blieb mein Superheld bis zum Schluss.

»Ich habe eine Nachricht von Ennis für dich«, begann ich unter Tränen. »Er möchte dir noch was sagen.« Und dann hielt ich das Telefon hoch, drückte auf Lautsprecher und spielte die Nachricht ab.

»Hallo, Opa. Wir sehen uns im Himmel wieder. Ich habe dich lieb. Tschüss. Viel Glück für dein Grab und im Himmel.«

Und dann geschah doch noch ein Wunder. Der Pulsschlag an Papas Hals ließ nach, sein Atem verebbte in einer letzten, kaum merklichen Welle. Auf einmal stand sein Herz still. Diesmal für immer.

2
Auf der Suche nach dem verklungenen Herzschlag

In den ersten Wochen nach seiner Geburt schrie Ennis viel, vor allem und immer dann, wenn ich ihn mal ablegen oder in andere Hände geben wollte. Niemand anderes konnte ihn trösten, und nur, wenn er ganz eng an meiner Brust lag, kam er wieder zur Ruhe. Ich dachte damals, dass es mein Geruch oder meine Stimme waren, die mich für ihn so einzigartig machten. Als ich Jahre später das Buch *The Smell Of Rain On Dust* las, in dem der Autor und Pädagoge Martín Prechtel über Trauer schreibt, brachte mich eine Passage darin auf die Idee, dass es vielleicht mein Herzschlag war, wonach mein Baby instinktiv gesucht hatte, wenn ich einen Augenblick nicht in seiner unmittelbaren Nähe war.

Prechtel schreibt, dass der erste und schwerste Verlust, wenn wir den Uterus verlassen und geboren werden, das Verlieren des Herzschlags unserer Mutter ist. Darüber hatte ich noch nie nachgedacht. Es wird viel davon gesprochen, dass das erste Trauma unseres Lebens das Erleben der Schwerkraft ist, zu spüren, dass wir einen Körper haben. Aber dass ein buchstäblich urvertrautes Geräusch auf einmal verschwindet, ein bislang fester Bestandteil meines Lebensliedes, und ich nur mit dem einsamen Rhythmus meines eigenen Herzschlags zurückbleibe, in dieser fremden lauten Welt – das war ein völlig neuer, wenn auch komplett schlüssiger Gedanke. Prechtel führt aus, dass in dem Moment, wo unser eigenes kleines Herz im Uterus anfängt zu schlagen, unser Gebärmutterleben in zwei getrennten, aber dynamisch miteinander verflochtenen und voneinander abhängigen Kadenzen beginnt – dem stetigen Puls unserer Mutter und unserem eigenen, viel schnelleren Herzschlag. Es ist kein einheitlicher Rhythmus, eher eine Synkope, in jedem Fall unser erster persönlicher Groove. Und dann, wenn wir geboren werden, fallen wir im wahrsten Sinne des Wortes aus dem Takt, und irgendwann können wir uns nicht einmal mehr an ihn erinnern – zumindest nicht bewusst.

Wenn ich heute an diese ersten Tage und Wochen zurückdenke, nachdem Papas Herz aufgehört hatte zu schlagen, fühlte es sich an, als wäre ich aus der Zeit mit ihm in eine Ewigkeit ohne ihn gefallen. Es würde ihn, zumindest in dieser Version, niemals wieder geben, und unsere Vater-Tochter-Konstellation auch nicht. Die Vorstellung, dass ich mich in meiner verbleibenden Zeit auf der Erde vielleicht sogar daran gewöhnen würde, dass sein Herzschlag für immer verklungen war, war tröstlich und beängstigend zugleich. Es würde eine Zeit geben, in der seine Abwesenheit dazugehörte. Das Trauma, das ich erlebt hatte, es würde ein Teil meiner Normalität werden, und es würde eine Narbe über die Wunde wachsen. Und das ist in den vergangenen zwei Jahren auch passiert – ich erzähle diese Geschichte von meiner Narbe aus, nicht aus meiner Wunde. Das war die Voraussetzung, damit aus meiner persönlichen Geschichte eine universelle werden kann, in der es nicht nur um mich geht.

Die Schriftstellerin Glennon Doyle hat über ihre Memoiren *Love Warrior* gesagt, dass sie erst zwei Jahre später – nachdem die Dinge, um die es in dem Buch geht, passiert waren – damit anfing, diese aufzuschreiben. Erst dann habe sie ihren »eigenen Schmerz gesiebt und darin Gold geschürft, um es mit anderen zu teilen«.

Das finde ich eine schöne Vorstellung. Sie sagt auch, dass, »wenn wir in Echtzeit die Wahrheit erzählen«, es für andere Menschen alarmierend sein könnte, weil es sich dann eher wie ein Hilferuf anfühlen kann, und nicht wie ein Dienst. Man muss erst still mit seinem Schmerz sein, bevor man ihn anbieten und verwenden kann, um anderen Menschen zu dienen und sich mit ihnen zu verbinden. Wenn ich also direkt im Sommer 2019 angefangen hätte, eine Geschichte über den Tod zu schreiben, dann hätte diese sehr wahrscheinlich und buchstäblich nicht gut geendet. Es wäre viel Schmerz darin vorgekommen, aber nur wenig Gold. Glücklicherweise habe ich mich in Geduld geübt. Denn die Geschichte seines Todes war mit Papas letztem Herzschlag ja noch gar nicht zu Ende – sie fing eigentlich erst an.

»Ladies and Gentlemen, may I have your attention please. The ship's whistle is about to go off in a few seconds, so you may want to cover your ears.«

Ich saß ganz vorne am Bug des »Salish Orca« und hatte die Ansage nicht richtig verstanden, aber als ich meinen Kopf umdrehte, sah ich, wie die Leute hinter mir sich die Ohren zuhielten. Mein Gehirn abstrahierte nicht schnell genug, denn im selben Moment brüllte schon das Nebelhorn, welches der Kapitän charmanterweise als Pfeife bezeichnet hatte. Ich saß auf einer Fähre, die gerade den Hafen von Tsawwassen, einer kleinen Stadt in der Nähe von Vancouver, verlassen hatte, um nach Salt Spring Island überzusetzen.

Fast drei Monate war es her, dass die Kirchenglocken in meiner Heimatstadt den Trauergottesdienst für meinen Vater eingeläutet hatten. Die Kirchenglocken, mit deren Klang ich aufgewachsen war. Jede Stunde hatten sie mir in Kindheit und Jugend die Uhrzeit angezeigt, jeden Sonntagvormittag den Gottesdienst, den ich nie besucht hatte, aber der Wind hatte die Glockenschläge stets verlässlich bis zu unserem Haus geweht. Auf einmal zeigten sie mir an, wie spät es in meinem Leben geworden war: Ich war mittelalt, und mein Vater war tot.

Zwei Stunden nach der Zeremonie hatte ich mich von der Kaffeetafel davongeschlichen und war ein zweites Mal allein zurück zum Friedhof gegangen. Es wehte ein leichter Sommerwind, und ich setzte mich auf den noch unbeschrifteten Grabstein, unter dem Papas Asche in einer biologisch abbaubaren Fußballurne vergraben lag. Dann sah ich dem Friedhofsgärtner dabei zu, wie er in gemäßigter Geschäftigkeit in einigen Metern Entfernung die Kränze auf einem anderen frischen Grab arrangierte. Als er mich entdeckte, nickte er mir kurz zu. »Ich mach das hier noch fertig, dann mache ich bei Ihrem Vater weiter.«

Dann drehte er sich um und wendete sich wieder seiner Arbeit zu. Es war also wirklich passiert. Papa war tot.

Ich schloss die Augen und erinnerte mich daran, wie ich als kleines Mädchen an der Friedhofsmauer entlanggelaufen war und mein Bruder mir vom Tod erzählt hatte. Rückblickend war dieser Herbstspaziergang in meiner frühen Kindheit, bei dem ausgerechnet mein Vater nicht dabei gewesen war, auch der Tag, an dem ich anfing, um ihn zu trauern. Er war für mich schon immer die liebste Person auf dem Planeten gewesen, mein Fels, mein Verbündeter, und auf einmal musste ich damit klarkommen, dass er eines Tages auch gehen würde und dass es nichts gab, was ich oder er dagegen tun könnte. Auch später als Erwachsene, mein Vater blieb immer der Erste, dem ich mich anvertraute – wenn ich unterwegs war und Heimweh hatte, wenn mein Herz gebrochen war, wenn ich Geld brauchte oder einfach nur, weil es regnete. Ich erzählte ihm fast alles. Aber selbst als er in Rente ging und längst mittendrin war, im Herbst des Lebens, über den Winter sprach ich nie mit ihm. Bis er ohne eine große Vorwarnung über uns hereinbrach, und dann war es zu spät.

Da war bloß diese leise Intuition gewesen, eine Woche vor seinem Herzstillstand, aber auch die hatte ich nicht genutzt. Von ihm aus war aber auch nie etwas in diese Richtung gekommen. Nur wenn ich im Auto neben ihm saß und *Maid of Orleans* von OMD im Radio lief, dann hatte er jedes Mal gesagt, dass es auf seiner Trauerfeier gespielt werden sollte.

Diesen Wunsch hatten wir ihm auch erfüllt. Nachdem der letzte Ton des Liedes verklungen war, hatte ich ein paar stille Sekunden gewartet, so wie es der Pastor gesagt hatte. Erst dann war ich aufgestanden, um zum Rednerpult zu gehen. Der Pastor hatte in seiner Predigt bereits ausgiebig aus Papas Leben erzählt, ich hingegen berichtete in meiner kleinen Rede von seinem Sterben.

Mir war wichtig gewesen, dass dieser vermeintlich ausschließlich dunkle Teil seiner Geschichte nicht weggelassen wird. Er gehört zu ihr, und ohne ihn wäre sie nicht vollständig. Ich redete nichts schön, aber ich warf in meiner Rede vor allem ein Licht auf all die schönen Momente, die wir in dieser Zeit auch erleben durften, Ennis eingeschlossen. Ich war froh, dass ich ihn so oft mitgenommen hatte. Sonst hätten wir nicht nur meinem Vater Unrecht getan, sondern auch die vielen Farben verpasst. Der Tod ist bunt, wenn man sich traut, ein bisschen genauer hinzuschauen. Das war eine erste wichtige Erkenntnis, die für mich in eine Geschichte über das Ende gehört.

Ich blickte auf die frische Erde unter mir. In wenigen Wochen würden die bunten Blätter auf das Grab meines Vaters fallen, in ein paar Monaten, spätestens, würde die Erde unter meinen Füßen das erste Mal gefrieren und Papas Asche unter sich einschließen. Im nächsten Frühjahr aber, vorausgesetzt, irgendein Samen hätte sich rechtzeitig genau hierhin verirrt, würde aus der Erde mit meinem toten Vater darunter etwas Neues wachsen. Etwas, was aus der Dunkelheit kommt. Wie Babys aus der dunklen Gebärmutter. Und da kam mir das erste Mal der leise Gedanke, dass aus meiner Wunde ja auch ein Wunder wachsen könnte, bevor sie heilt. Bevor sie vernarbt.

Kurz nach Papas Beerdigung flog April Bosshards Newsletter in meine Mailbox. Ich kannte April flüchtig von einem Schreib-Retreat in Dublin, an dem wir beide teilgenommen hatten. Sie war ein paar Jahre älter als ich, Kanadierin und arbeitete in Vancouver als Story Coach. Ich hatte mich damals in Dublin für ihren Newsletter eingetragen, in dem sie jeden Monat inspirierende Gedanken über die Kunst des Schreibens teilte und ihre verschiedenen Workshops ankündigte. Auch diesmal blickte sie zunächst auf einen Retreat zurück, den sie in Südfrankreich geleitet hatte, und wie magisch dieser gewesen war. Es klang perfekt. Doch dann erzählte sie, dass kurz nach ihrer Rückkehr, die Freude der Reise noch in ihrem Herzen, ein Moment großer Traurigkeit auf sie wartete. Ihr Vater verstarb völlig unerwartet. Sie würde die Dinge nun erst einmal langsam angehen und vermutlich eine kleine Weile nichts von sich hören lassen.

Ich wusste sofort, dass ich ihr antworten wollte, beziehungsweise musste. Denn obwohl wir damals in Dublin kaum miteinander gesprochen hatten, und ungeachtet der Tatsache, dass wir siebentausendsiebenhundertundsechzig Kilometer voneinander entfernt lebten, war es gut möglich, dass ich von allen Menschen, die sie kannte, jetzt gerade diejenige war, die am dichtesten an ihr dran war. Zwischen dem Erlangen meines Halbwaisenstatus und ihrem lagen nur einundzwanzig Tage, und ich fühlte den Drang, ihr mitzuteilen, dass ich wusste, wie es ihr geht. So ungefähr zumindest, und dass sie nicht allein war. Es gab noch eine Tochter, die um ihren

Vater trauerte, und vielleicht war das ein hilfreicher, oder zumindest tröstlicher Gedanke.

Und da war noch etwas: Anfang Oktober würde der »Deep Writing Workshop«, auf dem wir uns einst kennengelernt hatten, erneut stattfinden: diesmal in Vancouver. Vielleicht wäre das eine gute Gelegenheit, mein Buchprojekt über das Sterben wieder aufzunehmen. Außerdem war Vancouver nicht nur Aprils Heimatstadt, es war auch ein Ort, den ich immer schon mal besuchen wollte. Also schrieb ich ihr, dass ich ihren Newsletter gelesen hatte und ihr mein Mitgefühl senden möchte. Ich erzählte ihr, dass auch mein Vater nur drei Wochen zuvor gestorben war, und dass ich mich mit ihrem Schmerz verbunden fühle. Im PS erwähnte ich, dass ich überlegte, nach Vancouver zum Deep Writing Workshop zu reisen, es mir aber eigentlich nicht leisten könne.

April antwortete gleich am nächsten Tag und bedankte sich für meine Anteilnahme. »Und was Vancouver angeht«, schrieb sie am Ende ihrer Mail, »wenn uns der Tod in irgendeiner Weise leitet, dann erinnert er uns daran, dass das Leben kurz und zerbrechlich ist (obwohl es wertgeschätzt, nicht gefürchtet werden muss), und dass wir uns nicht von den Menschen und den Dingen zurückhalten sollten, die wir lieben.«

Und das ist eine weitere Erkenntnis, die ich sehr früh in und über Trauer gelernt habe: Wenn du mittendrin bist und deine Wunde noch frisch, und nichts auf der Welt zählt außer der Tatsache, dass der wichtigste Mensch der Welt nicht mehr bei dir in dieser Welt ist und es niemals wieder sein wird – dann nimmst du solche Sätze ernst. Dann verdienen sie mehr als ein Like auf Instagram, dann sind sie sogar fürs echte Leben. Ich ahnte schon damals, die Zeit rennt mir davon. Vielleicht noch ein paar Wochen, ein paar Monate höchstens – aber dann würden sich andere Dinge wieder in den Vordergrund drängen. Meine Arbeit, mein Muttersein, mein

Kontostand. Ich musste das Momentum nutzen. Ich würde mir etwas gönnen, was ich mir nicht leisten, aber ohne Hemmungen auf meine Kreditkarte setzen konnte.

Mein Vater hatte sein ganzes Leben lang keine Kreditkarte besessen. »Man gibt kein Geld aus, das man nicht hat«, das war zeitlebens sein Motto, und deswegen hatten wir immer auch nur das, was wir uns auch wirklich risikofrei leisten konnten. Mein Papa war so viel, aber er war definitiv kein Mann des Risikos. Wenn jemand gestorben ist, mit dem man eng verbunden war, sollte man zwei Dinge tun, finde ich. Zum einen Rückschau auf all die Dinge, Werte und Eigenschaften halten, die man an dem anderen bewundert und geschätzt hat. Und dann kann man überlegen, wie man diese Dinge in sein eigenes Leben integrieren kann. Aber man darf auch schauen, an welcher Stelle es vielleicht einen Mangel im Leben des Verstorbenen gab. Und dann kann man versuchen, diesen Mangel rückwirkend aufzufüllen – für den anderen und für sich selbst.

Im Falle meines Vaters: Seine mangelnde Risikofreude hat mich insofern nachhaltig – und durchaus positiv – beeinflusst, als dass ich vermutlich lebenslang davor gefeit bin, ein völlig unverantwortlich hohes finanzielles Risiko einzugehen. Ich erlaube mir aber, ein bisschen mehr Risiko zu leben als er und mir Dinge zu ermöglichen, die ich mir eigentlich nicht, aber eben doch leisten kann – indem ich das nötige Vertrauen in das kosmische Universum setze, dass ich meine Kreditkarte schnell wieder ausgleichen kann.

Und so dachte ich nicht mehr allzu lang nach, sondern besprach mich mit Mirko, und wir waren beide der Meinung, dass Ennis zwei Wochen ohne mich auskommen würde. Nur für den fünftägigen Workshop den ganzen Weg nach Kanada zu fliegen, war den Aufwand nicht wert. Ich entschied mich daher, die erste Woche in Vancouver und die zweite auf Salt Spring Island zu verbringen. Hinter der Auswahl meines zweiten Reiseziels stand eine zehn Jahre alte Prophezeiung: Mit Ende zwanzig war ich in Dublin als Projektkoordinatorin bei der Irischen Krebsgesellschaft angestellt gewesen. Ich hatte eine kanadische Arbeitskollegin, die mir zum Abschied sagte, dass ich, sollte ich jemals Kanada bereisen, unbedingt Salt Spring Island besuchen müsse. Sie wäre zwar selbst noch nie dagewesen, aber sie hätte das starke Gefühl, dass da irgendetwas auf mich warten würde. Sie glaubte, dieses Fleckchen Erde, voll von Kreativen und mitten im Pazifischen Ozean, würde irgendwie zu mir passen. Mein Grief-Trip nach Kanada war die einmalige Gelegenheit, ihren Impuls von damals in die Tat umzusetzen, denn bis nach Salt Spring Island war es von Vancouver aus für kanadische Verhältnisse nur ein Katzensprung.

An all diese Dinge dachte ich, als der »Salish Orca« mich nach Salt Spring Island trug. Hinter mir lagen sieben Tage in Vancouver, einer traumhaften, grünen Stadt am Meer, und ein intensiver Schreib-Workshop, in dem ich begonnen hatte, Papas Geschichte aufzuschreiben. In dieser Woche hatte ich liebenswerte Menschen aus Kanada und den USA kennengelernt, mit denen ich mich auch viel über den Tod unterhielt. Es passierte automatisch und spätestens dann, wenn wir uns darüber austauschten, an was für einem Buch der jeweils andere schrieb. Oder wenn ich gefragt wurde, wie es dazu kam, dass ich als einzige Europäerin den weiten Weg von Hamburg nach Vancouver auf mich genommen hatte. Es fiel mir nicht schwer, über Papas Tod zu reden – im Gegenteil. Ich spürte die Erleichterung, und zwar nicht nur bei mir, sondern auch bei meinem Gegenüber. Denn die meisten hatten auch eine Geschichte zu erzählen, aus ihrer eigenen Familie oder aus ihrem Freundeskreis, die sie viel zu selten teilen durften. In Nordamerika, so erzählten sie mir, wird genauso wenig über das Sterben gesprochen wie bei uns.

Besonders gut taten mir die Gespräche mit meinem Sitznachbar Jim, einem höchst sympathischen und warmherzigen älteren Herrn aus Chicago. Er war ehrenamtlich als Tourguide auf einem großen Friedhof in Chicago unterwegs, auf dem viele promintente Persönlichkeiten begraben liegen. Er erzählte mir, dass er dort schon als Kind viel Zeit verbracht hatte. Wenn er damals gefragt wurde, warum er so gern auf dem Friedhof herumstreifte, hatte er geantwortet: »I get to meet so many people.« Es waren die Toten, unter denen er sich weniger allein gefühlt hatte.

April hatte auch teilgenommen, und zufälligerweise würde sie auch jetzt, in der gleichen Woche wie ich, auf Salt Spring sein. Ihre Mutter lebte dort, und sie würde für ein paar Tage das Haus einer verreisten Freundin hüten. Das Schicksal meinte es gut mit mir.

Die Überfahrt von Tsawwassen nach Salt Spring war wie ein Märchen. Sie dauerte ungefähr eineinhalb Stunden, und die erste Hälfte schaute ich erwartungsvoll Richtung Horizont. Dann, auf einmal, schien mitten auf dem Meer ein Vorhang aufzugehen, hinter dem sich eine magische Welt offenbarte: Die ersten Inseln ragten aus dem tiefen Blau, die Hügel gesäumt von den immergrünen Douglasien, die so typisch für die Westküste Kanadas sind. Dazwischen lagen sowohl schicke Häuser als auch kleine zauberhafte Hütten, und immer wieder Stege, vor denen Bötchen und Kanus ankerten. Wenn ich zeichnen könnte und ein Bilderbuch illustrieren sollte, in dem eine Schatzinsel vorkommt, dann würde ich mir die Gulf Islands zum Vorbild nehmen. Und dann kam schließlich auch meine persönliche Schatzinsel in Sicht – Salt Spring Island.

In den nächsten zwei Tagen erkundete ich, was von meiner schnuckeligen Unterkunft aus fußläufig zu erreichen war, und als April auf der Insel ankam, zeigte sie mir mit dem Auto die schönsten Ecken – unberührte Strände und türkis schimmernde Seen. Die Tage waren frisch, aber sonnig, das Herbstlaub war noch an den Bäumen und strahlte in allen Schattierungen von gelb und rot. Ich weiß noch genau, wie wir die majestätischen Klippen von Ruckle Park entlangliefen, übers Schreiben sprachen und über unsere Väter, deren Tod in kürzester Zeit Freundinnen aus uns gemacht hatte. Aprils Vater hatte Anfang des Jahres einen Schlaganfall erlitten. Er war danach körperlich beeinträchtigt gewesen, aber bei Weitem nicht so schwer betroffen wie Papa, und vor allem wusste er noch, wer er war. Aber genau der wollte er nicht mehr sein. Der Schlaganfall und die damit verbundene Pflegebedürftigkeit hatten ihn in die Depression gestürzt, und eines Tages, kurz nachdem April ihn besucht hatte, schoss er sich in den Kopf. Über seinen Tod hatte niemand anderes entscheiden müssen, dachte ich, aber das machte es kaum leichter. Der Suizid ihres Vaters war ein Umstand, der seinen ganz eigenen Schmerz für April und alldiejenigen mit sich brachte, die von dieser Entscheidung ausgeschlossen wurden und sie im Anschluss machtlos hinnehmen mussten.

An meinem letzten Abend auf der Insel lud April mich ein, mit ihr gemeinsam eine Dokumentation über einen Mann zu schauen, über den sie schon einiges gehört hatte: Stephen Jenkinson, ein kanadischer Autor, Musiker und Philosoph, der lange als Seelsorger in der Palliativmedizin gearbeitet hat. Der Film hieß *The Griefwalker*, der Trauerwandler sozusagen, und mir gefiel die Doppeldeutigkeit des Begriffs. Und so saßen wir schließlich gemeinsam auf der Couch, auf dieser märchenhaft schönen Insel im salisischen Meer, und ausgerechnet Tausende Kilometer von zu Hause entfernt hörte ich so etwas wie ein Echo auf meine Trauer. Die um meinen gestorbenen Vater, aber auch die um mein lebendes Kind.

Stephen Jenkinson hatte viele Jahre in Toronto gewohnt und gearbeitet und war dort zu so etwas wie einer Autorität im »Death Trade« geworden, wie er selbst die Palliativmedizin nennt. Er hatte seinen Abschluss in Theologie in Harvard gemacht, außerdem einen Master in Sozialer Arbeit erworben und über die Jahre mehrere Leitungs- und Gründungspositionen in Institutionen innegehabt, die allesamt mit Sterben, Tod und Trauer zu tun hatten. Ich sage das etwas salopp, weil die Namen uns in Deutschland nichts sagen, aber ich hörte aus der Vorstellung im Vorspann etwas heraus: Dieser Mann hatte etwas zu sagen, in jeder Hinsicht. Und das, was er im Verlauf der Doku sagte, hatte ich so noch nie gehört.

Er sprach unter anderem davon, dass der Tod die Wiege der Lebenslust ist, die Tatsache, dass es endet. Ich hatte immer das Gefühl gehabt, dass der Gedanke an den Tod mir die Lebenslust genommen hat und mich manches Mal regelrecht in der Depression erstarren ließ. Aber ja, ich kannte auch das andere Extrem: Für mich waren es gerade in jüngeren Jahren intensive Begegnungen mit Männern gewesen, durch die ich versucht hatte, eine Lücke in die Zeit zu reißen. *Mas que seja infinito enquanto dure*, lautet ein portugiesisches Sprichwort, von dem ich während eines Aufenthalts in Lissabon erfuhr. *May it be infinite while it lasts*, oder, etwas holpriger auf Deutsch: »Möge es unendlich sein, solange es andauert.«

Eine Zeitlang war das mein Motto. Aber die Momente in der Ewigkeit waren jedes Mal nur von kurzer Dauer, und die Lücke in der Zeit schloss sich ein ums andere Mal genauso schnell wieder, wie sie sich geöffnet hatte. Ich lief Gefahr, ein Junkie zu werden, der seinem nächsten Schuss »Immortality« hinterher- und vor seiner Sterblichkeit davonrannte, aber bevor es tragisch wurde, hatte ich glücklicherweise Mirko kennengelernt. Und kurz darauf ein Kind bekommen, und auch das war unbewusst sicher ein Versuch, Unsterblichkeit zu erzeugen – im wahrsten Sinne des Wortes. Bloß, und das ist der Teil, den wir dabei gern verdrängen, unsere Kinder sterben auch.

Darum war es auch die Szene im *Griefwalker*, als Jenkinson über seine beiden Kinder sprach, in der ich mich auf eine Art und Weise gehört fühlte wie noch nie zuvor in meinem Leben. Darin erzählte er, wie er einmal dabei war, als ein älterer Vater starb, und die erwachsenen Kinder an seiner Seite völlig unvorbereitet waren. In der Sekunde hätte er realisiert, dass der Pfad des Lebens, auf den er die winzigen Füße seiner Kinder gesetzt hatte, sie unweigerlich an sein Sterbebett führen würde, »daran vorbei und schließlich an ihr eigenes«. Da wusste er, was kein Elternteil wissen will. »Ich hatte meine Kinder zum Sterben verurteilt.« Eine Erkenntnis, die ihn aufwühlte.

»Ich werde keinem einzigen Menschen auf dieser Erde vertrauen, dass er sich um sie kümmern wird, wenn sie sterben, nicht nach dem, was ich alles schon gesehen habe!« Gleichzeitig begriff er, dass die einzige Alternative auch nicht infrage kam.

»Okay, dachte ich, du hoffst also, dass sie vor dir sterben? Nein, das meine ich nicht, natürlich nicht. Okay, was meinst du dann? Ja, es stimmt, sah ich ein, ich muss jemandem vertrauen. Nicht, was meinen Tod angeht, sondern den Tod meiner Kinder. Und deswegen mache ich diese Arbeit.«

Es bewegte mich ungemein, die Gedanken, die ich schon direkt nach Ennis' Geburt gehabt hatte, zum ersten Mal auch von jemand anderem ausgesprochen zu hören.

»That's what I think all the time, April, exactly my thoughts«, sagte ich, eine Träne im Auge. Es klang so wahr und weise aus Stephen Jenkinsons Mund. An einer späteren Stelle im Film sprach er mit einer sterbenden Mutter, etwas älter als ich vielleicht, die sich um den Familienzusammenhalt nach ihrem Tod sorgte. »Was ich dir jetzt sage, ist für eine Mutter schwer zu ertragen, aber ich denke, es ist die Wahrheit«, sagte Jenkinson zu ihr. »Ihre Fähigkeit, eine Familie zu sein, nachdem du gegangen bist, hängt auch davon ab, wie du stirbst. Nicht woran, sondern wie du es tust. In anderen Worten, wie menschlich du sein kannst im Angesicht von etwas, das dich vom Menschsein fortlockt. Es ist der Tisch, den du deckst, der bestimmt, welches Essen sie zu sich nehmen. Deine Arbeit ist, zu entscheiden, wie du eine Mutter und eine Partnerin in einer Zeit wie dieser sein kannst. Du musst etwas lernen, von dem du dir gewünscht hast, es nicht zu lernen. Und zwar, wie du jemanden liebst, als ob es nicht halten würde. Denn es wird nicht halten.«

Ich schluckte. Als er weitersprach, kam es mir vor, als wandte er sich nicht an die Frau, die ihm im Sterbebett gegenüberlag, sondern an mich. »Man bringt uns bei, jemanden zu lieben, indem wir lernen, was an dem anderen liebenswert ist. Aber in Wahrheit liebst du niemanden, bis du nicht auch sein Ende liebst. Du liebst es nicht, verheiratet zu sein, bis du nicht auch das Ende der Ehe liebst, denn eine Ehe beinhaltet auch ihr Ende. Genauso, wie geboren zu werden, auch beinhaltet, irgendwann nicht mehr zu atmen. Und das ist, was du lieben musst.«

In dem Moment schien mein Herz sich nicht nur mit dem längst verklungenen Herzschlag meines Vaters zu synchronisieren, sondern auch mit dem seines Enkels, der auf der anderen Seite der Erde auf mich wartete. Einen Augenblick lang waren wir drei *in tune*. Auf einmal begriff ich, was hier auf Salt Spring Island all die Jahre auf mich gewartet hatte: mein Auftrag. Als Mutter. Als Autorin. Und vielleicht auch als zukünftige Palliativbegleiterin. Ich hatte lange versucht, vor dem Tod davonzulaufen, dabei ist mein Leben manches Mal auf der Strecke geblieben. Ich hatte es immer wieder abgehängt, in dem Versuch, den Tod abzuschütteln. Aber den Tod wirst du nicht los – er ist bei dir, von dem Moment an, in dem du geboren wirst, wie dein unsichtbarer Zwilling.

Mein Vater war an den Folgen einer Wiederbelebung gestorben, so absurd es klang, es waren die Fakten. Damit war er auch symbolisch dafür gestorben, was passieren kann, wenn nicht nur ich, sondern die ganze Gesellschaft immer wieder versucht, den Tod zu überlisten. Gab es noch eine Steigerung dessen, was ich mit meinem Vater erlebt hatte, und wenn ja, wie würde diese aussehen? Was könnte das für mein eigenes Sterben bedeuten? Und was könnte es für Ennis bedeuten, an einem Tag, an dem ich mit an Sicherheit grenzender Wahrscheinlichkeit nicht mehr bei ihm sein würde?

Es war dringend Zeit für einen Richtungswechsel, das spürte ich an jenem Abend ganz deutlich. Als Tochter konnte ich jetzt nichts mehr ändern, aber als Mutter lag es in meiner Verantwortung, mich umzudrehen und auf den Tod zuzugehen. Wenn ich anderen die Angst vor ihm nehmen wollte, musste ich erst einmal meine eigene überwinden. Genau das hatte ich schon vor ein paar Monaten vorgehabt, aber dann war der Tod auf einmal zu schnell zu nah gewesen. Aber jetzt, wo ich Zeugin dieses außergewöhnlich harten Sterbens meines Vaters geworden war, wiegte ich mich beinahe in Sicherheit. Was sollte mir schon noch passieren?

Als ich am nächsten Nachmittag wieder auf der Fähre saß und zurück nach Vancouver schipperte, um von dort aus am nächsten Tag wieder nach Hause zu fliegen, dachte ich auch noch über einen Satz nach, den Jenkinson ganz am Ende der Doku fallengelassen hatte: *Grief is a skill.* Trauern ist eine Fähigkeit. Eine Fähigkeit, die bereichert. Ich hatte eine wahrlich wunder-volle Zeit in Kanada gehabt. Ich habe eine fantastische Natur kennengelernt, hatte tolle Menschen getroffen und die Arbeit eines Menschen entdeckt, die mich persönlich und beruflich weit über diese Reise hinaus prägen würde. Dazwischen habe ich viel geweint. Denn nichts davon war den Tod meines Vaters wert. Aber sein Tod war auch kein bisschen weniger wert als das. Es war der Teil seiner Geschichte, den mein Vater selbst nicht mehr erzählen konnte, das Kapitel in unserem gemeinsamen Leben, das es ohne seinen Tod nicht gegeben hätte.

Ich war positiv gespannt, wie es nun weitergehen würde. Die Koordinatorinnen des Hospizdienstes hatten mir eine E-Mail geschrieben, ob ich mir vorstellen könnte, gleich in der nächsten Woche eine Sterbebegleitung auf der Palliativstation zu beginnen. Hoch motiviert hatte ich sofort zugesagt. Ich hatte mich auf Salt Spring Island so verbunden gefühlt – mit dem Leben, aber auch mit dem Tod –, dass ich mich vielleicht ein bisschen überschätzte. Denn genauso wie ich mit Ennis einst kein pflegeleichtes »Anfängerbaby« bekommen hatte, bekam ich für meine erste Begleitung einen ganz besonderen Menschen zugeteilt.

3
Ziemlich schlechte Freunde

Der Psychiater Fari Amini schreibt in seinem Buch *A General Theory of Love:* »In einer Beziehung revidiert ein Verstand den anderen; ein Herz verändert das seines Partners.«

Als ich im Oktober 2019 meine erste Sterbebegleitung begann, war ich noch nicht so weit, zu reflektieren, dass nahezu jeder Mensch, auf den ich in den kommenden Jahren treffen würde, auch meinen Verstand revidieren oder gar mein Herz verändern würde. Dass es sich bei keinem Aufeinandertreffen um zufällige Begegnungen handelte, sondern um kleine, aber durchaus wissenschaftlich herleitbare »Wunder« – nämlich Projektionen dessen, was jeweils zu lernen anstand. Bei mir, bei dem anderen, aber meistens bei uns beiden. Oft war das etwas, was stellvertretend immer auch mit unserer Gesellschaft zu tun hatte und der Kultur, in der wir aufgewachsen waren.

Ich habe mal gelesen, dass eine Beziehung nicht bloß zwischen zwei Partnern besteht, sondern zwischen dreien: den beiden Menschen, jeder mit seinen bereits bestehenden Mustern von Liebe und Verlust, und der dritten Präsenz, der Beziehung selbst. So eine Art intersubjektive Ko-Kreation, die zum dritten Partner wird, der mit der Kraft ausgestattet ist, diese Muster zu vertiefen oder zu verändern. Dieser dritte Partner, die Beziehung selbst – die stand in diesen besonders fragilen Konstellationen aus Sterbebegleiterin und Sterbendem vor allem unter dem Einfluss dessen, was uns überhaupt erst zueinander geführt hatte: der Tatsache, dass eine oder einer von uns bald sterben würde. Sie stand im Schatten des Todes, sozusagen.

Doch irgendwann, Mensch für Mensch, löste sich dieser Schatten auf, bis (fast) nur Licht übrig blieb. Aber erst mal musste ich durch die tiefe Finsternis – mit meinem ersten Sterbenden. Der Tod schickte mich erneut in den dunklen Wald und auf meine zweite Prüfung. Der Wald steht im Märchen nicht umsonst für das Unbewusste; für das, was ans Licht will. Im nächsten Teil der Geschichte geht es um meine erste Begegnung mit einem Mann im Land der Sterbenden: Peter. Und, so viel sei vorab verraten, beim ersten Mal tat's noch weh.

An einem milden Spätoktobertag, nur wenige Tage nach meiner Rückkehr aus Kanada, saß ich in dem Café direkt neben der Palliativstation eines Hamburger Klinikums. Trotz Stimmengewirr und klappernden Kaffeetassen konnte ich immer noch hören, wie mein Herz klopfte. Ein bisschen nervös war ich schon. In wenigen Minuten begegnete ich einem Menschen, der *bald* sterben würde. Was für einen Unterschied diese vier Buchstaben machen, dachte ich. Schließlich wusste ich von der überwiegenden Mehrheit der Menschen auch nicht viel mehr, außer, dass sie *eines Tages* sterben würden. Der Tod eint uns alle, doch es war dieses kleine Wörtchen »bald«, das mich heute hierhergeführt hatte. Es würde das erste Mal sein, dass ich als frisch ausgebildete ehrenamtliche Hospizbegleiterin einen schwer kranken Menschen besuchte. Ich fühlte mich ein bisschen wie vor einer Prüfung. Ich schloss kurz die Augen, um mich zu sammeln, und dann sah ich das Gesicht meines Vaters vor mir. Er lächelte mich zuversichtlich an, und seine blauen

Augen zwinkerten mir aufmunternd zu. An diesen Blick erinnerte ich mich nur zu gut. Es war, als wollte er sagen: »Das schaffst du, Mädchen, ich glaube an dich!«

Ich beschloss, Vertrauen zu fassen. Denn was auch immer in den kommenden Wochen auf mich zukommen würde – ich glaubte, bestens vorbereitet zu sein.

Es waren weniger die beiden Ausbildungen, von denen ich dachte, dass sie mich mit allem Wissenswerten für die Begleitung ausgestattet hätten. Ich könnte auch gar nicht im Einzelnen wiedergeben, was man eigentlich so alles lernt in solchen Kursen – ich müsste mir die Unterlagen noch einmal anschauen, aber ich habe entschieden, dass das für diese Geschichte nicht wichtig ist. Es ist in der Regel in Deutschland so, dass man, um ehrenamtlich mit Sterbenden zu arbeiten, vorher einen mehrmonatigen Kurs machen muss, dann bekommt man ein Zertifikat, und dann ist man üblicherweise an einen ambulanten Hospizdienst angeschlossen. Dieser wiederum kooperiert zum Beispiel mit Alten- oder Pflegeheimen, Hospizen oder, wie in meinem Fall, auch mit einer Palliativstation. Und dann gibt es hauptamtliche Koordinator*innen, die diese Ehrenamtlichen planen und einsetzen, um die wiederum in den jeweiligen Einrichtungen hauptamtlich Beschäftigten zu entlasten – jedoch ausschließlich im psycho-sozialen Bereich, Ehrenamtliche übernehmen keine Pflegeaufgaben.

Für mich war der Kurs vor allem ein Anker gewesen, ein Ort, in dem ich jeden Donnerstagabend, wenn ich Papa ein paar hundert Meter weiter in der Klinik besucht hatte, meine Eindrücke und Gefühle teilen und reflektieren konnte. Die anderen Teilnehmer*innen, die meisten mindestens zehn Jahre älter als ich, waren liebevolle Zuhörerinnen, gleichzeitig gaben sie mir das Gefühl, dass sie auch von mir und meinem Umgang mit der Situation lernten. Und als nach einer kurzen Sommerpause der Vertiefungskurs und somit der zweite Teil der Ausbildung begann, war Papa schon tot. Rückblickend war ich vielleicht so etwas wie das unfreiwillige Praxisbeispiel des Kurses gewesen: von der hoffnungsvollen Bangenden zur trauernden Angehörigen, aber ich hatte mich nach außen »im Griff« gehabt und schien in keiner Weise den Eindruck zu machen, dass man mich, keine vier Monate nach dem Tod meines Vaters, nicht erneut auf einen sterbenden Menschen loslassen könnte. Ich selbst zweifelte aber auch nicht daran, denn wie gesagt, es waren weder das Fernstudium noch die Ausbildung vor Ort, die mir die nötige Sicherheit gaben. Es war die existenziellste Erfahrung meines Lebens, stärker noch als die Geburt meines Sohnes, die mich meiner Meinung nach in den Kreis der Würdigen aufgenommen hatte: dem unfassbar qualvollen Tod des Menschen beizuwohnen, der mich geschaffen hatte, und den ich über alles liebte. Was sollte mir schon in der Begleitung eines Sterbenden widerfahren, mit dem ich nicht zurechtkommen würde? Ich hatte alles gesehen, ich hatte alles gefühlt. Glaubte ich zumindest.

Schließlich kam Mareike, eine der beiden Koordinatorinnen, den Gang entlang und setzte sich zu mir an den Cafétisch. Sie war gerade bei der wöchentlichen Teambesprechung der Palliativstation gewesen und wollte mir nun den Kandidaten vorstellen, den sie für mich »auserwählt« hatten. Es handelte sich um einen älteren Herrn, Ende siebzig, Magenkrebs, keine Angehörigen. Die Anfrage für eine Begleitung wäre insofern etwas ungewöhnlich, als dass der Patient, der überstürzt eingeliefert worden war, noch einmal nach Hause in seine Wohnung wollte, um ein paar persönliche Gegenstände einzusammeln – unter anderem seinen Rasierer und sein Gebiss. Allerdings hatte auf dem Überleitungsbericht des zuständigen Pflegeteams gestanden, dass seine Wohnung in keinem guten Zustand sei, alles recht chaotisch und schmutzig. Was mich dort genau erwarten würde, könnte sie auch nicht sagen, aber sie hätte großes Verständnis, wenn ich diesen Auftrag, zumal es mein erster wäre, nicht annehmen würde. Es gebe erfahrenere Ehrenamtliche, die es ablehnen würden, in eine Messi-Wohnung auf St. Pauli zu fahren.

»Auf jeden Fall mache ich das«, sagte ich. Ich wohnte selbst auf St. Pauli, und mein erster Einsatz sollte gewiss nicht an einer unaufgeräumten Wohnung scheitern.

Zwischen Peter und mir klickte es sofort. Ich werde nie die Erleichterung vergessen, als ich ins Zimmer trat, ihn da im Bett sitzen sah und sofort das Gefühl hatte: Das passt. Er hatte etwas Schelmisches, das erkannte ich sofort an der Art, wie er mich begrüßte. Er zwinkerte mir zu, als er mir, wie es damals in vorpandemischen Zeiten noch üblich war, die dünne lange Hand reichte, und mit der anderen zog er fast zeitgleich seinen Schlüsselbund von irgendwo hervor, an dem ein Anhänger mit einem eingeschweißten Schwarz-Weiß-Foto baumelte. Er hielt mir das Bild hin: »So sah ich mal aus!«

Ich inspizierte das Foto. Der junge Mann wäre nicht unbedingt mein Typ gewesen, sehr geschniegelt und sehr blond, aber ich konnte mir gut vorstellen, dass die Mädchen damals reihenweise hinter ihm her gewesen waren. Jetzt war er nicht nur alt geworden, sondern auch völlig ausgezehrt von seinem Krebs. Dennoch wirkte er guter Dinge, vielleicht auch weil ich sofort erkannt hatte, dass es unserer Beziehung guttun würde, wenn ich dem Mann auf dem Foto begegnete, dem er sich offenbar näher fühlte als dem Mann auf dem Bett.

»Wusste gar nicht, dass es so schöne Frauen auf St. Pauli gibt«, begann er direkt zu flirten, als ich ihm erzählte, dass ich in seiner Gegend wohnte. Als ich ihm später vor seiner Wohnung aus dem Taxi half, bat er mich, ihn unterzuhaken, damit er vor den Nachbarn angeben könne, falls zufällig jemand aus dem Fenster schaute. Natürlich hätte ich ihn sowieso untergehakt, denn er war so dünn und schwach, dass ihm der kleinste Windhauch den Boden unter den Füßen weggerissen hätte, aber ich freute mich, dass er sich wohlfühlte in meiner Nähe.

Seine Wohnung war nicht so schlimm wie angekündigt, aber es war auch definitiv kein Ort, an dem ein alter, krebskranker Mann leben sollte. Es war offensichtlich, dass er es einfach nicht mehr geschafft hatte, den Haushalt eigenständig zu bewältigen, und falls er noch mal aus dem Krankenhaus entlassen werden würde, bräuchte er definitiv eine Haushaltshilfe. Ansonsten war es vor allem die kleine muffige Souterrain-Bude eines Mannes, der in den Achtzigern und Neunzigern auf der Reeperbahn mal was zu sagen gehabt hatte und danach in die typische Altersarmut gestürzt war. Er hatte als ehemaliger Geschäftsführer eines Tabledance-Clubs und Teilzeit-Lude zwar eine Menge Geld gescheffelt, aber dieses auch wieder mit vollen Händen ausgegeben. Er erzählte mir von teuren Urlauben in Luxushotels, von schnellen Sportwagen und einem eigenen Solarium in seiner alten Wohnung. Nur in die Rente hatte er nicht genug eingezahlt. In seinem Leben hatte es auch viele Frauen gegeben, berichtete er mir stolz. Den »schönen Peter« hätten sie ihn genannt. Geblieben war keine.

Wir sammelten seine Habseligkeiten ein, und Peter schob sich erleichtert sein Gebiss in den Mund. »Jetzt kann ich dich auch mal vernünftig anlachen.«

Wir mussten noch eine Weile auf das Taxi zurück in die Klinik warten, darum zog er einen dicken Umschlag aus der Anrichte und zeigte mir noch mehr alte Fotos von sich. Ob mit Schampus hinter der Theke oder im Urlaub auf Ibiza, Peter war offensichtlich jemand, der in seinem Leben oft und gern über die Stränge geschlagen hatte, so viel war klar. Doch jetzt war nur noch ein kleines bisschen Leben übrig. Er war ein Angeber gewesen, und höchstwahrscheinlich hätte ich ihn in jungen Jahren nicht ausstehen können, aber den alten, kranken Mann mit der Hamburger Schnauze, den schloss ich gleich in mein Herz. Ich würde ihm helfen und das letzte Stückchen Leben mit ihm gehen.

Ich kaufte ihm neue Unterhosen und nahm seine dreckige Wäsche mit aus der Klinik. Im Gegenzug erzählte er mir Geschichten vom Kiez, von heimlichen Gelagen mit Promis und Politiker*innen, von Schlägereien und Erpressung, aber auch von romantischen Tanz-Dates im »Café Keese«. Als sehr junger Mann hatte er sogar mal eine Zeit in einer Band gespielt, mit der sie laut Peter »ganz Hamburg und Umgebung beglückt hätten«, und die meisten Groupies hatte natürlich er gehabt. Kurzum, wir bewegten uns die meiste Zeit in seiner Vergangenheit, unsere Gespräche versetzten uns an die Orte zurück, an denen er noch jung und wohlhabend gewesen war, und das schien ihm wahnsinnig gutzutun.

Ein paar Tage später wurde er nach Hause entlassen, ich setzte mich dafür ein, dass er ein Rezept für eine Haushaltshilfe bekam, und versprach, ihn auch dort weiterhin zu besuchen. Von meinen Koordinatorinnen bekam ich die Rückmeldung, dass Peter und ich auf das Team der Palliativstation wie zwei gewirkt hatten, »die sich gesucht und gefunden hatten«.

Die nächsten zwei Wochen besuchte ich ihn jeden Tag. Manchmal machte ich kleine Besorgungen für ihn, brachte ihm neue Wasserflaschen oder eine Fernsehzeitung, und schließlich ließ ich ein paar Glieder aus seiner Fake-Rolex entfernen, die ihm nur noch lose ums Handgelenk schlackerte. Er wurde zunehmend schwächer, es fiel ihm schwer, allein aufzustehen, und nach jedem Schluck Wasser musste er ausspucken. Ich wusch seine Spuckschalen sauber und wunderte mich, dass ich mich nicht davor ekelte.

Einmal fragte er mich, ob ich ein bisschen bei ihm sitzen bleiben könnte, während er schlief. Es war November geworden, draußen fiel das Laub, und ich blätterte noch einmal durch die Fotos, die wir uns schon am ersten Tag angeschaut hatten. Zwischen all den Protzbildern mit hübschen Frauen waren auch ein paar Schwarz-Weiß-Bilder, auf denen er als kleiner Junge mit seiner Mama zu sehen war, die ihn allein großgezogen hatte. Sie war die schönste Frau von allen. Da erinnerte ich mich wieder an das, was Stephen Jenkinson im *Griefwalker* gesagt hatte: Über das Vertrauen darauf, dass jemand sich gut um seine Kinder kümmern würde, wenn ihre Zeit zu sterben kam. Da wurde mir klar, dass ich nicht nur für Peter an seinem Bett saß, sondern auch für seine Mutter.

Das Palliativpflegeteam kam zweimal am Tag vorbei, um die medikamentöse Versorgung sicherzustellen, aber wenn ich nicht bei ihm war, lag Peter bloß im Bett, schaute fern oder schlief. »Das muss doch mal wieder besser werden«, sagte er jedes Mal. »Im Krankenhaus ging es mir viel besser, da bin ich doch sogar rumgelaufen.«

In diesen Momenten versuchte ich, ihn behutsam daran zu erinnern, dass die Krankheit unheilbar war und sich die Symptomatik naturgemäß verschlechtern würde. »Das weiß ich, dass das nicht weggeht«, entgegnete er dann etwas unwirsch, »aber es muss doch mal besser werden.«

Wenn ich bei ihm klingelte – dreimal kurz hintereinander, damit er wusste, dass ich es war –, war ich jedes Mal etwas nervös, denn es dauerte, bis er sich zur Tür geschleppt hatte. Tag um Tag war ich erstaunt, dass er mir tatsächlich öffnete. Danach war er allerdings auch so aus der Puste, dass ich ihn auf dem Weg zurück ins Bett stützen musste. Peter nahm fast nichts mehr zu sich, nur ein bisschen Wasser.

Am Ende der zweiten Woche wollte er zurück ins Krankenhaus, denn »es musste doch endlich mal besser werden«. Vom Palliativpflegeteam fühlte er sich nicht ernst genommen. »Die verlieren mich ja als Kunden, wenn ich wieder ins Krankenhaus komme, deswegen wollen die, dass ich hierbleibe.«

Ich glaubte nicht, dass das stimmte, ich vermutete eher, dass sie eben professionell und abgeklärt handelten – dieser Mann würde in den nächsten Tagen sterben, und im Krankenhaus würden sie auch nichts anderes für ihn tun, als ihm Medikamente gegen den Schmerz und die Übelkeit zu verabreichen. Dass die Wahrscheinlichkeit, dass er allein sterben würde, zu Hause maximal hoch war, hatten sie vielleicht bei der Vielzahl der zu betreuenden Patient*innen nicht so im Blick. Und er sagte nicht, dass vielleicht genau das der Grund war, warum er zurück auf die Palliativstation wollte. Weil das der Ort war, an dem er sich besser gefühlt hatte. Der Ort, an dem er nicht sterben würde.

Ich wollte seinen Wunsch unbedingt unterstützen, denn er kam auch mir entgegen. Im Krankenhaus würde er nicht nur gut versorgt sein, er war dort vor allem nicht allein. Außerdem hoffte ich, dass er vielleicht mithilfe der Ärzt*innen endlich verstehen würde, wie es um ihn stand. Ich rief auf der Station an, und glücklicherweise war ein Bett für ihn frei. Dann organisierte ich den Transport und saß auf der Fahrt ins Krankenhaus vorne neben dem Fahrer, während der zweite Sanitäter sich hinten um Peter kümmerte.

»Sie sind aber ganz schön mit dem Herzen dabei«, sagte der Fahrer, »ich sehe das in Ihren Augen. Passen Sie bloß auf sich auf.«

In der Klinik bekam Peter erst mal eine Infusion, da er völlig ausgedörrt war. Allein die Tatsache, dass er wieder rundum unter Beobachtung stand, schien ihm unmittelbar Kraft zu geben. Dr. Faust, der Chefarzt, sprach kurz mit mir und meinte, dass er umgehend einen Hospizplatz für ihn organisieren würde. Die Wartezeiten wären recht lang, aber wenn Schwäche das einzige Symptom wäre, könnten sie einen längeren Aufenthalt auf der Station schwer rechtfertigen.

»Er scheint doch ausgesprochen zäh zu sein«, sagte er, »also könnte es mitunter noch ein paar Wochen gehen.«

»Ich glaube, es wäre gut, wenn er sich der Tatsache annähern könnte, dass er stirbt«, entgegnete ich. »Ich habe ein paarmal versucht, mit ihm darüber zu sprechen, aber er blockt jedes Mal ab. Ich glaube, er findet das so schön, dass sich jetzt noch mal jemand so um ihn kümmert, dass – « Ich suchte nach den richtigen Worten.

»Dass es immer so weitergehen soll«, ergänzte Dr. Faust, »bei Ihnen beiden geht's ums Leben.«

»Vielleicht hilft es ja, wenn Sie noch mal mit ihm reden. Und ich bin diejenige, die es dann auffängt?«, fragte ich.

Er nickte. »So machen wir das.«

Stattdessen würde ich Peter fallen lassen, aber das ahnte ich in dem Moment noch nicht im Entferntesten. Denn natürlich war er längst aufgeklärt worden, und auch nicht nur einmal.

Er wollte es schlichtweg nicht wissen, dass er ein sterbender Mann war. Dass es der Tod war, der ihn ein letztes Mal mit einer Frau zusammengeführt hatte. Einmal gab es einen Moment, da ahnte er es, glaube ich. Ich weiß nicht mehr genau, wie es dazu kam, aber ein paar Tage nach seiner Wiederaufnahme nahm er meine Hand, die in einem blauen Handschuh steckte, da bei ihm ein multiresistenter Keim festgestellt worden war. Er nahm also einfach meine Hand und streichelte sie mit seinem Daumen, wortlos, minutenlang. Später erzählte mir eine Schwester, er hätte nach meinem Besuch den »RTL-Spendenmarathon« im Fernsehen geschaut, und sie hätte ihn tränenüberströmt vorgefunden, weil ihn die Schicksale der Kinder so mitgenommen hätten. Peter, der harte Hund vom Kiez, war mit seinem weichen Kern in Kontakt gekommen. Aber es blieb eine Momentaufnahme.

»Sabrina, ich muss Ihnen noch was erzählen«, sagte Dr. Faust, als wir uns das nächste Mal auf dem Flur trafen. »Herr M. hat zu mir gesagt: *Wissen Sie, ich hatte so viele Frauen in meinem Leben, aber so toll wie Sabrina war keine!*«

Ich musste lachen, natürlich freute es mich.

»Da habe ich zu ihm gesagt, das ist doch schön, dass Sie auf den letzten Metern noch mal so eine tolle Frau kennenlernen!« Damit hatte er ihm wohl sagen wollen: »Herr M., es geht jetzt wirklich zu Ende.« Aber Peter hörte eben nur, was er hören wollte. Bis ich es nicht mehr aushielt.

Es war ein Montagnachmittag, als das Ende unserer Freundschaft seinen Lauf nahm. Peter war morgens gestürzt und hatte nun absolutes »Aufstehverbot«. In zwei Tagen sollte er in ein Hospiz verlegt werden. Er hatte zugestimmt und verstanden, dass es zu Hause nicht mehr funktionieren würde – dass er dorthin nie mehr zurückkehren würde, schien jedoch noch immer nicht zu ihm durchgedrungen zu sein.

Er wirkte unzufrieden, als ich mich zu ihm setzte. Diesmal sagte er nicht: »Das muss doch endlich mal besser werden«, sondern er fragte mich: »Ich weiß nicht, wie das noch mal besser werden soll. Was meinst du?«

Es konnte nicht so weitergehen. Peter hatte vermutlich nur noch Tage zu leben. Dr. Faust war im Urlaub, und der damalige Oberarzt sprach schon davon, dass er am Mittwoch eventuell gar nicht mehr verlegungsfähig sein würde. Vielleicht gab es ja auch noch irgendetwas, das er klären wollte, solange er es noch konnte.

»Es wird nicht besser, Peter«, antwortete ich leise.

Er sah mich durchdringend an.

»Aber wie soll das denn dann im Hospiz besser werden?«, legte er nach.

»Auch da wird es nicht besser. Das ist ein Ort, an dem schwerkranke Menschen ihre letzten Lebenstage oder Wochen so gut wie möglich verbringen sollen.«

Er drehte sein Gesicht weg von mir und blickte aus dem Fenster. Er sagte nichts, es schien zu rattern in seinem Kopf.

»Möchtest du darüber sprechen?«

»Ich möchte jetzt lieber ein bisschen schlafen.«

»Okay.«

Ich ließ ihn allein.

Am nächsten Tag begrüßte er mich nur knapp. »Morgen um elf geht es los.«

»Ich weiß, soll ich mitkommen?«

»Ja.«

»Okay.«

»Und jetzt möchte ich wieder schlafen.«

Der Tag seiner Verlegung war von Beginn an skurril. Ich war rechtzeitig bei ihm auf dem Zimmer, eine halbe Stunde, bevor der Transport angekündigt war, aber Peter sprach nicht mit mir. Wenn ich ihn etwas fragte, antwortete er einsilbig, und so packte ich schweigend seine Siebensachen in keimresistente Müllsäcke, bevor ich ihn noch eine Weile in seinem Zimmer allein ließ, weil ich die Kälte nicht ertrug. Auch die Fahrt ins Hospiz lief ab wie in einem schlechten Film. Peter lag stumm auf der Trage, mir schien, als wäre er über Nacht noch dünner geworden, und er atmete so leise, dass ich am Anfang dachte, er verstirbt noch während des Transports. Der offensichtlich nicht ganz so sensible Fahrer ließ das Radio durch die Boxen in den hinteren Teil des Wagens schallen, in dem ich und eine weitere Sanitäterin bei Peter saßen. Er drehte es auch nicht leiser, als Guns n' Roses mit *Knockin' on Heaven's Door* gespielt wurde.

Das junge Mädchen neben mir schaute betroffen nach unten. Peter lag einfach nur da.

In seinem Zimmer angekommen, signalisierte Peter der jungen blonden Schwester, dass er mich loswerden wollte, in dem er hinter meinem Rücken die »Kopf-ab-Geste« machte. Das erzählte sie mir draußen auf dem Flur. Jetzt wusste ich, warum sie sich so beeilt hatte, mich aus dem Zimmer zu bugsieren. »Bestimmt ist er bloß erschöpft vom Transport«, sagte sie tröstend. Doch es kam noch schlimmer.

Am nächsten Tag wollte Peter mich gar nicht mehr sehen. Als ich die Treppe auf seinen Flur hochkam, sah ich zwei Frauen vor seiner Zimmertür diskutieren und hörte, wie dabei mein Name fiel. »Kann ich helfen?«, rief ich die Stufen rauf.

»Frau Görlitz, ich bin die gesetzliche Betreuerin von Herrn M.!«

Bei der anderen Frau handelte es sich um eine Schwester. Im Hospiz laufen alle in Zivil herum, von daher ist nicht immer auf Anhieb zu erkennen, wer zum Team gehört und wer nicht. Peter hatte mir schon von seiner Betreuerin erzählt. Gerichtlich bestellte Betreuer*innen sind dafür zuständig, Dinge zu regeln, die mit Geld oder Behörden zu tun haben, wenn ein schwer kranker Mensch es nicht mehr selbst tun kann und auch keine Angehörigen hat, die sich um diese Dinge kümmern.

»Ich hatte gestern mit ihm telefoniert«, erklärte sie die Situation. »Ich wollte mit ihm besprechen, wie er sich seine Beerdigung vorstellt. Da haben wir auch über seinen Kontostand gesprochen, und er ist regelrecht ausgeflippt, weil er mir nicht geglaubt hat, dass da nicht mehr viel drauf ist. Seiner Meinung nach müssten dort noch Zehntausende von Euro drauf sein. Aber Herr M. ist doch ein Sozialfall.«

Ich nickte. Peter hatte mir auch mal erzählt, dass auf seinem Konto noch Geld wäre und dass mein Sohn das ja erben könnte.

Abgesehen davon, dass ich als Ehrenamtliche höchstens zehn Euro »Trinkgeld« annehmen durfte, hatte ich es auch nicht wirklich geglaubt.

»Und nun bin ich heute extra vorbeigekommen, um ihm seine Kontoauszüge zu zeigen, und ich hatte auch ein Angebot für ein günstiges Begräbnis dabei«, fuhr sie fort. »Er hat es mir wütend aus der Hand gerissen und mich beschuldigt, ich hätte Geld verschwinden lassen.«

Sie wirkte relativ entspannt dafür, dass man sie gerade des Diebstahls bezichtigt hatte.

»Wir haben gedacht, dass Sie ihn vielleicht beruhigen könnten«, sagte die Schwester. »Aber Sie will er auch nicht mehr sehen.«

Ich schluckte. »Aber warum?«

»Er sagt, er vertraut Ihnen auch nicht mehr. Sie hätten einen Fünfzig-Euro-Schein aus seinem Portemonnaie genommen.«

Mir gefror das Blut in den Adern. »Was?«, rief ich aus. »Das stimmt nicht! Ich habe doch alles für ihn gemacht.«

»Ich weiß«, pflichtete mir die Betreuerin bei, »er hatte so von Ihnen geschwärmt, als ich ihn das letzte Mal besucht habe. Sie waren sein Ein und Alles.«

»Ich muss das mit ihm klären«, entfuhr es mir, aber die Schwester bat mich, eine Weile zu warten. Er hätte gerade eine Beruhigungsspritze bekommen, und sie müssten seinem Wunsch nachkommen, mich nicht zu ihm zu lassen.

»Kommen Sie, wir trinken unten erst mal einen Kaffee.«

Ich war sprachlos. Noch verstand ich nicht, was da gerade passiert war. Ich hatte das Bedürfnis, mich zu rechtfertigen, aber die Schwester nahm mir den Wind aus den Segeln. »Keine Sorge, wir glauben nicht, dass Sie ihn beklaut haben. Vielleicht lebt er gerade in einer ganz anderen Welt, in der Zeit, in der er noch Geld hatte. Geld schien ihm ja immer sehr wichtig gewesen zu sein. Das kann auch mit dem Flüssigkeitsmangel zu tun haben. Es kann aber auch sein, dass er Sie einfach loswerden und uns manipulieren wollte. Damit wir Sie nicht mehr reinlassen.«

»Aber wir haben uns so gut verstanden, ich habe ihn in den letzten fünf Wochen fast jeden Tag besucht.«

Sie nickte wohlwollend. »Vielleicht genau deswegen. Sie sind so etwas wie seine einzige Angehörige für ihn geworden. Sich jetzt von Ihnen zu verabschieden, vielleicht fällt ihm das einfach zu schwer.«

»Aber«, setzte ich wieder an, »man kann doch nicht so aus der Welt gehen!«

»Sagen Sie, aber wenn er das so will, dann ist das seine Sache.«

Doch ich war nicht bereit, das zu akzeptieren.

»Kann ich bitte noch mal hochgehen?«, fragte ich. »Alleine? Wenn er mich rausschmeißt, schmeißt er mich raus, aber ich möchte ihn noch mal sehen.«

Sie willigte ein. »Okay, aber melden Sie sich beim Rausgehen noch mal bei mir.«

Als ich ins Zimmer ging, dachte ich zuerst, Peter sei tot. Seine Augen waren weit aufgerissen, doch sie schienen ins Leere zu starren. Auch sein Mund stand weit offen. Doch dann nahm ich ein leichtes Rasseln wahr. Es war nicht annähernd so laut wie bei Papa, aber es bedeutete, dass er noch atmete. Wahrscheinlich hatte das Beruhigungsmittel ihn so stark sediert, dass er sogar zu schwach war, die Augenlider zu senken. Ich konnte nicht ausmachen, ob er auf mich reagierte, aber sein Gesicht sah unverändert angespannt aus. Ich näherte mich langsam und setzte mich vorsichtig auf die Bettkante. Peter konnte sich nicht bewegen, er war in meiner Gegenwart gefangen.

»Peter«, setzte ich an. Es war wirklich schwer. »Ich weiß, du willst mich nicht sehen, aber ich muss dir noch was sagen. Ich habe dein Geld nicht. Und ich wollte auch nie dein Geld. Weißt du noch, dass du gesagt hast, in jüngeren Jahren wäre ich dein Typ gewesen? Du meiner auch. (*Es war eine Lüge.*) Ich hatte dich wirklich gern, Peter, aus ganzem Herzen. (*Das war die Wahrheit.*) Und nur deswegen war ich bei dir, deswegen habe ich mich um dich gekümmert. Jetzt gehe ich. Mach's gut.«

Wie versprochen meldete ich mich bei der Schwester ab. Ich muss einen ziemlich verstörten Eindruck gemacht haben.

»Es war meine erste Begleitung«, erzählte ich ihr leise. Oder kleinlaut.

»Nehmen Sie es nicht persönlich. Was meinen Sie, was wir hier alles erleben. Sie sind mit zu viel Herz dabei. Nehmen Sie das mit, fürs nächste Mal.«

Wir verabredeten noch, dass sie mich kontaktieren würden, wenn Peter gestorben war.

Ich hörte das ganze Wochenende nichts, darum dachte ich erst, sie hätten mich vergessen. Oder Peter war noch mal wach geworden und hatte darauf bestanden, dass ich nicht kontaktiert werden dürfte.

Vielleicht glaubten sie inzwischen doch, dass ich ihn beklaut hatte, wer weiß. Ich war jedenfalls verzweifelt und fühlte mich auf ganzer Linie gescheitert. Ich hatte alles falsch gemacht. Ich hatte diese Idee gehabt, dass ich vielleicht sogar an seiner Seite sein würde, wenn er stirbt, dass es friedlich ablaufen würde und so ganz anders als bei Papa. Vielleicht hätte ich ihm einfach nicht sagen dürfen, dass er stirbt, dann wäre er nicht so wütend auf mich geworden.

Am frühen Montagmorgen träumte ich von ihm. Im Traum rief mich die Schwester an, um zu fragen, ob ich ins Hospiz kommen könnte, Peter würde mich sehen wollen. »Aber ist er denn gar nicht mehr sauer auf mich?«, fragte ich erstaunt.

»Das war er, und wie! Aber jetzt will er Sie sehen.«

Der Traum war so real, dass ich nach dem Aufwachen hochschreckte und mich senkrecht aufsetzte, für eine kurze Sekunde wollte ich tatsächlich zum Bahnhof gehen. Dann fiel mir auf, dass ich bloß geträumt hatte und dass Peter doch schon längst tot sein müsste. Zwei Stunden später rief das Hospiz wirklich an. Peter war gestorben – und zwar ungefähr zur gleichen Zeit, als ich von ihm geträumt hatte. So lange hatte er durchgehalten, ohne nach meinem letzten Besuch noch einmal das Bewusstsein zu erlangen. Er wäre am Ende ganz friedlich gewesen, sagte der Pfleger, der bei ihm gewesen war. »Ich habe reingeschaut und gemerkt, das sind die letzten Atemzüge, da dachte ich, ich bleib mal drinnen.«

Der ehemalige Frauenheld war also mit einem Mann an seiner Seite gestorben.

Vielleicht, tröstete ich mich, hatte er mir am Ende ja wirklich verziehen, dass ich ihm die Jugend wiedergegeben hatte, nachdem das Alter und der Krebs sie ihm doch eigentlich unwiderruflich gestohlen hatten. Und dass ausgerechnet ich es war, die ihm dann den Teppich noch einmal unter den Füßen weggezogen hatte. Die ihn daran erinnert hatte, dass er eben doch alt war und außerdem todkrank. Ausgerechnet ich, bei der er sich wieder jung gefühlt hatte. Was für ein Verrat in jeder Hinsicht. Ein Diebstahl, im übertragenen Sinne, das stimmte schon. Aus der tollsten Frau war die schlechteste Freundin geworden, die du dir für dein Lebensende vorstellen kannst. Zumindest kam ich mir in dem Moment so vor.

Ich war jedenfalls am Boden zerstört. Ich hatte in meiner ersten Begleitung total versagt, und ich war überrascht, dass mich das

Hospiz überhaupt angerufen hatte. Sie hatten sogar gefragt, ob ich mich noch von Peter verabschieden möchte. Er, also seine Leiche, könnte auch noch ein bisschen dableiben. Bis zu sechsunddreißig Stunden, hatte ich im Schulungskurs gelernt. Doch ich lehnte ab. Ich wollte in das Hospiz keinen Fuß mehr setzen, zu unangenehm war mir die ganze Situation.

Den Koordinatorinnen meines Hospizdienstes erzählte ich jedoch, was passiert war. Sie gaben mir an nichts die Schuld. Mareike, eine ehemalige Krankenschwester, erzählte mir, dass sie sich in der Vergangenheit auch schon vieles von Patient*innen hatte anhören müssen, und was mir passiert war, tat ihr furchtbar leicht. Niemand glaubte, dass ich ihm Geld geklaut hatte, und ich würde nie erfahren, ob Peter es wirklich geglaubt hatte. Hatte er tatsächlich die Schwestern im Hospiz manipulieren wollen, damit ich ihn nicht mehr besuchte, weil das einfacher für ihn war, als mir zu sagen, dass er mich nicht mehr sehen wollte? Weil es zu traurig für ihn war? Oder war er im Zuge der Schmerzmedikamente und des Flüssigkeitsverlusts einfach nur verwirrt gewesen?

In beiden Fällen wäre ich tatsächlich raus aus der Nummer, dennoch fühlte ich mich hartnäckig schuldig. Die Frage war nur: Wofür eigentlich? Wenn ich etwas falsch gemacht hatte, was war es genau? Es war ja schon in den Tagen zuvor, als Peter noch klar war, so gewesen, dass er abweisend auf mich reagiert hatte – und es hatte begonnen, nachdem ich ihm gesagt hatte, dass es »nicht mehr besser wird«. Etwas, das er längst wusste, aber was vielleicht erst durch meine Worte auf einer Ebene angekommen war, auf der er es auch *spürte*.

Auf das, was mit Peter in den letzten Tagen passiert war, hatten mich meine Ausbildungen nicht vorbereitet. Auf diese Wucht. Und deswegen taugen Ausbildungen vor allem als Eintrittskarte, der Rest ist *learning by doing*. Manchmal lernt man es auf die harte Tour. Das

Problem in der Sterbebegleitung ist nur, man kann es nicht »wiedergutmachen«, nur beim nächsten Mal anders.

Ich fing an zu googeln, und weil es schon so lange her ist, kann ich nicht mehr genau sagen, was genau ich in die Suchmaske eingab. Aber da die Schwester im Hospiz mir gesagt hatte, dass sie häufiger mit Schuldzuweisungen am Lebensende zu tun hätten, googelte ich vermutlich irgendetwas mit *»Sterbende beschuldigen Angehörige«*, und stieß dadurch auf den Fachbegriff der *»terminalen Agitation«*. Dieser war mir in meinem Fernstudium in der Palliativbegleitung tatsächlich schon einmal begegnet, aber abgespeichert hatte ich ihn nicht – zumindest nicht *so*. Ich hatte damit vor allem die Rastlosigkeit und Unruhe in Verbindung gebracht, die manche Sterbende in ihren letzten Tagen oder Stunden überkommt. Tatsächlich kann aber auch aggressives und ablehnendes Verhalten gegenüber Angehörigen oder Pflegenden dazu zählen – begründet unter anderem in der Wut darüber, dass der andere weiterleben darf, während man selbst gehen muss. Ich durchforstete einen Artikel nach dem anderen, und schließlich stieß ich auf einen Artikel des Psychologie-Professors Ernst Engelke im Online-Magazins des *Spiegels*.

Ich hatte noch nie von Engelke gehört, aber der *Spiegel* nannte ihn einen »der Pioniere in der deutschen Hospiz- und Palliativbewegung«. Der Artikel trug die Überschrift: *Lasst den Sterbenden ihre Hoffnung*. Der Untertitel lautete: *Viele unheilbar Kranke wehren sich noch Stunden vor dem Tod gegen ihr Sterben und hoffen auf ein Wunder. Ärzte und Pflegekräfte erwarten dagegen oft, dass Patienten das Unvermeidliche akzeptieren. Diese Forderung ist nicht nur weltfremd, sie ist inhuman*. Engelke formulierte in diesem Artikel recht pauschal: Sterbenskranke, das hätten internationale Studien ergeben, würden gegen ihr Leiden und ihren drohenden Tod protestieren. Sie verweigern die Zusammenarbeit mit den Ärzt*innen, wenn diese ihren Widerstand und ihre Hoffnung nicht dulden. Überredungsversuche führen zu Streit und Rückzug der Patient*innen. Oft würden sich Ärzt*innen, Pflegekräfte oder Angehörige über die Uneinsichtigkeit der Sterbenskranken ärgern, und über deren Hoffnung, dass es vielleicht doch noch werde – obgleich alle Fakten den nahen Tod ankündigen. Und immer wieder bedauern sie: »Der Sterbenskranke hat bis zum Schluss nicht akzeptiert, dass er sterben muss.«

Das hätten zahlreiche Umfragen gezeigt. Darum forderte Engelke: Mediziner*innen, Angehörige oder jene Personen, die einen Sterbenskranken begleiten, sollten seinen Widerstand gegen das Sterben annehmen und den Betroffenen darin stützen. Keinesfalls sollten sie seinen Widerstand missbilligen oder durch Medikamente unterbinden. Zweifellos gehören Sterben und Tod zum Leben. Die Forderung aber, Kranksein, Leiden, Sterben und Tod zu akzeptieren und das Leben loszulassen, ist lebensfremd, inhuman und unchristlich.

Das war so richtig *in your face*, könnte man sagen. Aber es reichte mir nicht. Herr Engelke hatte auch ein ganzes Buch geschrieben: *Die Wahrheit über das Sterben und wie wir besser damit umgehen*, und ich bestellte es mir umgehend. Peter war drei Tage tot.

Zwei Wochen später nahm ich an meiner ersten Gruppensupervision als Ehrenamtliche teil. Das lief so ab, dass wir reihum aus unseren aktuellen Begleitungen berichteten, ob es Herausforderungen oder Schwierigkeiten gab. Ich war die Letzte, und nachdem ich den anderen, die überwiegend in Alten- und Pflegeheimen eingesetzt waren, zugehört hatte, wusste ich, dass meine Geschichte dem Abend die Krone aufsetzen würde. Ich hätte sie auch einfach für mich behalten können, aber ich hatte inzwischen das Buch von Engelke durchgelesen und so viele wertvolle Erkenntnisse gewonnen, dass ich diese den anderen nicht vorenthalten wollte. Ich hatte meine Hausaufgaben gemacht und eine Erklärung für die Geschehnisse gefunden. Dafür brauchte ich die Supervisorin gar nicht, es ging mir selbst eher darum, das Ganze auch für mich noch mal in der Gruppe zu reflektieren und somit zum Abschluss zu bringen. Ich erzählte ihnen also die Geschichte von Peter und mir, und obendrauf packte ich noch die Essenz aus Engelkes Buch.

Dass Sterbende, wenn man von ihnen forderte, ihrem Ende zuzustimmen, das als gewaltsamen Angriff auf ihren Lebenswunsch erlebten. Deshalb würden sie nicht nur mit Worten gegen solche Versuche protestieren, sondern auch mit ihrem Verhalten rebellieren. Häufig wäre es so, dass nach solchen Überredungsversuchen eine zuvor vertrauensvolle Beziehung, zum Beispiel zwischen Arzt und Patient, gestört wäre. Vielmehr hätten Sterbeforschende einvernehmlich festgestellt, dass alle Sterbenskranken hoffen und sich in besonders schwierigen Situationen von ihrer Hoffnung tragen lassen. Darum würden sie vornehmlich Menschen vertrauen, die ihnen Raum für ihre Hoffnung lassen.

Und dabei wäre es gleichgültig, ob die Hoffnung realistisch, unberechtigt oder trügerisch ist.

Der Fall war für mich also klar. Ich, die Peter noch einmal so viel Zuversicht und sogar Hoffnung geschenkt hatte (wenn auch unabsichtlich), war somit auch die Einzige gewesen, die sie ihm wieder nehmen konnte. Als ich es tat, hatte dies sein Vertrauen in mich in seinen Grundfesten erschüttert. Deswegen hatte er mir die Schuld gegeben. Sein Geld hatte ich ihm zwar nicht geklaut, seine Hoffnung dagegen schon.

Nach meiner ausgiebigen Einlassung war es einen Moment still. Ich dachte eigentlich auch, dass alles gesagt wäre. Für die Supervisorin war der Fall aber noch nicht durch. Sie setzte nach und zoomte noch einmal ran an die Situation am Bett, in der ich die unheilvollen Worte ausgesprochen hatte: »Ich glaube nicht, dass es noch einmal besser wird.«

»Wenn ich mich da so reinfühle«, setzte sie langsam an, doch dann zog sie blitzschnell das Messer, »dann war das ganz schön brutal.«

Ich spürte die Worte im Herz. *Brutal.* Ich spürte die Schande, das Scheitern. *Brutal.* Ein unausgesprochenes Raunen ging durch den Raum, ich sah es in den Gesichtern der anderen. Sofort sprang mir eine Teilnehmerin zur Seite: »So habe ich das jetzt aber nicht wahrgenommen!«

Dann meldete sich auch Lene, eine der Koordinatorinnen: »Nein, so ist Sabrina nicht. Wirklich, der Herr M. hat die ganze Zeit in den höchsten Tönen von ihr geschwärmt.«

Und dann reichte es mir auch: »Es war doch so, dass er mich gefragt hat. Was hätte ich denn antworten sollen? Ich wollte doch auch wahrhaftig sein.«

Doch sie blieb hart.

»Die Frage ist, um *wessen* Wahrhaftigkeit geht es an dieser Stelle?«

Noch ein Punch.

»Es ist nicht unsere Aufgabe, den anderen über seine Prognose aufzuklären.«

Ich schwieg. Wir waren schon über der Zeit, deswegen löste sie die Gruppe auf. Ein paar kamen noch zu mir und wollten mich trösten. Auch die Supervisorin kam noch mal auf mich zu.

»Wenn du mich besser kennenlernst, dann wirst du verstehen, bei mir gibt es kein Richtig oder Falsch«, sagte sie.

Mit diesem Versuch, die Sache wieder ins Lot zu bringen, machte sie es jedoch nur noch schlimmer. Ich wollte nur noch raus, ich wollte nie wieder hierherkommen, und vor allem würde ich nie wieder einen sterbenden Menschen begleiten.

Ich bin eine ganze Weile gut darin, mich schuldig zu fühlen und Dinge bis zum »Geht-nicht-mehr« zu reflektieren. Ich nehme mir Kritik zu Herzen und versuche sie zu transformieren. An diesem Supervisionsabend jedoch hatte eine Verstärkung meiner Schuldgefühle stattgefunden, die das Fass zum Überlaufen brachte. Auf einmal fühlte ich nicht mehr bloß Schuld, sondern vor allem Trotz: Hatte ich wirklich unmenschlich gehandelt? Oder allen Ernstes *brutal*?

Irgendwo tief in mir drinnen regte sich eine Stimme. Erst ganz leise, im Flüsterton. »Nein«, flüsterte sie. Engelke hatte sein Buch *Die Wahrheit über das Sterben* genannt, aber ich spürte, dass es da noch eine tiefere Wahrheit gab. Engelke beschrieb, wie die Dinge sind, und er forderte, dass wir vor dem Wie zu kapitulieren hatten. Nach dem Motto: Es nützt nichts, es anders zu wollen, das macht die Dinge nur schlimmer. Ich wollte aber auch wissen, warum die Dinge so waren, wie sie sind. Wenn ich das verstand, vielleicht gab es ja doch noch einen anderen Weg, mit ihnen umzugehen oder sie sogar zu ändern.

Sicherlich hatte ich in meiner ersten Begleitung auch Fehler gemacht. Neben dieser Einsicht spürte ich aber auch eine Art stille Rebellion in mir aufsteigen, ein *Ich kann es noch nicht ganz in Worte fassen*, aber ich fühlte, in dieser Begegnung mit Peter lag eine tiefe Erkenntnis, die es zu ergründen galt.

4
Das Recht auf eine unsichere Welt

Vermutlich sind weder das harte Sterben meines Vaters noch das jähe Ende meiner ersten Sterbebegleitung Umstände, die man sich in einer Geschichte über den Tod wünscht. Deswegen habe ich auch lange mit mir gehadert, ob ich sie überhaupt aufschreiben soll. Gerade am Anfang war ich sogar richtig wütend, dass ich keine »schönere« Geschichte zu erzählen hatte, und manchmal bin ich es immer noch. Wenn mein Vater schon hatte sterben müssen, dann vielleicht doch lieber an etwas »Geläufigerem«, möglichst symptomfrei und bei klarem Verstand, also so, dass ich noch von tiefen Gesprächen hätte berichten können. Und als seine letzte Stunde schlug, da wäre er dann ganz friedlich im Kreis seiner Lieben »eingeschlafen«. So wie sich das alle immer wünschen.

Ich hätte trotz der großen Trauer um meinen Vater verkünden können, dass der Tod ganz sanft zu ihm gekommen war, und dass das Sterben nichts ist, wovor wir uns fürchten müssen. Diese Erfahrung hätte ich im Anschluss Begleitung um Begleitung in meine neue Tätigkeit als Palliativbegleiterin eingebracht. Wahrscheinlich wäre ich dann auch nie nach Kanada geflogen, weil der Druck, einen augenscheinlich »guten» Tod in etwas noch Schöneres zu wandeln, nicht so groß ist wie bei einem vermeintlich hässlichen Sterben.

Ich hätte Kanada gar nicht gebraucht, ich hätte einfach angefangen, andere sterbende Menschen zu begleiten, und dabei hätte mir das Wissen aus meinen Weiterbildungen vielleicht gereicht. Das vorherige Kapitel hätte dann auch »Ziemlich beste Freunde« heißen dürfen, in Anlehnung an den Oscar-prämierten Film, und vielleicht hätte ich sogar Peters Hand gehalten, während er starb. Ich wäre die letzte Frau in seinem Leben gewesen, buchstäblich. Dann wäre die Geschichte an der Stelle aber auch zu Ende gewesen. Wahrscheinlicher ist jedoch, dass ich Peter gar nicht erst getroffen hätte. Sondern jemand anderen, vielleicht eine alte Frau jenseits der Neunzig, mit sich und ihrem sich dem Ende zuneigenden Leben im Reinen. Ich habe eine solche Frau tatsächlich getroffen, aber viel später. Noch war sie nicht dran. Denn, um noch einmal an das zu erinnern, was ich im vorigen Kapitel erwähnt habe und was auch schon C.G. Jung und viele andere über die Begegnungen im Leben gesagt haben – wir suchen uns die Menschen basierend auf unseren Erfahrungen aus, basierend auf unseren Wunden, Mustern und Sehnsüchten. Und so grüßt »täglich das Murmeltier«, wie im gleichnamigen Film mit Bill Murray, und zwar bis wir unsere Lektionen gelernt haben. Erst dann kann, wie im Film, ein neuer Tag anbrechen, und erst dann ändern sich die Dinge – und unsere Begegnungen.

Ich glaube fest daran, dass meine Begegnung mit Peter auch aus der Erfahrung gespeist war, die ich zuvor mit meinem Vater gemacht hatte – und die nachfolgenden Begegnungen wiederum auch aus meiner Erfahrung mit Peter. Auf jeden Fall kommt es immer wieder darauf an, eine Entscheidung zu treffen: Möchte ich so weitermachen wie bisher und blind darauf hoffen, dass sich beim nächsten Mal etwas ändert, oder bin ich bereit, aktiv hinzugucken auf das, was sich ändern soll, und zwar zuallererst bei mir? Darum geht es auch in meiner Geschichte, und ich fürchte, deswegen ist sie auch manchmal etwas anstrengend, aber sie wird leichter, versprochen.

Ich weiß noch, wie es mir erging, als ich eine Weile nach Peters Tod endlich *Die Wise* (auf Deutsch etwa *Weise sterben*) von Stephen

Jenkinson las. Ein Vierhundert-Seiten-Wälzer in einer höchst anspruchsvollen Sprache, die zudem nicht meine Muttersprache ist. Zwischendurch musste ich mich immer wieder ein bisschen erholen, um das Gelesene zu verdauen, aber irgendetwas in meinem Unbewussten trieb mich an, nicht aufzuhören, weil dieses Etwas an die Oberfläche wollte. Ins Bewusstsein.

Ich kann rückblickend auch gar nicht sagen, warum ich mir das Buch nicht schon gleich im Anschluss an meine Reise nach Kanada gekauft hatte. Wahrscheinlich war die Zeit noch nicht reif gewesen. Es ist eine Sache, etwas zu lesen und es in der Theorie toll zu finden. Eine andere ist es, sich ein Buch zu kaufen, weil du das, worauf es sich bezieht, gerade selbst erlebst oder erlebt hast. Auf die Art zu lernen erfordert mitunter harte Arbeit, aber es lohnt sich.

Manchmal kommt es mir jedoch so vor, als ob die meisten Veröffentlichungen über das Sterben und über den Tod – ob in Print, Radio oder TV – ihrem Publikum diese Arbeit abnehmen möchten. Ich verstehe das Anliegen dahinter, aber in dem Fall würde ich voraussetzen, dass die Verfasser*innen zumindest vorher selbst diese Arbeit gemacht haben.

Es gibt vor allem zwei Arten, wie über das Sterben berichtet wird. Die eine fokussiert sich eher auf das »Was« und konzentriert sich darauf, zu vermitteln, dass man gar nicht so viel Angst davor zu haben braucht, und dass es vielleicht sogar etwas Schönes, beinahe Romantisches sein kann. Auch traurig, ja, aber der Schwerpunkt dieser Erzählungen liegt oft auf den »guten« Momenten. Dann wird gern erzählt, dass ja »auch viel gelacht« wird, im Hospiz oder auf der Palliativstation. Dort geht es »bis zum Schluss um das Leben«, heißt es oft, und in dem Zusammenhang wird häufig der berühmte Satz von Cicely Saunders bemüht: »Es geht nicht darum, dem Leben mehr Tage zu geben, sondern den Tagen mehr Leben.« Das stimmt auch alles. Aber es fehlt auch etwas.

Die zweite Art beschäftigt sich mit dem »Wie« und damit, wie wir als Gesellschaft mit diesem Wie umgehen sollten. Welche aufrechterhaltenden Bedingungen es braucht, damit wir weiterhin so sterben können, wie wir sterben – oft eben doch voller Angst und daher die Hoffnung brauchend bis zum Schluss. Darum geht es, wenn zum Beispiel Diagnosen und Prognosen verschwiegen werden (manchmal vor der ganzen Weltöffentlichkeit, dazu komme ich gleich noch) oder wenn das Erhalten der Hoffnung als eine Priorität in der Wahrung einer guten Beziehung zum*zur Patient*in angesehen wird. Aber darum geht es auch, wenn wir es vermeiden, Kindern und Jugendlichen frühzeitig die Auseinandersetzung mit dem Tod zuzumuten.

Beide Darstellungen, das »Was« und das »Wie«, gehen davon aus, dass der Tod den Menschen naturgemäß einen Schrecken einjagt. Der Tod muss demnach entweder gezähmt werden, von wegen »so schlimm ist es gar nicht«, oder bestmöglich ignoriert werden, weil es zu schmerzhaft ist, darüber zu sprechen.

Aber warum ist das eigentlich so? Warum glauben wir, dass wir dem Tod, als wäre er ein wildes Tier, entweder die Klauen schneiden müssen oder ihn so lange wie nur irgend möglich in den dunklen Keller sperren sollten?

Es waren die Zweifel an der Art und Weise, wie in unserer Gesellschaft mit dem Tod umgegangen wird, die mich zu Stephen Jenkinson geführt hatten. Ich las *Die Wise* in dieser kurzen Lücke nach den beiden Toden, die mich persönlich so tief geprägt haben, und dem Start der Pandemie, in der mehrere Millionen Menschen mit oder an Covid starben. Das Buch half mir nicht nur dabei, die Spuren besser zu verstehen, die der Tod in meinem Leben hinterlassen hatte, sondern er half mir auch zu verstehen, warum die ganze Welt so überfordert mit den Geistern war, die sie selbst gerufen hatte.

Weiter also, auf unserer gemeinsamen Reise Richtung Tod. Sie beginnt mit der Geburt, jedes Mal.

Als Mirko und ich am Abend von Ennis' Geburt ins Krankenhaus fuhren, war ich ungewöhnlich ruhig – dafür, dass mir das womöglich Spannendste in meinem Leben bevorstand. Ich hatte gedacht, dass ich furchtbar nervös sein würde, aber dem war nicht so. Ich hatte starke Wehen und extreme Schmerzen, da Ennis, nachdem er einige Tage seit dem Stichtag hatte verstreichen lassen, es auf einmal nicht mehr abwarten konnte, endlich auf der Erde zu landen. Innerlich aber war ich seltsam gefasst. Heute, wo ich die Stunden vor der Geburt meines Sohnes mit den Stunden vor dem Tod meines Vaters vergleichen kann, muss ich sagen, es ist etwas völlig anderes, jemanden zu erwarten, den du zwar schon liebst, aber noch gar nicht kennst, als jemanden gehen zu lassen, den du dein ganzes Leben lang geliebt und gekannt hast.

Ich hatte lange geglaubt, es wäre meine Mutterschaft gewesen, die meine Kindheit endgültig beendet hatte. Mir wurde etwas genommen, aber ich bekam auch etwas dafür. In dem Moment, als Ennis kopfüber aus mir heraus und in die Welt plumpste, lag dieser unschuldige, verletzliche und hilfsbedürftige Teil von mir jetzt *vor* mir, in Form meines atmenden Babys. Um den hatte ich mich jetzt zu kümmern, das war der Deal. Wie viel von dem schutzsuchenden Kind in mir jedoch noch übrig geblieben war, wusste ich erst, als mein Vater starb. Solange er noch da war, hatte ich – metaphorisch gesprochen – ein Dach über dem Kopf gehabt. Als er ging, wurde es mir über dem Kopf weggerissen, und auf einmal war der Blick auf den Himmel frei. Ich hatte meinen Vater hergeben müssen, aber dafür hatte ich endlich meine Initiation bekommen.

In den Tagen nach seinem Tod dachte ich oft daran, wie ich als Kind im Frühling erwartungsvoll neben ihm am Fenster stand und wir gemeinsam darauf warteten, dass die Schwalben wieder ihr Nest in der Dachrinne über unserem Stubenfenster bauten. »Meine Schwalben sind zurück«, freute er sich, wenn sie endlich da waren, und ich war so unglaublich fasziniert von dem Gedanken, dass sie den ganzen Weg aus Afrika zurückgelegt hatten, nur um wieder bei uns zu sein. Eines Jahres, da muss ich schon ein Teenie gewesen sein, blieben sie fort und kamen auch im nächsten Frühling nicht mehr wieder.

Es gibt noch einen anderen, ganz besonderen gemeinsamen Moment, an den ich immer wieder gern zurückfühle: Ich saß im Kindersitz aus weißem Korbgeflecht, der vorne vor den Lenker des Herrenrads gespannt war, und mein Vater radelte mit mir im warmen Frühlingswind einen Waldweg entlang. Der Waldrand war von einem Meer aus blühenden Maiglöckchen gesäumt. Ich war unfassbar glücklich in dem Moment. Wenige Monate später kam dieser schicksalshafte Herbsttag, an dem ich lernte, dass es den Tod gab, über ihn lernte ich jedoch gar nichts. Wie gesagt – es fehlten die Worte.

Als ich mit Ennis das erste Mal über den Tod sprach, war er erst zwei, aber es hatte einen konkreten Anlass gegeben. Er hatte nämlich noch einen anderen Opa, Mirkos Vater, der mit siebzig die Diagnose Bauchspeicheldrüsenkrebs bekam und keine drei Monate später daran verstarb.

Ich erklärte ihm, dass Opas Körper so krank geworden war, dass er nicht mehr länger darin wohnen konnte. Der tote Körper wird in der Erde begraben, und die unsichtbare Seele darf weiterziehen. Vielleicht geht sie für eine Weile in den Himmel und sucht sich dann von dort aus ein neues Leben aus. Ich glaube, es muss die unbewusste Erinnerung an dieses Gespräch gewesen sein, die Ennis drei Jahre später veranlasste, Opa Nummer zwei »viel Glück für dein Grab und im Himmel« zu wünschen.

Ich sagte ihm auch, dass der Tod alle Menschen betrifft, und dass jeder Körper ein Verfallsdatum hat. Bestimmt habe ich dabei auch »irgendwann« gesagt, ich weiß es nicht mehr. Damit war er aber auch für den Moment zufrieden, klein, wie er war, aber in den kommenden Jahren, auch noch vor dem Tod meines Vaters, gab es Situationen, in denen ihn der Tod durchaus sorgte. Einmal saßen wir zu zweit in Husum auf dem Deich und blickten schweigend auf die graue Nordsee. Es war ein eher kühler Sommertag, Ennis hatte sich in meinen Arm gekuschelt. Ich solle für immer seine Mutter sein, meinte er da auf einmal. Da wusste er schon, dass das in diesem einen Leben nicht möglich war, weil jedes Leben endlich ist. Darum würde er sich immer wieder mich aussuchen, meinte er, und für die anderen Seelen gäbe es eine rote Ampel im Himmel, die dürften dann nicht zu mir und müssten sich jemand anderes aussuchen. Ich drückte ihn ganz fest.

Möge es unendlich sein, solange es andauert, dachte ich.

Vielleicht war das ja bei Peter auch so gewesen. Vielleicht hatte er die ganze Zeit gewusst, dass unsere gemeinsame Zeit endet, bloß gehörte ich zu diesem Ende nicht dazu. Und ich glaube, genau das ist das Problem. Wir lieben die Dinge und die Menschen in unserem Leben dafür, dass sie bleiben, und nicht dafür, dass sie gehen. Wir lernen nicht, wie das geht.

Ich habe es schon zu Beginn dieser Geschichte gesagt, es fällt schwer, der- oder diejenige zu sein, die einem Kind den Tod erklärt, aber oft ist es noch schwerer, einem Erwachsenen die Nachricht zu übermitteln, dass er sterben wird. Als wäre es die Neuigkeit seines Lebens! Aber wer bekommt denn schon in seiner Kindheit eine vernünftige Aufklärung, was den Tod betrifft, geschweige denn den eigenen? Meistens geht es, wenn wir mit Kindern über Aufklärung sprechen, nur darum, wie Leben entsteht, aber nicht, wie es wieder geht oder warum es gehen muss.

Ich glaube, hierzulande haben viele erwachsene Menschen über die tatsächliche Möglichkeit ihres eigenen Todes erst so richtig nachgedacht, als die Pandemie über das Land hinwegfegte. Klar, angeblich wissen wir alle, dass wir sterben müssen und dass unser Todestag unaufhaltsam näher rückt. Ich wage aber zu behaupten, dass es für viele Menschen im Alltag nicht wirklich eine Rolle spielt, zumindest so lange nicht, bis es sie selbst konkret betrifft. Ich kann mir vorstellen, dass es auch damit zu tun hat, weil es eben keine richtige und »allgemein verpflichtende« Einführung in das Thema gibt.

Und noch etwas: Manche Menschen schämen sich, wenn sie auf Fragen keine Antworten haben. Der Tod ist ein Mysterium, über das wir ganz viel staunen können, aber nur sehr wenig wissen. Leider lernen wir schon in der Schule, dass es wichtig ist, Antworten zu geben, vor allem die (vermeintlich) richtigen. Das Nichtwissen ist keine so gute Sache. »*Ich weiß nicht*« zu sagen, das fällt vielen schwer. Vielleicht war das bei meiner Lehrerin auch so, die ich damals in der Schule nach dem Tod gefragt hatte und die mir riet, »erst einmal mein Leben zu leben«.

Ich habe mich auch gefragt, ob man sich fürs Sterben schämen kann. Manchmal scheint es mir so. In Wahrheit aber, glaube ich, schämt man sich vor allem dafür, dass man es eben doch nicht wusste, dass man sterben muss, also jetzt und in echt, und dass aus der Unwahrscheinlichkeit des tröstenden *Tages X* ein echter Tag im Kalender geworden ist. Und wer sich schämt, kann manchmal ganz schön wütend werden, das habe ich am eigenen Leib erlebt, als Peter mich zurückgewiesen hat. Als der Nebel der Hoffnung sich gelichtet hatte und er den Tag kommen sah. Vielleicht hat er sich geschämt, so naiv gewesen zu sein, und dass er so lange eisern daran glauben wollte, »dass es noch mal besser wird«.

Ich möchte nicht, dass mein Sohn sich jemals dafür schämen muss, dass er stirbt. Weil er vergessen hat, dass er sterben muss. Denn das ist, was passiert, wenn *irgendwann* das Schlüsselwort in der Sterbekunde bleibt, und vielleicht sogar das einzige. Es schließt den Tod aus, im wahrsten Sinne des Wortes. Dabei ist es doch der Anspruch der Schule, dass Kinder dort fürs Leben lernen. Dazu gehört auch der Zwilling des Lebens, der Tod. In den über dreißig Jahren, die seit meinem ersten gescheiterten Versuch, ein lebendiges Gespräch über den Tod zu führen, vergangen sind, scheint sich aber in Schulen und Kitas nicht allzu viel verändert zu haben.

Ich erinnere mich, wie ich irgendwann in der ersten Märzhälfte 2020 meinen Sohn wie immer nachmittags aus der Kita abholte. In der Garderobe trafen wir auf einen Jungen aus einer anderen Gruppe und auf dessen Mutter. Sie unterhielten sich über ein Fußballspiel, das entweder ausfiel oder ohne Zuschauer stattfand, genau kann ich mich nicht erinnern. Jedenfalls mischte sich mein Sohn ein und rief rüber: »Ja, wegen Corona!«

»Oh«, entgegnete die Mutter betont lässig, »ich glaube, er weiß gar nicht, was das ist.«

Ich gab meinem Sohn zu verstehen, dass es Zeit war zu gehen, doch in meinen Gedanken blieb ich verwundert zurück. Das andere Kind war in etwa so alt wie meins, also fünf oder sechs. Irgendwie war es der Mutter gelungen, dass es noch nichts von diesem immer näher rückenden Virus mitbekommen hatte, und so richtig thematisiert hatten die Erzieher*innen es in der Kita wohl auch noch nicht. Nur wenige Tage später wurden bundesweit die Kitas und Schulen geschlossen, und ich fragte mich, wie diese Mutter ihrem Kind die Lage dann wohl erklärt hatte.

Dazu fällt mir noch eine andere Situation ein: Als das wilde, erbarmungslose Sterben meines Vaters kein Ende zu nehmen schien, telefonierte mein Bruder mit seiner Frau, um ihr den Stand der

Dinge mitzuteilen. Die Kinder würden nicht verstehen, warum Papa nicht nach Hause käme, erzählte sie ihm. Er hätte ihnen doch schon vor zwei Tagen gesagt, dass Opa jetzt »friedlich einschlafen« würde. Natürlich hatte er es nur gut gemeint und seine Kinder vor der Wahrheit beschützen wollen: dass der Übergang in den Tod nicht immer sanft ist, manchmal wehtut und mindestens genauso anstrengend ist wie der Übergang ins Leben. Aber genau in jenem Verschweigen der Dinge, wie sie nun einmal sind, und in diesem noblen Versuch, sie zu verharmlosen oder vermeintlich »kindgerecht« zu vermitteln, berauben wir unsere Kinder um ein wesentliches Geburtsrecht: ihr Recht auf eine unsichere Welt.

Wir wollen sie schützen und tragen dadurch doch unfreiwillig dazu bei, dass ihre natürliche Fähigkeit, sich fest verankert und gleichzeitig flexibel durch ein Leben voller Ungewissheit und Unabwägbarkeiten zu navigieren, sich nicht weiterentwickeln darf – bis sie im schlimmsten Fall irgendwann verkümmert. Darum brauchen wir als Eltern den Mut, unseren Kindern das Leben in all seinen Facetten im wahrsten Sinne zu-muten zu können. Das Leben, so wie es nun einmal ist: unberechenbar. Unsicher. Manchmal ungerecht. Oft traurig. Aber eben nicht nur. So oft ist es vor allem eins: wunderschön, mit all seinen naturgegebenen Widersprüchen. Denn vor allem ist es eins: *vergänglich*.

Ich ahne den Einwand, der jetzt kommt: Sollte nicht jedes Kind erst mal in Ruhe »sein Leben leben« und sich so lange wie möglich sicher und beschützt fühlen, fernab von all den Unzulänglichkeiten, die das Leben auf diesem Planeten mit sich bringt? Ich glaube, dass beides geht. Kindern die Wahrheit zu sagen, hat ganz viel mit Liebe zu tun. Und in der Liebe sind sie sicher, zu jeder Zeit. Liebe und Trauer sind jedoch untrennbar miteinander verbunden, und darum ist auch die Trauer ein sicherer Ort, vorausgesetzt, sie wird gelehrt.

Einmal, lange nach Peter, besuchte ich eine alte Dame auf der

Palliativstation, die darüber klagte, dass sie immerzu wachlag und grübelte. Ich fragte sie behutsam, was ihr nachts durch den Kopf geht, wenn sie nicht schlafen kann. Sie überlegte einen Augenblick, ihr Blick hilflos, suchend. Dann hob sie kurz die Hände und ließ sie resigniert wieder zurück aufs Bett fallen. Sie hatte keine Worte.

Und das ist die Gefahr, die wir unbewusst in Kauf nehmen, wenn wir unseren Kindern eine heile Welt vorspielen. Dass sie irgendwann keine Worte mehr haben, wenn diese heile Welt unausweichlich Risse bekommt. Wenn wir uns nicht trauen, zu formulieren, was da draußen in der Welt los ist, oder zurückhalten, was wir in unseren Herzen so deutlich spüren. Wenn wir uns zum Beispiel nicht erlauben, vor unseren Kindern zu weinen, weil wir immer denken, dass wir stark sein müssen. Dann nehmen wir auch ihnen allmählich die Fähigkeit, ihre Gefühle zu zeigen. Sich auszudrücken und mitzuteilen und sich mit unserer Unterstützung auch durch den tiefsten Schmerz zu navigieren.

Kinder spüren mit ihren feinen und noch nicht abgenutzten Antennen ganz genau, wenn etwas nicht stimmt. All die Gedanken, die wir am liebsten von ihnen fernhalten wollen, die machen sie sich sowieso. Doch Eltern wollen Helden sein für ihre Kinder, Superheld*innen, die das Böse in Schach halten und dafür sorgen, dass immer alles gut ausgeht. Aber so funktioniert die Welt nicht. Auf einmal ist da eine Pandemie, ein Krieg in Europa oder der sterbende Opa immer noch nicht friedlich eingeschlafen. Deswegen hat jedes Kind das Anrecht auf eine unsichere Welt, finde ich. Wenn wir ihnen das nicht zugestehen, dann ist das, als würden wir ihnen eine Geschichte vorlesen und den entscheidenden Teil weglassen.

Wir erzählen ihnen dann nicht die ganze Geschichte, und das ist, streng genommen, Verrat. Denn zum Leben gehört der Tod, und der ist nicht nur traurig, aber auch nicht nur schön. Er ist beides und meistens sogar beides gleichzeitig. Erst der Tod macht die Welt vollkommen. Papas Tod war wie ein Riss in der Unendlichkeit und gleichzeitig mein fehlendes Puzzlestück.

Jeder macht irgendwann in seinem Leben die Erfahrung, dass es Momente gibt, in denen die Welt stillzustehen scheint. Nur für einen selbst. Meistens erleben wir dieses Gefühl, wenn ein geliebter Mensch uns auf die ein oder andere Weise verlässt, wenn eine Liebe zu Ende geht zum Beispiel, oder sogar ein ganzes Menschenleben. Das sind die Momente, an die wir uns für den Rest unseres Lebens erinnern werden. An den Augenblick, wo das vertraute »Davor« auf einmal aufhört zu existieren und das neue, unbekannte »Danach« beginnt.

Als im Februar 2019 das Herz meines Vaters gefühlt aus dem Nichts zu schlagen aufhörte und als in den darauffolgenden sieben Minuten bis zu seiner Reanimation sein Gehirn unwiderruflichen Schaden nahm, wurde mein Leben von jetzt auf gleich völlig auf den Kopf gestellt. Fast fünf Monate später starb er das zweite Mal, diesmal blieb er für immer fort. Fünf Monate hatte sich die Erde für mich in einem anderen Tempo bewegt als für alle anderen. Für den Rest der Menschheit, so schien es, hatte sie sich weiter um die Sonne gedreht und für mich nur um meinen Vater. Und als er ging, da stand sie auf einmal völlig still.

Ich fühlte mich wie die Erzählerin aus Marlen Haushofers *Die Wand*, allerdings mit dem seltsamen Twist, dass plötzlich nicht nur eine undurchdringbare Wand um mich herum war, sondern, anders als im Roman, durchaus auch Menschen. Nur die Verbindung schien auf unsichtbare Weise gekappt. Das Leben der anderen schien einfach weiterzugehen – sie gingen weiterhin arbeiten, weiter einkaufen, weiter feiern. Ich empfand das als Verrat. An mir, an meinem Vater und an all denen, die vor und nach ihm starben. An all denen, die um diese Menschen getrauert hatten oder trauern werden. Diejenigen, deren Welt eine Weile stillsteht, und die sich so wie ich so seltsam ausgeschlossen fühlen, ohne dass es jemand wirklich mitzubekommen scheint. Wenn das Karussell der Welt sich für die anderen weiterdreht, obwohl gerade einer rausgefallen ist, und es niemanden zu interessieren scheint. Wenn niemand die Notbremse zieht.

In einem Präsenzseminar meines Fernstudiums in der Palliativbegleitung sagte mein Dozent, es gebe Erhebungen, dass zu jeder Zeit und an jedem Ort jede*r Fünfte direkt oder indirekt von einem Trauerfall betroffen ist. Das heißt, egal ob wir in der U-Bahn sitzen, im Uni-Hörsaal oder im Büro unserer Arbeit nachgehen: Die Wahrscheinlichkeit, dass sich unmittelbar in unserer Nähe jemand befindet, dem es gerade ähnlich ergeht wie mir damals, oder zumindest jemand, der von den Auswirkungen eines Trauerfalls auf irgendeine Art und Weise betroffen ist – zum Beispiel, weil der oder die Partner*in trauert –, die ist ganz schön groß. Die Wahrscheinlichkeit, dass wir davon nichts mitbekommen, jedoch auch.

Eine repräsentative Umfrage aus dem Jahr 2020 unter jungen Menschen zwischen 16 und 30 ergab, dass jede*r Dritte sich regelmäßig mit Sterben, Tod und Trauer beschäftigt – die Mehrheit davon teilt diese Gedanken aber mit niemandem. Mir ist es in meiner Kindheit und Jugend genauso ergangen. Ich hatte niemanden, mit dem ich darüber sprechen konnte. Tatsächlich gab und gibt es in unserem Kulturkreis kaum Mentor*innen, die uns in Trauer unterrichten. Trauer ist nämlich mehr als ein Gefühl – es ist vor allem eine Fähigkeit.

Im besagten Seminar, das kurz nach dem Tod meines Vaters stattfand, habe ich mich schließlich getraut, mich gemeldet und gesagt: »Ich bin jede Fünfte.« Es war eine große Erleichterung, mich vor zwanzig oder dreißig bis dato fremden Menschen zur Trauer um meinen Vater zu bekennen. Die Reaktionen waren ausnahmslos positiv, wie schon damals in Vancouver gab es einen »Domino-Effekt«, und auch andere Teilnehmende »outeten« sich. Es tut gut, andere zu ermutigen und auch selbst immer wieder ermutigt zu werden, auch die schweren Geschichten des Lebens zu teilen. Erst wenn es schwer sein darf, kann es danach auch wieder leicht(er) werden.

Darum möchte ich noch einmal betonen: Es ist es nicht gesund, über etwas nicht zu sprechen, nur weil es traurig ist, davon bin ich inzwischen überzeugt. Und doch gelingt es so selten.

Das betrifft nicht nur die Trauer um einen verstorbenen Menschen, sondern natürlich und insbesondere auch die Trauer, die ein sterbender Mensch empfindet, weil er sich von seinem Leben und den Lieben darin verabschieden muss. Oft wird der Begriff »Trauer« in erster Linie mit den Menschen assoziiert, die zurückbleiben, dabei trifft sie den Sterbenden in der Regel mindestens genauso hart. Doch die Trauer der Sterbenden führt ein Schattendasein in der öffentlichen Wahrnehmung. Das liegt auch daran, dass wir kaum Vorbilder haben, was das Sterben betrifft – weil wir immer wieder selbst dafür sorgen, dass Menschen, die als Vorbilder dienen könnten, nicht den Mut haben, sich in diese Rolle hineinzubegeben.

In den Medien hören und lesen wir oft nur von den zwei Prozent der Menschen, die eine ansonsten oft tödliche Erkrankung überlebt haben. Wir sehen die Gesichter derer, die die Statistiken besiegt haben, oder wir lesen die Geschichten von Menschen, die verzweifelt auf der Suche nach Heilung sind. Aber wenn sie diese Heilung schlussendlich nicht erfahren, dann verschwinden sie ganz schnell wieder aus der Berichterstattung. Das gilt auch und vielleicht ganz besonders für prominente Menschen.

2021 sah ich im Internet einen Bericht über die US-Sängerin Jane Marczewski. Sie war dreißig Jahre jung, hatte eine zarte Statur und ein wunderschönes Gesicht. Jane hatte an der US-Samstagabend-Show »America's Got Talent« teilgenommen und Jury und Zuschauer in der ersten Runde zum einen mit ihrer Stimme verzaubert, zum anderen berührte sie mit der Tatsache, dass sie schon seit ein paar Jahren an Krebs erkrankt war. Doch der Krebs würde sie nicht davon abhalten, ihre Träume zu leben. »Du solltest nicht darauf warten, dass das Leben wieder in Ordnung ist, bevor du dich entscheidest, glücklich zu sein», sagte sie nach ihrer Audition vor einem Millionenpublikum, und spätestens jetzt lag ihr halb Amerika zu Füßen. Gemäß der Storyline des amerikanischen Traums wurde Jane von der Jury auch direkt ins Finale gebuzzert. Doch der Traum platzte: Kurz vor dem Finale verkündet sie auf ihrer Instagramseite, dass der Krebs erneut und schlimmer als zuvor zurückgekehrt sei, sie müsse sich nun ganz auf ihre Therapien konzentrieren und könne nicht am Finale teilnehmen. Aber, fügte sie hinzu, es werde ihr bald besser gehen. »Ich plane meine Zukunft, nicht mein Vermächtnis.«

Ein paar Tage später postete sie ein Interview mit einem Nachrichtensender auf ihrem Account, und darin fiel ein Satz, der mich sehr beschäftigt hat. Wenn sie sich schlecht fühle und nicht mehr weiterwisse, dann würde sie sich fragen: »Willst du nicht wissen, was passiert, wenn du nicht aufgibst?«

Jane, die laut eigenen Worten eine Überlebenschance von zwei Prozent hatte, widmete diesem Satz kurz darauf sogar einen eigenen Post: »Don't you want to see what happens if you don't give up?«

Der Post bekam hunderttausende Likes und zigtausende Kommentare – in den meisten von ihnen stand, wie sehr sich andere Menschen durch diesen Satz inspiriert fühlten. Vor dem Tod meines Vaters hätte ich vermutlich auch noch auf »Like« geklickt. *This is what I needed to hear today*, hätte ich vielleicht kommentiert, *genau das, was ich heute hören musste.* Ich werde allen zeigen, was passiert, wenn du nicht aufgibst! Papa und ich, *wir* werden es allen zeigen, besser gesagt. Er hatte auch nur eine Zwei-Prozent-Chance, aber er wird, er muss einer von diesen zwei Prozent sein!

Wenn ich heute aus dem »Danach« auf diese Sabrina aus dem »Davor« denke, dann fühlt es sich vielleicht ein bisschen so an wie eine weise Großmutter, die auf ihre rebellische Enkelin blickt, die der Welt, aber vor allem sich selbst, etwas beweisen will. Die Großmutter hingegen weiß, dass die meisten Menschen naturgemäß zu den 98 Prozent gehören, die es nicht schaffen, denn sie hat es oft genug erlebt. Ein Mensch ist mehr als eine Statistik, heißt es zwar oft, und das stimmt natürlich, aber Statistiken stimmen eben häufig auch. Trotzdem sind sie aber nur ein Teil der Geschichte. Der andere Teil ist das Wunder – das, was umgangssprachlich oft eintritt, wenn die Statistik sich nicht bewahrheitet. Doch Wunder werden nicht durch Willenskraft, Ausdauer, Durchhaltevermögen oder durch den schieren Glauben an sie herbeigeführt. Ein Wunder kann man der Definition nach nicht herbeiführen – wenn das ginge, dann wäre es ja keins.

Im Februar 2022 verkündeten Janes Familie ihren Tod auf Instagram.

Im selben Jahr starben (neben vielen anderen) auch zwei andere, sehr große Persönlichkeiten, deren Tod weltweite Aufmerksamkeit auf sich zog: Einer davon war der dreimalige brasilianische Fußballweltmeister Pelé. Es war während der umstrittenen Weltmeisterschaft in Katar, als die Medien übereinstimmend berichteten, dass das Idol mehrerer Fußballgenerationen, mittlerweile 82 Jahre alt, auf eine Palliativstation verlegt worden war. Seine Krebsbehandlung schlug nicht mehr an. Als daraufhin spekuliert wurde, dass Pelé nicht mehr lange zu leben habe, wandte er sich persönlich über seine sozialen Medien an die Öffentlichkeit. »Meine Freunde, ich möchte, dass alle ruhig und positiv bleiben. Ich bin stark, habe viel Hoffnung und führe meine Behandlung wie gewohnt fort«, ließ er seine Follower und Followerinnen via Instagram wissen. Weiter hieß es in dem Post: »Ich glaube fest an Gott, und jede Liebesbotschaft, die ich von euch aus der ganzen Welt erhalte, gibt mir neue Kraft. Und schauen Sie Brasilien bei der Fußballweltmeisterschaft zu!«

Die Anhänger*innen der brasilianischen Nationalmannschaft schickten ihm ihrerseits eine Botschaft aus dem Stadion; während des Viertelfinalspiels gegen Südkorea entrollten sie ein Banner mit der Aufschrift: *Get well soon.* Gute Besserung. Rund drei Wochen später war der König des Fußballs tot.

Etwa drei Monate zuvor war die Königin von Großbritannien gestorben. Und obwohl über die Royal Family auch hierzulande immer wieder in den Medien berichtet wird, erfuhren wir durch diese zwar von ihrem Tod, aber davor nicht viel über ihr Sterben. Dabei hatte sich ihr Sterbeprozess schon seit Monaten vor der Öffentlichkeit entfaltet, wenn nicht sogar seit Jahren, aber *darüber* wurde nicht geschrieben, wie die englische Palliativärztin und Autorin Kathryn Mannix verdeutlichte. Auf Twitter veröffentlichte sie einen Thread, den sie damit einleitete, dass die Welt der Queen bei ihrem Sterbeprozess hatte zusehen können, und doch war es die ganze Zeit unausgesprochen geblieben. Sie erinnerte daran, dass die Queen von Jahr zu Jahr weniger Energie gehabt hatte – ein normaler Umstand, wenn die Lebenserwartung nur noch ein paar Jahre beträgt. Doch dann, nach dem Tod ihres Mannes Prinz Philip, wurden die Veränderungen von Monat zu Monat stärker – sie sah müde aus, verlor an Gewicht und begann, einen Gehstock zu benutzen. Ihre Energie wurde immer unzuverlässiger, man bekam sie seltener zu sehen, und auch Ereignisse, die ihr am Herzen lagen, wurden oft kurzfristig mit einem Hinweis auf »Mobilitätsprobleme« abgesagt und an andere Mitglieder der Royal Familie delegiert.

Schließlich zog sie sich auf ihren Landsitz nach Schottland zurück. Von dort aus vollzog die Queen ihre letzte große Amtshandlung und ernannte Liz Truss zur neuen Premierministerin. Es komme häufig vor, twitterte Mannix, dass Sterbende noch so lange am Leben festhalten, bis ein wichtiges Ereignis eingetreten ist oder sie noch einmal eine Person gesehen haben, die ihnen besonders am Herzen lag. Nur zwei Tage später starb die Queen.

Natürlich hatte sie das Anrecht gehabt, wie jede*r andere auch, von der Öffentlichkeit abgeschirmt und privat zu sterben, ergänzte Kathryn Mannix noch. Doch sie wollte darauf aufmerksam machen, dass die Queen nicht »plötzlich« gestorben war, wie es trotz ihres hohen Alters und trotz aller Hinweise für viele den Anschein hatte. Sondern dass hier, für alle sichtbar, ein gewöhnlicher Sterbeprozess stattgefunden hatte, von dem wir alle lernen können. Am Ende versah sie ihren Tweet mit dem Hashtag #ordinarydying. Gewöhnliches Sterben.

Warum erzähle ich diese drei Geschichten? Weil sie für mich verdeutlichen, dass womöglich gar nicht so sehr der Tod das Tabuthema ist, wie es immer heißt, sondern der Weg dahin: Das Sterben, das oft schon so viel früher beginnt, als wir annehmen, und die Trauer, die unweigerlich in den meisten Fällen mit dem Sterben einhergeht. Uns wird fast immer suggeriert, dass nichts Heldenhaftes daran ist, öffentlich über Sterben und Trauern zu sprechen. Dagegen anzukämpfen, solange es geht, *das* ist inspirierend, den Tod aus dem Leben herauszuhalten, *das* ist die Kunst, die Geschichten der »Zwei-Prozent« in den Vordergrund zu stellen, *das* macht Mut. Ja, es macht Mut, weiterzumachen, aber wie man aufhört, wenn es nicht mehr weitergehen kann, das sagt uns niemand.

Ich meine damit nicht, dass Jane, Pelé oder die Queen nicht mutig waren, sondern ich meine, dass sie alle drei das gemacht haben, von dem sie vermutlich glaubten, dass es von ihnen erwartet wird:

nach außen hin stark zu sein. Da war ein Millionenpublikum, das dem Märchen beiwohnen wollte, wie eine krebskranke junge Frau entgegen aller Wahrscheinlichkeit geheilt und zum aufstrebenden Star am Musikhimmel wird. Oder die Millionen von Fußballfans, von denen viele nicht wahrhaben wollten, dass es einen »Kampf« gibt, den selbst ein dreimaliger Weltmeister nicht gewinnen könnte. Und ein ganzes Königreich, in dem mancher an ein Leben ohne die Großmutter der Nation nicht glauben wollte. Ich kann nur erahnen, welch großer Druck auf unheilbar erkrankten Menschen lastet, die derart in der Öffentlichkeit stehen und von so vielen Menschen bewundert werden, einer fest etablierten Definition von Heldengeschichten gerecht werden zu müssen. Darum maße ich es mir nicht an, zu sagen, dass sie es anders hätten machen sollen. Ich glaube aber fest daran, dass jeder Tod eines Menschen, der in der Öffentlichkeit steht, auch eine Chance sein kann, alte Definitionen von Mut und Tapferkeit infrage zu stellen und neue Heldengeschichten zu schreiben. Zum Beispiel von jemandem, der der Welt erzählt, wie sich Sterben anfühlt.

Dass es möglich ist, hat »Dame« Deborah James gezeigt, eine ebenfalls englische Autorin und Podcasterin, die unheilbar an Darmkrebs erkrankt und kurz vor ihrem Tod von der Queen geadelt worden war. Seit mehreren Jahren hatte sie unermüdlich Aufklärung zur Früherkennung von Darmkrebs betrieben und noch in ihren letzten Lebenswochen eine Stiftung gegründet, um Spenden für die Krebsforschung zu sammeln – innerhalb von Tagen ging eine Rekordsumme in Millionenhöhe ein. Was sicher auch daran lag, dass Deborah die Welt offen an ihrer Erkrankung teilhaben ließ, zum einem über ihren Instagram-Kanal, zum anderen in einer regelmäßigen Kolumne in einer großen englischen Tageszeitung. Sie berichtete immer wieder von den kräftezehrenden Behandlungen, die sie am Leben hielten, und den damit verbundenen langen und oft einsamen Krankenhausaufenthalten inmitten der Pandemie. Sie teilte aber auch die vielen flüchtigen Momente der Freude, wenn es ihr gut genug ging, um auszugehen oder sogar mit ihrer Familie in den Urlaub zu fahren. Auf den meisten Bildern lachte Deborah, manchmal postete sie auch kleine Videos, auf denen sie, angeschlossen an die Chemo-Pumpe, ausgelassen tanzte. Und sie reckte immer wieder den Daumen in die Höhe, zum Beispiel wenn sie sichtlich angeschlagen nach der x-ten Operation aus der Narkose erwacht war. Mit gerade mal vierzig Jahren und als Ehefrau und Mutter zweier Kinder wollte auch sie die Hoffnung lange nicht aufgeben, und tatsächlich lebte sie viel länger, als die Statistik es vorgesehen hatte. Im Mai 2022 jedoch wendete sich das Blatt endgültig. Deborah verkündete in einer Nachricht, »die sie niemals schreiben wollte«, dass ihr Körper eine weitere Behandlung, die einen kurativen Ansatz verfolgt, nicht mehr vertragen würde. Deborah lag im Sterben.

Doch anders als viele andere hörte sie auch jetzt nicht auf, sich mitzuteilen und sich anderen im wahrsten Sinne des Wortes zu-zumuten. Deborah ließ sich von einer Zeitung interviewen und sprach in einem Interview mit der BBC vor laufender Kamera darüber, wie sich das Sterben für sie anfühlt, und dabei sparte sie ihre Ängste, ihre Wut und ihre Trauer nicht aus. Sie sprach darüber, wie sehr sie ihre Familie liebte, und über die Gedanken daran, dass sie diese bald zurücklassen muss. Dass es so vieles gebe, was sie im Leben ihrer Kinder verpassen würde, und dass sie noch immer nicht glauben könne, dass das, was gerade passiert, auch wirklich passiert. Und dennoch tat sie so, als ob das, was gerade passiert, auch wirklich passiert. Das hat mich tief beeindruckt – vielmehr als all ihre »Durchhalteposts« zuvor.

Es heißt immer, dass jeder Tod anders ist, und auf der Mikroebene mag das stimmen, aber nach meinen Beobachtungen in den vergangenen Jahren gibt es übergeordnet eigentlich nur zwei Arten zu sterben (plötzliche Todesfälle sind an dieser Stelle nicht mitgemeint, sondern solche, die sich durch hohes Alter oder schwere Krankheit ankündigen): sich entweder so zu verhalten, als ob das, was passiert, auch wirklich passiert, während es passiert – oder, als ob das, was passiert, während es passiert, nicht wahr wäre, während es in Wirklichkeit trotzdem passiert.

Ich bin zu der Überzeugung gekommen, dass wir, wenn wir wollen, dass sich im Umgang mit dem Tod, Sterben und Trauer wirklich etwas verändern soll, mehr Menschen wie Deborah James brauchen, die sich auch ganz am Ende ihres Lebensweges in den Dienst der Veränderung stellen und über ihre letzten Gefühle sprechen. Die uns erzählen, wie sich etwas anfühlt, was sie wie wir alle zum ersten Mal machen, zumindest in diesem Leben, und was sie sich weder ausgesucht haben noch befürworten. Ich glaube, das ist ganz wichtig: Wir müssen den Tod nicht »akzeptieren«, wir dürfen es vielmehr richtig scheiße finden, dass unser Leben an einer Stelle endet, die wir für zu früh erachten, und zwar egal wie alt wir sind. Wir dürfen traurig sein, weil wir uns von all dem verabschieden müssen, was uns vertraut ist, inklusive unserer eigenen Persönlichkeit, und wir dürfen Angst davor haben, was kommt, weil es normal und in Ordnung ist, sich vor etwas zu fürchten, das einem unbekannt ist. Diese Gefühle zu »durchleben«, solange Zeit dafür ist, kann im Sterben jenen Unterschied machen, den sich die meisten von uns so sehr wünschen. Deborahs Ehemann berichtete nach ihrem Tod Ende Juni, dass sie einen »unglaublich friedlichen« Tod gehabt hätte. Sicher auch, weil sie aktiv und bewusst Abschied genommen hatte.

Ich ahne, dass es viele Stimmen gibt, die sagen werden: »Aber hat nicht jeder das Anrecht, so zu sterben, wie er möchte – verdrängend, hoffend, schweigend? Wer bin ich denn, ihnen dieses Recht abzusprechen?« Wie die Schwester aus dem Hospiz, in dem Peter starb, die ähnliche Worte fand. Wenn er *so* von der Welt abtreten wollte, dann wäre das schließlich seine Sache.

Tatsächlich sehe ich das inzwischen etwas anders. Es gibt immer wieder Rufe und offenkundig auch eine Sehnsucht nach einer gesellschaftlichen Veränderung, was die Auseinandersetzung mit den Themen Tod und Sterben betrifft. Nur, so kommt es mir mitunter vor, niemand möchte die Veränderung sein, und niemand möchte andere Menschen in die Verantwortung nehmen, zu einer solchen beizutragen. Aber um eine gesellschaftliche Veränderung herbeizuführen, müssen sich die Individuen in dieser Gesellschaft verändern, und dazu gehört jeder und jede Einzelne von uns. Natürlich kann und darf niemand gezwungen werden, das würde auch überhaupt nicht funktionieren, aber wir können einen sterbenden Menschen – und besser früher als später uns selbst – ermutigen. Wir könnten ihm und uns sagen, dass »Ich wünschte, es wäre anders« und »Ich weiß dennoch, wie es ist« sich nicht ausschließen müssen. Und wir könnten unsere oft unterschwelligen Erwartungen an einen sterbenden Menschen hinterfragen: Sind die Helden und Heldinnen wirklich diejenigen, die nie aufgeben? Und wenn sie dann doch sterben, obwohl sie nie aufgegeben haben, haben sie dann einen Kampf »verloren«, wie es so oft in den Zeitungsüberschriften heißt, auch wenn sie zu keinem Zeitpunkt eine wirklich realistische Chance hatten, ihn zu »gewinnen«? Ist eine eher passiv anmutende »Akzeptanz« auf den letzten Metern, wenn der »Kampf« vorbei ist, wirklich ein erstrebenswertes Ziel? Oder könnte es vielleicht auch ein aktives »Einverständnis« in eine Situation sein, die mich unfassbar schmerzt, die ich aber nicht ändern kann?

Es geht nicht darum, eine eindeutige Antwort auf die großen Fragen des Sterbens zu haben, aber vielleicht können wir damit beginnen, die ein oder andere Gesetzmäßigkeit zu hinterfragen, die uns oft schon in frühester Kindheit auferlegt wird. Menschen wie Deborah James, die in der Öffentlichkeit stehen, können dazu beitragen, aber auch jeder einzelne »gewöhnliche« Mensch, dem früher oder später ein ebenso gewöhnliches Sterben bevorsteht, wie Kathryn Mannix es in ihrem Tweet über die Queen bezeichnet hatte.

Eins ist mir jedenfalls klar geworden, als ich nach meiner ersten Sterbebegleitung und in diesen besonderen ersten Monaten der Pandemie begann, die Arbeit von Stephen Jenkinson zu studieren. Wir können vielleicht nicht ändern, mit welcher Geisteshaltung jemand diese Welt verlässt, aber wir können Kindern ihr Recht zurückgeben, zu wissen, dass die Welt so ist, wie sie ist. Und dass wir alle sterben müssen. Jenkinson hat mich in *Die Wise* daran erinnert, dass es auch nicht unser Geburtsrecht ist, achtzig Jahre alt zu werden oder frei von Einsamkeit und Schmerz zu sein. Er findet jedoch, es ist ein Geburtsrecht, in eine gesunde Kultur hineingeboren zu werden, die weiß, wie man sich um dich kümmert, wenn du sterben musst, und zwar »nicht auf eine Art, als hättest du noch Jahrzehnte vor dir, sondern Monate.« Jenkinson schreibt sinngemäß: »Du verdienst ein paar vertrauenswürdige Menschen um dich herum, die in die Geheimnisse des Kommens und Gehens eingeweiht sind, die nicht in Groll oder im beruhigten, stumpfen Elend mit dir sitzen, sondern im Staunen über das hart zu ertragende Mysterium und darüber, wie das Leben ist.«

In *Die Wise* berichtet Jenkinson auch davon, dass in indigenen Kulturen die Exposition gegenüber dem Tod – und zwar auch dem eigenen – ein wichtiger Bestandteil der Übergangsriten ist, die wir in unserem Teil der Welt kaum mehr kennen. Die Initiation macht den persönlichen Tod zu einem »lebenslangen, treuen und gerechten Kompagnon« des Eingeweihten. Eine solche Weihung findet typischerweise in der Pubertät statt, aus gutem Grund: Das ist die Zeit, in der ein Mensch beginnt, sich von einer anderen Person, einem anderen Körper, angezogen zu fühlen. Insofern bedeutet zu lernen, wie man jemanden gut liebt, auch, die Unvermeidlichkeit zu lernen, dass einer den anderen durch das Sterben verlässt.

In unserer Kultur hingegen geht man zumeist davon aus, schreibt Jenkinson, dass Menschen »ganz« geboren und sozusagen startklar sind, Menschen zu sein. Kinder bekommen einen Freifahrtschein ins Erwachsenenleben. Es gibt keine Rituale oder Zeremonien, die darauf abzielen, aus Kindern Menschen zu machen. Klar, es gibt so etwas wie Kommunionen und Konfirmationen, aber dort hat der Konfirmand tendenziell höchstens Angst, einen Bibelvers, den er meistens wieder vergisst oder erst gar nicht richtig versteht, falsch aufzusagen. Die einzige Qualifikation scheint zu sein, dass du lang genug lebst, um dich als erwachsen bezeichnen zu können. Was wir hierzulande als Übergangsriten bezeichnen, schreibt Jenkinson, ist oft leer und sentimental, nicht mehr als eine nostalgische Geste, denn niemand glaubt daran, dass sie irgendetwas aus einer Person machen.

Ohne die Unterstützung einer Kultur, etwa eine von Älteren durchgeführten Zeremonie, sagt er sinngemäß, wird aus einem ungeformten Verlangen nach Liebe ein unartikuliertes Stolpern in Richtung Intensität aller Art. Heranwachsende zu begleiten ist darum in unserem Teil der Welt im Wesentlichen eine Art unausgesprochene Verschwörung, das Sterben auf Distanz zu halten. Und das macht man, wie bei mir damals, zum Beispiel, indem man Sachen sagt wie »Du hast dein ganzes Leben noch vor dir« oder eben gar nichts. Niemand sagt: »Du hast den ganzen Tod noch vor dir.«

Darauf kann sich bei uns fast niemand irgendeinen hilfreichen Reim machen. Die Kinder sind oft allein mit ihren Fragen, die Eltern oder die Lehrer*innen ducken sich weg. Dabei haben viele Jugendliche zumindest eine vorübergehende Obsession in Bezug auf Tod oder Suizid. Wenn sie sich trauen, laut darüber zu sprechen, denken viele, es wäre ein Zeichen für Depression, schreibt Jenkinson. So wie das bei mir auch der Fall war. Jenkinson glaubt hingegen – und ich inzwischen auch –, dass es ein Zeichen dafür sein kann, dass sie sich nach irgendeiner Form der Einweihung sehnen.

Ein spannender Gedanke, auch wenn ich auf meine eigene Jugend schaue. In der Pubertät hatte ich, wie bereits erwähnt, unter starken Depressionen gelitten, in denen die Gedanken an den Tod eine große Rolle spielten. Ich war nicht suizidal, aber ich hatte in dem Alter meine erste Beziehung, und auch ich bekam eine Idee davon, wie dicht »Für immer« und »Nie mehr« beieinanderliegen, ineinander, streng genommen. Vielleicht hatte ich auch deswegen in den darauffolgenden Jahren immer nur flüchtige Beziehungen mit Männern gehabt, die in anderen Ländern oder gar auf anderen Kontinenten lebten, oder, wenn sie geografisch verfügbar waren, es seelisch ganz sicher nicht waren. Ich zog das Ende an, nicht den Anfang, und auf diese Weise übersprang ich den Lernauftrag, der jeder Beziehung stellvertretend für das ganze Leben innewohnt: zu wissen, dass sie endlich ist. Und dass es trotzdem okay ist, sich zu wünschen, dass sie für immer hält. Diesen vermeintlichen Widerspruch in sich zu tragen und ihn aushalten zu können, ohne deswegen sein Herz zu verschließen, das hat schon ganz schön viel mit der Fähigkeit des Trauerns zu tun.

»Möge es unendlich sein, solange es andauert«, das war zwar eine Zeitlang auch mein Leitgedanke in Sachen Liebe gewesen, aber wenn ich zum Beispiel in Irland einen Mann auf der Durchreise nach Brasilien traf, dann war das rückblickend wohl vor allem eins: ein romantischer Gedanke. Im Alltag hingegen war ich lange nicht besonders gut darin gewesen, das Wissen um die Vergänglichkeit mit mir herumzutragen. Es zog mich jahrelang buchstäblich runter. Sicher auch, weil ich in meiner Jugend niemanden hatte, der mir zeigte, wie man trotz der Omnipräsenz der Vergänglichkeit weitergeht, dem Tod entgegen, und trotzdem lebt. Und liebt. Ich hätte wirklich jemanden gebrauchen können, der mir sagt, dass die Tatsache, dass die Dinge enden, nicht gleichbedeutend ist mit der Tatsache, dass alles bedeutungslos ist.

Der Tod meines Vaters war darum mehr als der bis dahin größte Verlust meines Lebens. Er war meine verspätete Weihung gewesen. Vorher hatte mein Kopf zwar »gewusst«, dass auch ich sterblich bin, aber erst durch das Bezeugen seines Sterbens hat mich diese Botschaft auch bis in jede Zelle meines Körpers erreicht. »Die Nachricht von deinem Tod bringt den Rest deines Lebens zu dir«, sagt Jenkinson. »Sie schafft Verwandtschaft und Identität, und es ist eine Nachricht, die junge Leute als Teil ihrer Jugend verdienen.« Nur bekommen sie dieses Verständnis viel zu selten in einer frühen Phase ihres Lebens vermittelt. Und wenn doch, »dann so gut wie nie durch eine sorgfältige Orchestrierung. Unser Lehrer der großen Themen ist meist das Chaos.«

Wie wahr, dachte ich, das haben wir mit Anbeginn der Pandemie sehr anschaulich erlebt. Deswegen ist es so wichtig, in irgendeiner Form »eingeweiht« zu sein, bevor wir oder jemand, den oder die wir lieben, eine tödliche Diagnose bekommt. Wir können nicht die Riten einer indigenen Kultur, die nicht unsere ist, kopieren – aber wir könnten damit beginnen, Besuche im Krankenhaus und am Sterbebett als unsere Einweihung zu verstehen. Jeder Tod, der unserem eigenen vorangeht, könnte unsere »Initiationshütte« sein und uns in Weisheit unterrichten, jede sterbende Person und jeder Zeuge unsere Lehrer. Unser eigener Tod könnte genau das für jeden sein, der ihm beiwohnt oder darüber hört – unsere Kinder und Enkel zum Beispiel.

Leider vermeiden viele Menschen genau jene Besuche – auf beiden Seiten. Ich habe immer wieder gehört, dass zum Beispiel sterbenskranke Großeltern gesagt haben, dass ihre Enkel*innen sie lieber nicht »so sehen« sollen, und dass auch Eltern dafür plädieren, dass ihre Kinder Oma oder Opa so in Erinnerung behalten sollen, »wie sie waren«. Gut gemeint, aber nicht immer gut gemacht, meiner Meinung nach. Für Kinder ist der Anblick eines schwer kranken Menschen, den die Eltern möglicherweise als verstörend empfinden, oft gar nicht so schlimm wie gedacht. Es sollte ihnen nur im Vorhinein gut erklärt werden, was sie im Krankenhaus oder im Hospiz genau erwartet. So habe ich es auch bei meinem Sohn gemacht, bevor ich ihn mit zu meinem Vater in die Frühreha nahm – auf der Intensivstation waren Kinder unter vierzehn Jahren leider nicht erlaubt. Für Ennis waren die Besuche in der Frühreha ein wichtiges Puzzlestück, um zu verstehen, warum Opa schließlich sterben musste. Er hatte mit eigenen Augen gesehen, wie schlecht es ihm ging.

Deswegen ermutige ich Großeltern und Eltern, Kinder und Jugendliche nach Möglichkeit zu sich ans Sterbebett einzuladen. Es ist wichtig, dass sie sehen, dass jemand zum Beispiel so dünn geworden ist, dass er nicht mehr die Kraft hat, aufzustehen und mit ihnen zu spielen. Das ist Teil des Prozesses, und diesen mitzuerleben, hilft Kindern, ihn besser zu verstehen. Sie können im wahrsten Sinne des Wortes »begreifen«, dass Opa (oder jemand anderes) eine Veränderung durchmacht. Solche Besuche schließen eine Lücke zwischen »gesund« und »tot«, die sonst mitunter ein Leben lang klaffen kann.

Und, wir dürfen nicht vergessen – wenn Eltern ihre Kinder vom Sterbebett der Großeltern fernhalten oder gar selbst den Gang dahin scheuen, steigt die Wahrscheinlichkeit, dass es bei ihrem eigenen Tod ähnlich abläuft. Vor Kurzem saß ich in der S-Bahn und mir gegenüber eine Frau mittleren Alters mit ihrer Tochter. Sie sprachen darüber, dass der Vater eines Freundes auf der Intensivstation verstorben war. Der Freund hätte noch einen Anruf aus dem Krankenhaus erhalten, dass es »jetzt bald zu Ende ginge«, und ob er noch kommen möchte, aber der Sohn entschied sich dagegen. Die Bilder würde er nie mehr aus dem Kopf bekommen.

»Das kann man ja auch verstehen», sagte die Frau, und die Tochter nickte bejahend.

Ich glaube, diese »Bilder im Kopf» sind oft viel schlimmer als in der Realität, aber vermutlich hatte bei diesem unbekannten jungen Mann nie ein Abgleich stattgefunden. Natürlich habe ich nur einen Ausschnitt der ganzen Geschichte bekommen, aber die Vermutung lag nahe, dass er den Tod sein Leben lang auf Abstand gehalten hatte und sich selbst beim Tod seines Vaters nicht in der Lage sah, diesen Abstand zu verringern. Mir tat das sehr leid – für den Sohn und für den Vater. Sie hatten beide etwas verpasst.

Damit der Tod eines Menschen also eine Initiation für andere sein kann, »müssen wir anfangen, unser Sterben als eine Verpflichtung gegenüber den Menschen um uns herum zu verstehen«, schreibt Jenkinson. »Wenn das passiert, dann wird sich verändern, was Sterben bedeutet und was Sterben mit uns macht. Wenn das passiert, dann ist Sterben kein Eindringling mehr in die natürliche Ordnung der wahren Dinge. Es ist die natürliche Ordnung der Dinge.«

Wow, dachte ich, die Neuigkeit des Todes war die Einweihung in das Leben, nach der ich immer gesucht habe. Ich hatte nur niemanden an meiner Seite gehabt, der diese Weihung begleitete. Es hätte alles ganz anders laufen können, hätte ich als Kind einen fähigen Mentor oder eine fähige Mentorin gehabt. Jemanden, der mir gesagt hätte, dass der glücklichste Moment meiner Kindheit, als ich bei meinem Vater vorne im Fahrradkorb saß, nur der glücklichste Moment sein konnte, weil er vergangen ist. Dass wir uns im Frühling so über die Rückkehr der Schwalben gefreut hatten, weil sie in jedem Herbst fortzogen. Dass ich, anstatt nach Bedeutung zu suchen, Bedeutung schaffen muss. Nicht trotz, sondern wegen des Todes. Weil nur er meinem Leben den Sinn geben kann, nach dem ich gesucht habe. Er nimmt nicht nur, er gibt auch. Und ich hätte gewusst und nicht nur geahnt, dass die wichtigste Kraftquelle im Leben die Verletzlichkeit ist – und davon haben wir eigentlich genug. Wir müssen sie nur anzapfen, anstatt ständig zu versuchen, uns und unseren Liebsten nicht wehzutun, denn damit erreichen wir langfristig bloß das Gegenteil.

In den folgenden Kapiteln möchte ich an verschiedenen Begegnungen mit sterbenden Menschen aufzeigen, warum es sich lohnt, keine Abkürzung zu nehmen, sondern im wahrsten Sinne des Wortes durch das Tal der Tränen zu gehen. Ich möchte erzählen, wie es Menschen auf diese Weise gelungen ist, die Geschenke zu entdecken, die Tod und Trauer bei allem Schmerz auch bereithalten. Ja, manchmal überleben Menschen wie durch ein Wunder, aber manchmal finden sie auch wie durch ein Wunder erst im Sterben zueinander. Und diese leisen (Helden-)Geschichten, die sind es mindestens genauso wert, erzählt zu werden.

5
Schweigen ist Silber, Reden ist Gold

Im vorigen Kapitel habe ich über Trauernde und Sterbende gesprochen, und darüber, dass wir nicht vergessen dürfen, dass Sterbende – in den meisten Fällen – auch Trauernde sind. Sie könnten aber manchmal ein bisschen Unterstützung im Traurigsein benötigen, und dafür brauchen sie Menschen, die nicht nur abwartend an ihrem Bett sitzen, sondern ihnen aktiv das Gefühl geben, dass ihre Trauer bei ihnen in sicheren Händen ist. Menschen, die sich trauen, nachzufragen, und den Sterbenden gleichzeitig das Gefühl geben, dass sie die Antworten auch (aus-)halten können. Dass sie die Bereitschaft aufbringen, die Arbeit »des um Worte Ringens« gemeinsam zu machen, und den anderen bei der Suche nach den richtigen Worten nicht allein zu lassen. Auch das ist nicht immer leicht, aber es ist möglich.

Vor Kurzem schickte mir eine Freundin einen Link zu einer Dokumentation mit dem Titel: *Die letzten guten Tage*. Seitdem ich in der Sterbebegleitung tätig bin, bekomme ich von Leuten aus meinem Umfeld immer mal wieder einen Link, über den sie gestolpert sind – zu einem Buch, zu einem Podcast oder zu einer Doku übers Sterben. Manchmal gefallen mir die Beiträge richtig gut, aber immer wieder lässt mich das, was ich lese oder sehe, auch mit einem seltsamen Gefühl der Leere zurück. Ich hatte es schon zuvor geäußert: Oftmals kommt es mir vor, als würde etwas aus- oder weggelassen.

So war es auch bei dieser Doku.

Dabei war vieles daran wirklich schön, aber es gab auch ein paar Momente, in denen ich schmerzhaft die Abwesenheit von etwas spürte. Etwas, wonach sich – und das habe ich in den vergangenen Jahren in der Palliativbegleitung immer wieder beobachtet – so viele Menschen sehnen. Oft unbewusst, manchmal auch bewusst.

Es war die Abwesenheit des Mutes, unsichtbare Grenzen zu überschreiten und sich mit ganzem Herzen ins Land des Sterbenden zu begeben, die mich beim Zusehen so traurig stimmte. Weil ich weiß, welchen Unterschied das macht. Weil ich weiß, dass auch mir das nicht immer gelingt, und wenn, dann immer noch viel zu selten.

In der Doku wurde zum einen eine Palliativärztin begleitet, die sterbende Menschen zu Hause besucht. Sie strahlte Wärme und Geborgenheit aus, und man sah, dass ihre Schützlinge sich aufrichtig freuten, wenn sie vorbeischaute. Der andere Protagonist war ein Palliativmediziner, der mit der Kamera auf einer Palliativstation begleitet wurde. Er war in meinem Alter, so um die vierzig, sprach mit freundlicher ruhiger Stimme und sagte so schöne Sachen wie: »Wir behandeln nicht den Befund, sondern das Befinden.«

Und trotzdem.

»Danke, dass du mir diese Doku geschickt hast«, sagte ich später in der Sprachnachricht an meine Freundin. »Der Arzt, der darin porträtiert wird, den finde ich echt gut. Die Ärztin auch. Aber es ist wieder einmal die Erzählung dahinter, das Drehbuch, das für mich so einen Beigeschmack hat. Dieses Narrativ von den ›guten letzten Tagen‹, so heißt die Doku ja sogar, und was man in diesen Tagen alles noch so machen kann. Ich hatte die ganze Zeit das Gefühl, dass etwas fehlte, und das hat mich traurig gemacht und sogar ein bisschen wütend. Also je kuscheliger das immer alles ist, desto wütender werde ich irgendwie, weil ich das Gefühl habe, dass es nicht ganz stimmig ist.«

Da war zum Beispiel ein tödlich erkrankter Rentner, der von der Landärztin besucht wurde. Der saß anfangs noch so vermeintlich fröhlich auf der Terrasse, obwohl seine Augen schon eine andere Sprache gesprochen haben. Das war zumindest mein Eindruck. Und dann, als es ihm zunehmend schlechter ging, bekam er auf seinen Wunsch hin eine sogenannte palliative Sedierung. Die Ärztin kommentierte, dass der seelische Druck am Lebensende oft sehr groß sei und dass die Patient*innen mental häufig nicht mehr könnten. Es wäre dieser Dämmerzustand, der infolge der palliativen Sedierung eintritt, der ihnen dann den Übergang in den Tod erleichtern würde. Viele Patient*innen wären des Kämpfens müde, und dann müsste man loslassen und auch loslassen können.

Vom Kämpfen ins Loslassen – bisher kenne ich das nur aus Angehörigensicht, und schon das war furchtbar schwer. Ich frage mich: Gibt es vielleicht noch etwas zwischen »Kämpfen« und Sedieren?

In seltenen Fällen gelingt es auch der Palliativmedizin nicht, die Schmerzen in Schach zu halten, und in so einer Situation würde ich mich vermutlich auch für eine Sedierung entscheiden. Da ich noch nicht sterbenskrank bin, wage ich auch gar nicht, davon auszugehen, dass es bei mir anders laufen wird.

Ich fühle bloß einen Widerstand, wenn diese Dinge zu eindimensional dargestellt werden. Zum einen erlebe ich in meiner Arbeit, dass es einfach nicht immer so ist – gar nicht immer so sein kann. Und ich glaube auch nicht, dass, wenn ich eine tödliche Diagnose erhalten habe, ich dann zum Beispiel großen Wert darauf lege, frische Schnittblumen auf den Tisch gestellt zu bekommen. Natürlich ist das eine liebe Geste, aber dabei geht es um das Außen, und das ist ebenso zweitrangig wie die Tatsache, ob im Kreißsaal ein hübsches Bild an der Wand hängt, wenn ich in den Wehen liege.

Ich vermute, ich möchte vor allem jemanden an meiner Seite haben, mit dem ich so richtig traurig sein kann. Wo ich in aller

Tiefe sagen kann, welche Ängste ich habe, was ich bereue in meinem Leben und wie wahnsinnig schwer es mir fallen wird, meine Liebsten zurückzulassen. Ja, ich glaube, ich möchte vor allem richtig scheiße-traurig sein, damit ich eben nicht depressiv werde und man mir buchstäblich noch am Ende Tabletten gegen eine vermeintliche Depression verschreibt. Obwohl ich eigentlich nur gesund traurig war – aber allein damit. Ich weiß, dass es solche Menschen gibt – die genau das aushalten können. Bestimmt können die Protagonisten aus der Doku das auch, aber warum werden diese Momente nie gezeigt? Weil die Menschen nicht gezeigt werden wollen, wenn sie so richtig traurig sind, oder weil eine Doku über den Tod nicht zu traurig sein darf? Weil es nicht im Drehbuch steht?

Ich habe eine Ahnung, warum das so ist. Vielleicht weil das eigentliche Tabuthema wirklich nicht der Tod ist, zumindest nicht mehr. Durch Dokus wie diese rückt die so wichtige Hospiz- und Palliativarbeit immer mehr in den Fokus. Das wirkliche Tabu, so scheint es mir, ist tatsächlich die Trauer, die mit dem Abschiednehmen vom Leben untrennbar verbunden ist. Der Teil des Todes, der in seiner Intimität und Verletzlichkeit gern weggelassen wird. Vielen Menschen, deren Lebensende in Sichtweite gerückt ist, fehlen buchstäblich die Worte, um ihren Abschiedsschmerz mit anderen zu teilen. Und denjenigen, die ihre Liebsten begleiten und schließlich loslassen müssen, geht es oft genauso. Aber auch manche »Profis« haben, wenn es um Trauer geht, immer noch Trainingsbedarf. Ich gehöre selbst zu den Menschen, die sich die Trauer erst wieder erschließen mussten.

Es gab eine Situation in dem Film, die war wirklich schwer auszuhalten, aber ich finde es toll, dass die Produktion ihn nicht rausgeschnitten hat. Mit »guten letzten Tagen« hatte sie nämlich nicht viel zu tun. Ein junger dreifacher Vater lag in seinem Pflegebett auf der Palliativstation, das auch sein Sterbebett sein würde. Ob er eine

Vorstellung hatte, was nach dem Tod passiert, fragte ihn der Arzt, der an seiner Seite auf einem Stuhl saß. Auch er hatte drei Kinder.

»Nein«, antwortete der Patient, »habe ich nicht, weil ich mich ja dazu entschlossen habe, nicht aufzugeben. Ob das naiv oder unrealistisch ist, wissen wir beide nicht, aber ich habe mich entschlossen, diesen Weg weiterzugehen und diesen Weg auch zu schaffen.«

Der Arzt schien sich ein bisschen unwohl zu fühlen und entschied sich vielleicht auch deswegen für einen diplomatischen Kommentar: »Es ist schwer, in die Zukunft zu gucken, aber ich glaube, dass wir alles tun, was möglich ist, und nichts tun, was sinnlos ist.«

Danach wandte der Erkrankte den Blick ab und schaute gedankenverloren aus dem Fenster. Draußen fielen dicke Schneeflocken auf die Bäume. Auch der Blick des Arztes schweifte in die weiße Winterlandschaft. Schweigend blieb er noch eine Weile am Bett sitzen. Es wird gern vom »Herbst« des Lebens gesprochen, aber für den Winter fehlen uns die Worte.

Kurz darauf starb der Mann, der sich entschieden hatte, nicht aufzugeben.

»Palliative Care ist ein Kuschelpaket«, sagte die Landärztin noch. »Es ist so schön, dass es das gibt«, sagten die Patient*innen. In ihren Augen konnte ich erkennen, dass da aber auch noch etwas anderes ist, das entweder nicht angesprochen wird oder *off camera* bleiben muss. Vielleicht, um den Eindruck der »letzten guten Tage« nicht kaputtzumachen. Das Bild vom guten Tod. Es ist die Trauer, die nie lange genug im Rampenlicht stehen darf.

Am Ende der Doku werden Arzt und Ärztin von der Kamera in den Feierabend begleitet, der Arzt wird auf dem Spielplatz mit seiner Frau und den drei kleinen Kindern gefilmt, die Ärztin spielt Federball mit ihren erwachsenen Söhnen in ihrem großen Garten, bevor der Ehemann zum gemeinsamen Abendessen ruft. Und so dürfen auch die Zuschauer*innen mit einem guten Gefühl ins Land der Lebenden zurückkehren, während im Land der Sterbenden die Scheinwerfer ausgehen. Sie bleiben in der Dunkelheit zurück.

»Da ist eine unsichtbare Linie«, antwortete meine Freundin ihrerseits in einer Sprachnachricht auf meine Kommentare. »An der wird einfach schön stehen geblieben, und keiner geht über diese Grenze.«

»Man bewegt sich auf dünnem Eis«, hatte der Arzt in die Kamera gesagt, nachdem er das Zimmer seines jungen Patienten verlassen hatte. »Man will keine Hoffnungen zerstören, aber auch nicht unehrlich sein. Da die Balance zu finden, ist eine große Aufgabe«, sagte er.

Es ist Zeit, dass das Eis bricht. Dass wir über die Grenze gehen, und nicht nur über den Zaun hinein ins Land der Sterbenden schauen. Es ist Zeit, zu lernen, wie es sich dort anfühlt, und es ist Zeit, dafür Worte zu finden. Zeit, über den Winter zu sprechen. Bloß über den Tod nachzudenken, das weiß ich inzwischen, kann in eine Sackgasse führen, wenn man das Gedachte nicht am Sterbebett mit der Wirklichkeit abgleicht.

Darum möchte ich, bevor es weitergeht, noch ein kurzes Plädoyer für die Sprache halten: Ich finde, dass bei aller Wertschätzung für Stille, Meditation und Kontemplation der Wert der artikulierten Sprache nicht vergessen werden darf. Ich halte es für unverzichtbar, aus all diesen nonverbalen Räumen auch wieder herauszutreten und die gewonnenen Erkenntnisse in Sprache zu übersetzen. Das Rätsel des Bewusstseins wurde von den Wissenschaftler*innen dieser Welt zwar noch nicht abschließend geknackt, aber ich halte Thesen dazu, dass das menschliche Bewusstsein überhaupt erst durch die Entwicklung und Weiterentwicklung der Sprache entstanden ist, für absolut nachvollziehbar. Wer neben seiner Muttersprache noch eine andere Sprache lernt oder erlernt hat, der hat erfahren, wie neue Wörter, Metaphern oder ungewöhnliche Übersetzungen auch einen

Einfluss darauf haben können, wie man die Dinge des Lebens wahrnimmt oder wie man über sie denkt. Sprache ist daher nicht nur ein naheliegendes Mittel, um seine Erfahrungen zu teilen, sondern auch in der Lage, Bewusstsein zu schaffen und darüber hinaus eine Bewusstseinsentwicklung anzustoßen. »Am Anfang war das Wort«, heißt es schon in der Bibel.

Natürlich hat auch Sprache ihre Grenzen. Aber Sterbende und die Menschen an ihren Sterbebetten werden, wenn sie ihre Herzen öffnen, automatisch zu Grenzgängern. Wenn jemand anderes also etwas formuliert, was auch ich in meinem Herzen fühle, aber was ich bislang nicht in Worte fassen konnte – dann kann das ein Gefühl tiefster Verbindung auslösen. Das haben die unzähligen anerkennenden und dankbaren Reaktionen gezeigt, die Deborah James weltweit ausgelöst hat, als sie über ihr Sterben sprach. Wenn ich aufmerksam zuhöre, kann ich im wahrsten Sinne lernen, was ich fühle – wie ein Kind, das lernt, seine Gefühle auszudrücken, wenn man ihm die Sprache dafür gibt. Jedes Mal, wenn ich mich in der Geschichte eines anderen wiederfinden kann, dann sind die Grenzen der Sprache wieder ein Stück versetzt worden. Deswegen müssen wir nicht nur über das Sterben sprechen, sondern *mit* denen, die sterben. Sie können uns erzählen, was wir fühlen werden, und vielleicht erinnern wir uns daran, wenn wir eines Tages danach gefragt werden – und uns die Worte fehlen.

Nach Peters Tod war ich aber zunächst fix und fertig gewesen, und nicht wirklich in der Lage, mich zu weit in winterliches Terrain vorzuwagen. Ich war verunsichert, beschämt und auch desillusioniert. Aber ich habe mich wieder aufs Pferd gesetzt. Nicht sofort, doch es fühlte sich an, als hätte ich keine andere Wahl. Für eine Umkehr war es zu spät. Ich hatte mich auf den Weg gemacht, und ich würde nicht nach zwei Prüfungen aufgeben. Mittlerweile glaube ich nämlich, dass der Tod mir wie im Märchen drei Prüfungen auferlegt hat. Die ersten zwei folgten Schlag auf Schlag, erst Papa, dann Peter. Die dritte folgt gen Ende dieser Geschichte. Vielleicht wollte der Tod wissen, ob ich dranbleibe, beziehungsweise wie nah ich gewillt war, ihn an mich heranzulassen.

Es gab Momente nach der Begleitung von Peter, in denen ich tatsächlich in Erwägung zog, dass diese Arbeit nicht das Richtige für mich ist beziehungsweise ich nicht die Richtige für diese Arbeit. Deswegen nahm ich mir ein paar Wochen Zeit, bevor ich eine neue Begleitung annahm. Als ich schließlich auf meinen nächsten Patienten traf, hielt ich den Tod trotzdem lieber erst mal ein bisschen auf Abstand. Ich begab mich zurück auf sicheren Boden und machte ungefährlichen Small Talk. Herr C. war knapp sechzig und vom Krebs so dünn und ausgezehrt, dass er wirklich aussah wie der wandelnde Tod. Er wisse, wie es um ihn steht, sagte er, aber seine Hoffnung würde er sich nicht nehmen lassen. »Richtig so«, entgegnete ich, »Wunder passieren immer wieder.«

Ich kann es mir rückblickend nur so erklären, dass die Angst vor einer erneuten Ablehnung mich zu solchen Aussagen hinreißen ließ. Ich glaubte nämlich mit keiner Faser meines Körpers daran, dass dieses schmale Bündel Mensch vor mir die nächste Woche überleben würde. Und das tat er auch nicht.

»Du darfst nicht aufgeben«, »Bleib stark« oder eben »Wunder passieren immer wieder«. Solche Sätze sind gut gemeint, bewirken in der Regel aber nur wenig, in den seltensten Fällen ein Wunder und manchmal sogar das Gegenteil. Denn sie boykottieren jeden Versuch, offen über Tod und Trauer zu sprechen und der Todesphobie unserer Gesellschaft etwas entgegenzusetzen. Das Problem ist, dass wir nicht wissen, was wir sonst sagen sollen, was nicht traurig klingt. Es gibt vieles am Sterben, was nun mal ziemlich traurig ist. Nicht nur, aber die Tatsache, dass man sich von allem, was man bis hierhin kannte, inklusive sich selbst, verabschieden muss, ist für viele Menschen eine traurige Angelegenheit. Indem man als Begleiter*in dazu neigt, ihnen gut gemeinte Hoffnung auf eine unwahrscheinliche Heilung schenken zu wollen, »spricht« man den Sterbenden aber genau diesen Umstand buchstäblich ab. Wir bräuchten aber viel mehr Mut zur Trauer, finde ich. Das ist auch in der Pandemie mehr als deutlich geworden.

Ich weiß noch, wie im Winter 2020 Familien dazu angehalten wurden, Weihnachten nach Möglichkeit nicht in großer Runde zu verbringen. Ich traf eine Nachbarin, und sie erzählte mir, dass sie diese Aufforderung umgehen wollte, da es für ihr Kind zu traurig wäre, ohne Oma und Opa zu feiern. Ich bin manchmal nicht besonders schlagfertig, vor allem aber ecke ich nicht gern an, deswegen behielt ich für mich, was ich im Stillen dachte. Ich hätte ihr gern gesagt, was wirklich traurig ist. Ennis hatte gar keine Opas mehr. Und wir hätten (und haben) alles dafür getan, dass sie noch leben würden. Sich Weihnachten über Facetime zu unterhalten, wäre dabei das kleinste Übel gewesen.

Der Lockdown hatte wie unter einem Brennglas gezeigt, wie sehr wir den Tod auch aus der Gesellschaft ausgeschlossen haben. Und damit meine ich nicht, dass es den Lockdown nicht hätte geben sollen. Ich meine, dass die meisten derer, die zu der Zeit gesagt haben, »Man muss mit dem Tod leben, er gehört zum Leben dazu«, in den seltensten Fällen ihren eigenen Tod dazuzählten. Es war der Tod der anderen, derer, die sie nicht kannten, den sie gewillt waren, in Kauf zu nehmen. Sie kannten den Tod vermutlich auch nicht besonders gut, weil er ihnen noch nie so nahegekommen war.

Zu der Zeit erschienen auch unzählige Artikel und Beiträge darüber, was die Botschaft dieser Pandemie sein könnte. Was wir daraus lernen können und wie wir mit dieser »neuen Normalität« umgehen und sie zu unserem Vorteil nutzen können. Meistens ging es dabei um Inspiration, um »Reframing« und um einen omnipräsenten Hoffnungsschimmer. Beinahe zwanghaft, so erschien es mir mitunter, wurde mit neuen Perspektiven gehandelt und immer wieder versucht, das Positive in der Krise zu sehen. Mich haben die meisten eher ermüdet, anstatt dass sie mich wirklich inspiriert haben. Weil ich das Gefühl hatte, dass jeder dieser »Fühl dich gut«- beziehungsweise »Fühl dich besser«-Texte wie ein Ohrstöpsel ist, der ein ums andere Mal dafür sorgt, dass wir immer wieder überhören, was uns die Erde mit schwindender Kraft eigentlich zuflüstern will.

Vielmehr kommt es mir so vor, als steckten wir spätestens seit Ausbruch der Pandemie in einer Zwischenwelt fest – weil wir immer wieder versuchen, eine Abkürzung zu wählen, und uns immer wieder für die falsche entscheiden. Damit meine ich nicht den Jo-Jo-Effekt von Lockerungen und Kontaktbeschränkungen, sondern dass wir immer wieder nach einem alternativen Weg suchen, der es uns erspart, den Weg zu beschreiten, an dem eben kein anderer vorbeiführt. Viele Menschen haben sich im Wirrwarr der Corona-Beschränkungen für den Weg der Wut entschieden, bewusst oder unbewusst. Wut bringt einen ins Handeln, wenn man nicht weiß, was man sonst tun soll, und man kann sich über etwas aufregen.

Andere Menschen waren voller Angst. Die Angst ist nicht so »verleumderisch oder kriegerisch wie die Stimme der Wut«, wie Jenkinson in *Die Wise* sinngemäß schreibt. »Die Stimme der Angst ist bedächtig und besorgt, und sie hat etwas von einer Rechtsanwältin, die mit gut begründeten Argumenten zu überzeugen weiß.«

Doch die Angst lebt in dem »Noch nicht«, dem »Nicht jetzt« und dem »Nicht ich«.

Wer sich für die Hoffnung entscheidet, ist ebenso in der Zukunft und nicht in der Gegenwart unterwegs. »Wer sich von der Hoffnung verführen lässt«, sagt auch Jenkinson, »dem heiligen Gral unserer Zeit, schenkt der Gegenwart keine Aufmerksamkeit. Denn du hoffst nicht auf etwas, das schon ist, und das macht die Hoffnung zu einer ziemlich passiven Angelegenheit.«

Genau wie die Depression, im Übrigen, und da spreche ich aus eigener Erfahrung – sie lässt dich erstarren, weil sie alle Energien dafür aufbringen muss, die Gefühle zu unterdrücken, die ins Licht wollen. Da bleibt keine Kraft mehr für irgendetwas anderes. Und so verlaufen wir uns ein ums andere Mal in diesem Labyrinth der Zwischenwelt und wissen buchstäblich nicht mehr ein noch aus. Doch wie können wir den Weg hinaus finden?

Es gibt keinen Geheimgang, keine magische Wand, die sich wendet, wenn wir nur inspiriert, zuversichtlich und hoffnungsvoll genug sind. Der einzige Weg hinaus aus der Zwischenwelt führt durch das Tal der Tränen. Doch für diese unvermeidliche Reise müssen wir uns unserer verkümmerten Fähigkeit zu trauern zuwenden. Mehr noch, wir müssen uns ihr *hingeben*. Vielleicht ist Hingabe das Gegenstück zur Hoffnung, nicht die Hoffnungslosigkeit. Das bedeutet auch, sich dem hinzuwenden, was ist, und vor allem, was uns hierhin geführt hat.

Vielleicht sollten wir nicht immer gleich in den »Fix it-Modus« gehen, den wir uns in unserer westlichen Kultur zu eigen gemacht haben. In dem Moment, wo jemand ein Problem anspricht, denken wir schon über die Lösung nach. Das ist gut gemeint, verhindert aber, dass wir an den Kern der Dinge kommen: an unsere Trauer.

Nur Trauer ist in der Lage, wirklich und in der Tiefe zu transformieren. Sie versetzt uns in die Lage, Schatzkarten als solche überhaupt erst zu identifizieren und zu entziffern. Sie lässt uns hören, was andere nicht hören können. Sie lässt uns lernen und wachsen – wenn wir es zulassen. Der Haken: Damit wir aus der Trauer lernen können, müssen wir erst wieder lernen zu trauern.

Vielen von uns wurde diese Fähigkeit jedoch aberzogen oder gar nicht erst vorgelebt. Sie ist verkümmert. Und langsam, aber sicher scheint sie auszusterben, gemeinsam mit der Menschheit.

Für mich ist klar, dass »unsere Zukunft bereits hinter uns liegt« – diesen Satz habe ich von meinem Großonkel, als er meiner Oma zum neunzigsten Geburtstag eine Rede hielt. Die Frage ist bloß, ob unsere Kinder und Enkelkinder die letzten Jahre oder Jahrzehnte der Menschheit im Hospiz oder auf der Intensivstation verbringen sollen – im übertragenen Sinne. Wie können wir als Menschheit »gut« (aus)sterben? Sodass sich der Planet, dem wir so viel Schaden zugefügt haben, zumindest für die anderen Spezies regenerieren kann? Auch deswegen habe ich dieses Buch geschrieben, denn mein Sohn gehört zu einer Generation, für die es nur noch schlimmer kommen kann.

Im Silicon Valley arbeiten Wissenschaftler längst mit Hochdruck daran, eine Art Unsterblichkeitsserum zu entwickeln, das die Zellalterung stoppt oder die Zellen sogar verjüngen kann. Für ein deutlich längeres und vermeintlich gesundes Leben. Und das ist nur das Zwischenziel. Das Credo lautet, lange genug zu leben, um sogar noch den ganz großen Durchbruch zu erleben – die Pille für das ewige Leben.

Millionen werden in die Forschung gepumpt, Millionen, die wir für den Naturschutz ausgeben könnten. Für die Natur, die wir flächendeckend bereits zerstört haben, weil wir uns nicht mehr als Teil davon sehen. Buchstäblich irrsinnig – einerseits berauben wir uns unseres eigenen Zuhauses, ein Selbstmord auf Raten sozusagen, andererseits wollen wir unser Leben künstlich immer weiter verlängern. Aber wo sollen wir denn ewig leben? Auf dem Mars?

Es könnte also sein, dass wir als Menschheit bald vor einer großen Spaltung stehen werden: Wenn es ein Unsterblichkeitsserum gäbe, würdest du es nehmen? Auf wessen Seite würdest du stehen? Auf der des Lebens oder der des Todes? Was machst du, wenn beides auf einmal nicht mehr zusammengehört?

Als ich in Irland lebte, wohnte ich mit einer Australierin zusammen, Anna. Ihre Eltern waren Mormonen, und sie waren am Boden zerstört, als Anna sich als junge Erwachsene gegen das Mormonentum entschied. Denn ihre Abkehr vom Glauben bedeutete, dass sie ihre Tochter im Himmel nicht wiedersehen würden. Gleichzeitig wussten sie, dass sie ihrer Tochter nichts vorschreiben konnten. Ein Dilemma, wenn man es ernst nimmt.

Für mich mag ein solches Unsterblichkeitsserum – hoffentlich – zu spät kommen, um in meiner verbleibenden Lebenszeit vor so eine Entscheidung gestellt zu werden. Vielen mag die Idee grundsätzlich abwegig erscheinen, schließlich wäre die Erde mit all ihren Problemen sicher nicht in der Lage, auch noch die zu (er)tragen, die dem natürlichen Tod von der Schippe springen. Mir geht es an dieser Stelle aber nicht um einen knallharten Reality Check des Vorhabens, sondern um den Versuch und die Gedanken hinter. Es gibt im Übrigen auch vieles, was meine Großeltern auf technologischer oder medizinischer Ebene für absolut undenkbar gehalten hätten, und was schon in der nächsten oder übernächsten Generation wahr geworden ist. Gut möglich also, dass mein Sohn in seinem Leben die Frage gestellt bekommt, ob der Tod weiterhin zu diesem Leben dazugehören soll. Es ist ein komisches Gefühl, nicht zu wissen, wofür er sich entscheiden würde. Wenn ich sterbe und er nicht, was wird dann aus seinem Tod – und aus uns beiden?

Noch mal: Ich meine nicht den Tod, dem sich die Menschheit durch Krieg, Unfälle oder den Klimawandel selbst aussetzt. Den wird auch kein Unsterblichkeitsserum aufhalten können. Ich meine den Tod, der durch Krankheiten oder durch ein natürliches Auslaufen des Körpers zu uns kommt. Den Tod, den wir bekämpfen, während wir gleichzeitig unser Zuhause und somit unsere Lebensgrundlage zerstören. Es ist wichtig, ihn zu kennen und unsere Kinder über ihn aufzuklären. Damit sie eine Antwort aus sich selbst heraus geben können, wenn ihnen noch in diesem Leben die Frage nach dem (vermeintlich) ewigen Leben gestellt wird. Damit sie wissen, aus welchen Gründen sie sich in Wirklichkeit dafür oder dagegen entscheiden.

Ich schreibe dieses Buch auch, weil ich die Vermutung habe, dass der Weg, um den Sinn im Sterben zu finden, und damit ein Argument dafür, warum wir es weiterhin tun sollten, tatsächlich mit Sprache zu tun haben könnte. Darin, eine gemeinsame Sprache und somit ein gemeinsames Verständnis für das zu finden, was so hart und damit unaussprechlich erscheint. Für das, was wir nicht mit unseren Sterbenden besprechen und auch nicht mit unseren Kindern. Das, was ich und Herr C. beide wussten, als wir über Hoffnung und Wunder sprachen, aber von dem wir nicht glaubten, es laut sagen zu dürfen. Nicht immer ist klar, wer eigentlich wen schützt, wenn er entscheidet, lieber für sich zu behalten, was ihm im Kopf herumgeht.

Aber warum muss man immer alles aussprechen? Es ist doch auch möglich, gemeinsam zu schweigen – im gegenseitigen Einvernehmen, sozusagen. Reden ist Silber, Schweigen ist Gold, lautet doch der berühmte Spruch. Wenn beide wissen, oder zumindest ahnen, was los ist – warum dann so direkt sein? Wer gibt dir das Recht dazu? Diese Frage wurde auch Stephen Jenkinson einmal während eines Vortrags gestellt.

»Was gibt Ihnen das Recht, so direkt mit den Sterbenden zu sein?«, fragte ihn ein junger Arzt.

Jenkinson antwortete mit einer Gegenfrage: »Was gibt Ihnen das Recht, so indirekt zu sein?«

Letzteres wiederum scheint tatsächlich ein Recht zu sein, das nicht nur kaum hinterfragt, sondern fast schon wie eine Pflicht behandelt wird. So ähnlich wie die vermeintliche Pflicht, Kindern das Recht auf eine unsichere Kindheit abzusprechen. Bloß – dort, wo wir indirekt bleiben, wird sich nichts verändern. Kann sich nichts verändern. Wir werden weiterhin so sterben, wie wir sterben, nach außen hoffnungsvoll mit Familie, Freund*innen und dem medizinischen Personal verbunden, nach innen hoffnungslos allein mit unserer Trauer und mit unseren Ängsten. Diese Ängste reichen wir von einer Generation an die nächste weiter, bis sie so stark und unerträglich werden, dass wir uns a) bei einer unheilbaren Erkrankung immer früher sedieren lassen werden, b) unseren Tod vielleicht bald sogar planen wie einen Kaiserschritt, oder c), wenn das Unsterblichkeitsserum tatsächlich kommt, gar nicht mehr drüber nachdenken werden, ob das wirklich so eine gute Idee ist – Hauptsache, nicht sterben.

Und darum ist da auch meistens niemand, wenn ein unheilbar erkrankter Mensch sagt: »Ich habe mich entschieden, zu kämpfen.« Also niemand, der sagt: »Der Kampf ist vorbei.«

Es gibt zu wenige, die sich über diese unsichtbaren Grenzen wagen, von denen meine Freundin gesprochen hat. Wir scheinen oft nur bis zu einem gewissen Punkt zu gehen – in der Begleitung von Patient*innen, aber auch zu Hause in unseren Familien. Ab diesem Punkt wird dann »ummantelt«, und dann muss man sich mit dem, was jenseits der Grenze liegt, nicht mehr auseinandersetzen. Dann wird gestorben, wie in den meisten Fällen auch gelebt wurde – in Distanz zueinander, aber auch zu sich selbst.

Außer es gibt jemanden, der sagt: »Hey, es hat dich vielleicht noch nie einer wirklich gehalten, und allein kannst du das, was jetzt passiert, auch nicht halten, aber ich halte für dich mit und ich halte mit dir aus, und wir machen das jetzt zusammen.«

Dieser Schritt über die Grenze erfordert jedoch eine tiefe Entschlossenheit – und eine gut genutzte Sprache. Eine Sprache, die wir nutzen können, um uns in den Zwischenräumen zu orientieren und uns durch sie zu navigieren. Jene Orte, an denen sich lebende Sterbende und sterbliche Lebende für eine kleine Weile wahrhaftig begegnen können. Wenn beide bereit sind, über ihre inneren Grenzen zu gehen. Im Angesicht des Todes sind wir sogar gezwungen, zwischen innen und außen zu unterscheiden, wenn wir an das Wesentliche kommen wollen. An das, worum es eigentlich geht. Um den Sinn des Sterbens, sozusagen, und damit untrennbar verbunden auch um den Sinn des Lebens.

Es gibt jedoch so viele Menschen, die um das Wesentliche einen großen Bogen machen – die Sterbenden selbst, aber auch ihre »Behandelnden«. Doch tut man einem Menschen wirklich einen Gefallen, wenn man seiner Entscheidung, sich nicht aktiv an seinem eigenen Sterbeprozess zu beteiligen, stillschweigend zustimmt? Oder ihn sogar in seiner Passivität unterstützt, ohne dass er sich selbst bewusst dazu entschlossen hat, nicht aktiv dabei zu sein?

Es war zu Beginn des Lockdowns, als auf der Palliativstation eigentlich keine Ehrenamtlichen mehr zugelassen waren, als ich mich trotz oder gerade wegen meiner mittelmäßigen Zwischenbilanz als Sterbebegleiterin mutig nach vorne wagte. Mitte März hatte mich ein Anruf des Hospizdienstes erreicht: Ob ich mir trotz der unsicheren Gesamtsituation zutrauen würde, auf Station zu gehen –

Dr. Faust hätte sich jemanden für Notfälle gewünscht. Und so ergab es sich, dass ich ausgerechnet in der Zeit, als das Krankenhaus einer Festung glich und Sterbende noch isolierter waren als sowieso schon, auf der Palliativstation die »Würdezentrierte Therapie« einführen durfte.

Was ich aus dramaturgischen Gründen nämlich noch nicht erzählt habe, ist, dass ich im Juli 2019, nur acht Tage nach Papas Tod, nach Mainz gefahren war, um dort an einem Kurs teilzunehmen, für den ich mich schon Monate zuvor voller Vorfreude angemeldet hatte – ein Ausbildungswochenende in »Würdezentrierter Therapie«, einer besonderen Form der Biografiearbeit am Lebensende.

Ich habe irgendwann in meinem früheren Leben mal Journalismus studiert, nicht an der Uni, sondern an einer Privatakademie. Nach meinem Abschluss hatte ich jedoch schnell festgestellt, dass ich zwar das Schreiben liebte, das journalistische Umfeld jedoch nicht unbedingt meins war. Ich habe in meinen Praktika ein paar negative Erfahrungen gemacht, die mir das Gefühl gaben, dass ich es mit meiner Art des Geschichtenerzählens nicht weit bringen würde – mir schien, als wäre man in vielen Redaktionen der Meinung, dass auch die leisen Geschichten laut erzählt werden müssten, damit sie eine Wirkung erzielten. Ich hingegen war schon damals überzeugt, dass »leise mal leise« laut ergibt, aber mit dieser Haltung schien ich tendenziell eher allein dazustehen.

Einmal sollte ich zum Beispiel ein Porträt über einen halbjüdischen Soldaten schreiben, der unter Hitler für die Wehrmacht gedient hatte, um auf diese Weise den jüdischen Teil seiner Familie vor der Deportation zu schützen. Als ich den Mann, inzwischen über neunzig, zum Interview traf, erzählte er mir nicht nur von seiner Zeit als Soldat. Er berichtete auch davon, wie seine nicht-jüdische Freundin und er sich nach Ausbruch des Krieges immer am Bahngleis im Berliner Hauptbahnhof getroffen hatten, um sich zwischen den hereinfahrenden Zügen zu küssen. Und wie sie auf einem verlassenen Hausboot auf der Spree übernachtet hatten und auf diese Weise von der Gestapo unentdeckt blieben.

Es war der Teil der Geschichte, der mir bis heute in Erinnerung geblieben ist, doch er wurde von dem Redakteur, dem ich unterstellt war, nur müde belächelt, aber nicht gedruckt. Der Teil mit der Wehrmacht hingegen, und dass der Mann so naiv gewesen war, zu glauben, er könnte durch seinen Dienst an der Waffe seine Familie retten, der wurde noch ein bisschen »aufgetuned«, um es mal vorsichtig zu sagen. Auf eine Art und Weise, die mich so nachhaltig beschämt hat, dass ich nie wieder etwas für eine Zeitung oder für ein Magazin machen wollte. Fairerweise muss ich aber auch dazusagen: Ich war sehr jung, sehr unerfahren und ziemlich enttäuscht gewesen.

Zwischendurch dachte ich immer mal wieder, dass ich vielleicht lieber Romane schreiben sollte. Doch auch wenn ich diese liebend gern konsumierte, hatte ich nicht den nötigen Biss, um sie zu erschaffen. Nach einigen Jahren als Ghostwriterin für Unternehmen und Beratungsinstitute konnte ich mir jetzt aber vorstellen, dass Biografiearbeit an den Grenzen des Lebens genau meins sein könnte – meine Form des Journalismus, sozusagen.

Im Sommer 2019 war ich also frisch verwaist zu diesem Workshop gefahren und hatte eine Struktur mit nach Hause genommen, durch die sich mit wenig Zeit- und Kraftaufwand die Essenz eines gelebten Lebens verschriftlichen ließ. Der kanadische Psychiater Professor Harvey Chochinov hatte mit seiner *Dignity Therapy* forschungsbasiert einen flexiblen Interviewleitfaden entwickelt, der das schwindende Würdegefühl unheilbar erkrankter Menschen stärken sollte. Er hatte mit seinem Team erforscht, dass sich viele todkranke Menschen zunehmend auf ihre Erkrankung reduziert fühlten – und somit auf all das, was sie *nicht* mehr können.

Die Fragen in Chochinovs Interviewleitfaden sind daher so formuliert, dass sie insbesondere an Themenbereiche anknüpfen, die von einer gewissen Sinnhaftigkeit und Bedeutung geprägt sind. Die Idee dahinter ist, dass der Mensch sich wieder mit dem verbindet, was seine Persönlichkeit jenseits der Erkrankung auszeichnet, und dass er diesen unsterblichen Teil mitsamt den damit verbundenen Erinnerungen und Gedanken für seine Familie und Freund*innen schriftlich festhalten kann. In dem circa einstündigen Gespräch kann es zum Beispiel darum gehen, in welchen Situationen ein Mensch besonders glücklich war; welche Aufgaben er in seinem Leben übernommen hatte, auf die er besonders stolz ist; oder auch, ob es etwas gibt, das ihn das Leben gelehrt hat, und was er gern an andere weitergeben möchte. Das Gespräch wird mit einem Aufnahmegerät aufgezeichnet, und im Anschluss verschriftlicht der oder die Interviewende es in den eigenen Worten des Erzählenden – es werden nur Kleinigkeiten geändert, zum Beispiel für einen besseren Lesefluss, aber es geht nicht darum, ein literarisches Meisterwerk zu schaffen, sondern ein ganz persönliches geistiges Vermächtnis. Dieses wird dann in seiner Erstversion noch einmal am Krankenbett vorgelesen, und wenn der Erzählende keine Anmerkungen mehr hat, wird es auf hochwertiges Papier gedruckt und in einer Mappe mit einem individuellen Titelblatt übergeben.

Peter war damals in vielerlei Hinsicht mein Versuchskaninchen gewesen. Er war nämlich auch der Erste, der inoffiziell und unter dem Radar in den Genuss meiner Interpretation der Würdezentrierten Therapie gekommen war. Da er keine Angehörigen hatte, für die er Wünsche und Ratschläge hinterlassen konnte, füllte seine Mappe später nur ein paar Seiten, aber auf die war er nicht minder stolz. Das Titelblatt zierte natürlich das Porträt von seinem Schlüsselanhänger, das auch als Schwarz-Weiß-Poster in seiner Wohnung gehangen hatte. Besonders eindrücklich fand ich, dass er, als es um die Zeiten in seinem Leben ging, in denen er sich besonders lebendig gefühlt hatte, mit keinem Wort sein halbseidenes Leben auf der Reeperbahn erwähnte. Stattdessen berichtete er von seiner glücklichen Kindheit in einer Hafenstadt an der Nordseeküste und von der engen Verbindung zu seiner alleinerziehenden Mutter. Peter, der laute Tabledance-Barbetreiber, erzählte mir von den leisen Momenten, und ich habe mir gewünscht, dass diese in den Tagen der Bewusstlosigkeit vor seinem inneren Auge noch einmal abgelaufen sind, bevor seine Mutter ihn in Empfang nehmen konnte. Über diese Möglichkeit hatten wir jedoch nicht gesprochen.

Nachdem unsere Beziehung am Ende in tausend Scherben zerbrochen war, hatte es die Pandemie gebraucht, um über meine persönlichen Befindlichkeiten hinwegzukommen und den Faden der Würdezentrierten Therapie wieder aufzunehmen. Mir kam es vor, als würde man über die Schutzmaßnahmen vor dem Corona-Tod all die vergessen, die gerade an allen möglichen anderen Erkrankungen starben. Diejenigen, für die es kein »Danach« geben würde – also zumindest nicht, was Corona anging. Selbst in einigen Hospizen waren die Regeln so streng, dass auch ausgewählter Familienbesuch nur noch in der Sterbephase zugelassen wurde. Manchmal stellte ich mir vor, dass Papa noch leben würde und ich ihn im Pflegeheim nicht besuchen dürfte. Der Gedanke war kaum auszuhalten, obwohl er rein hypothetisch war und Papa längst tot. Ich dachte an all die anderen armen Menschen, die von ihrer Reise in den Tod zurückgeholt worden waren und sich mit ihrem geschädigten Gehirn in der Frührehabilitation sowieso schon schwertaten – was mussten sie gerade für Ängste ausstehen? Keine vertrauten Gesichter mehr um sich herum, und nur noch von maskierten Astronauten versorgt?

Wie schon zuvor erwähnt: Ich sage nicht, dass diese krassen Schutzmaßnahmen richtig oder falsch waren. Ich denke, wir alle können uns noch immer genau daran erinnern, wie ungewiss diese ersten Wochen und Monate waren, als wir wie ein Reh im Scheinwerferlicht standen und nicht wussten, ob der Laster in der Ferne uns überrollen würde, so wie bereits unsere europäischen Nachbarn, oder ob er noch rechtzeitig zum Stillstand kommen würde. Trotzdem hatte ich ausgerechnet in dieser Zeit der flächendeckenden Anspannung das Gefühl, dass *meine* Zeit gekommen war. Die äußeren Umstände waren so fatal, dass ich es als Unterlassung empfand, trotz aller Grenzen im Außen nicht zumindest das Angebot zu machen, mich um die inneren Welten zu kümmern. Um die Gedanken der Sterbenden, mit denen sie meiner Vermutung nach nun noch einsamer waren als sowieso schon. Und zwar mit einem Werkzeug, von dem ich glaubte, es eigentlich ganz gut zu beherrschen – mit Sprache.

Zwar waren während der Pandemie auf »meiner Palliativstation« unter strengen Auflagen An- und Zugehörigenbesuche erlaubt gewesen, aber nicht immer wurde diese Möglichkeit auch genutzt. Ältere Angehörige sorgten sich verständlicherweise um ihre eigene Gesundheit, größere Distanzen in- und außerhalb von Deutschland wurden nicht mehr zurückgelegt, und für einige, so schien es mir, war die Pandemie auch eine sehr willkommene Ausrede, um die sterbenskranken Angehörigen nicht besuchen zu müssen.

Dennoch hatte es mich ein bisschen Überwindung gekostet, Dr. Faust eine E-Mail zu schicken und ihm darin von meiner Idee zu erzählen, denn in Anbetracht der Gesamtsituation wäre eine Abfuhr durchaus möglich gewesen. Eine Freundin, die in einem anderen Krankenhaus arbeitete, hatte mir davon abgeraten, in dieser stressigen Zeit voller Verunsicherung mit so einer Offerte aufzuwarten. Chefärzt*innen hätten nun andere Sorgen, meiner sicher auch. Aber ich hatte Glück – »meiner« war jemand, der ein gutes Gespür für seine Patient*innen hatte und dafür, was ihnen möglicherweise guttun würde. Er schrieb mir, dass er vor einiger Zeit von der Würdezentrierten Therapie gehört hatte und sich über meinen Vorschlag freute, diese in die Begleitung der Patient*innen einfließen zu lassen. Ich war bei ihm tatsächlich an den Richtigen geraten. Schon wenige Tage nach seiner ersten positiven Rückmeldung ließ er mir über den Hospizdienst ausrichten, dass er eine mögliche Kandidatin für mich hatte: Elisabeth W., vierundachtzig.

Und so machte ich mich auf ins Krankenhaus, das inzwischen nur noch über den Haupteingang zugänglich war. Vor allen anderen Eingängen, durch die man sonst einzeln auf die jeweilige Station kam, wehte rotweißes Flatterband, als wäre das ganze Gelände ein Tatort. Vor dem Zimmer von Elisabeth W. zog ich mir meinen Schutzanzug an, bereit, die Spuren ihres Lebens zu sichern, bevor der Tod sie verwischte.

6
Sehnsucht nach Zuhause

Zwei Monate später, Anfang Juni, Friedhofskapelle Hamburg Ohlsdorf. Wegen der aktuellen Corona-Beschränkungen sind auf der Beerdigung von Elisabeth W. nur fünfzehn Gäste erlaubt. Sie war schon Anfang Mai verstorben, doch selbst von den zwei Hamburger Krematorien war eins pandemiebedingt vorübergehend geschlossen gewesen – die Bestattung verzögerte sich. Als wir zu einem Klavierstück von Rachmaninow in die kleine Kapelle einlaufen, Elisabeths Familie, ein paar enge Freunde und ich, habe ich dasselbe schwarze Kleid an, dass ich auf der Beerdigung meines Vaters trug. Es ist meine erste Trauerfeier seitdem, und wieder spiele ich eine Hauptrolle.

In den Wochen vor ihrem Tod habe ich Elisabeth sehr gut kennenlernen dürfen. Sie war Anfang achtzig, aber das Alter sah man ihr trotz ihrer schweren Erkrankung nicht an: Die blonden Haare waren sorgfältig frisiert und der Lidstrich tadellos gezogen. Ich mochte gleich ihre herzliche und einladende Art, begleitet von einem wachen Geist.

Ich war ein bisschen aufgeregt, als ich ihr die Würdezentrierte Therapie vorstellte, es war ja das erste Mal, zumindest offiziell, und ich hatte mir genau überlegt, was ich sagen wollte. Nicht, dass ich gleich beim ersten Mal einen Korb bekam! Doch ihr gefiel die Idee, sie hätte auf jeden Fall viel zu erzählen, sagte sie, und wir verabredeten, dass ich schon gleich am nächsten Tag wiederkommen würde, um das Interview mit ihr zu führen.

Am darauffolgenden Nachmittag jedoch hatte sich ein Schleier auf das am Vortag noch so strahlende Gesicht gelegt. Die Physiotherapeutin der Station hatte mir schon auf dem Flur erzählt, dass Elisabeth eine unruhige Nacht gehabt hätte. »Ich möchte das doch lieber nicht machen«, sagte sie, nachdem ich mich gesetzt hatte. »Meine beiden Kinder kennen meine Geschichten doch schon alle. Ob es die Enkel interessiert, das weiß ich nicht. Das jetzt alles aufzunehmen, das tut doch nicht not.«

Ich war enttäuscht, zweifellos, aber ich wollte sie auch nicht überreden. Ob ich trotzdem etwas bei ihr bleiben könnte, fragte ich, und sie willigte sofort ein. Als ich eine gute Stunde später das Zimmer wieder verließ, wünschte ich, Elisabeth hätte sich anders entschieden. Sie hatte von selbst angefangen, mir doch noch aus ihrem vollgepackten Leben zu berichten, und dabei war sie eine sehr gute Erzählerin. Es stellte sich heraus, was ich in den kommenden Jahren immer wieder erfahren würde: Ein »gewöhnliches« Leben gibt es nicht. In jedem noch so vermeintlich gewöhnlichen Leben steckt mindestens eine außergewöhnliche Geschichte, die es wert ist, erzählt zu werden. Und Elisabeth hatte davon gleich mehrere. Darum – und auch weil das Reden sie entlastete, aber keiner aus dem medizinischen Team die Zeit hatte, stundenlang bei ihr zu sitzen – kam ich in den kommenden Wochen noch ein paarmal zu ihr. Deswegen sind Ehrenamtliche oft so wichtig für Palliativstationen oder Hospize – Zuhören ist eine ihrer Hauptaufgaben.

Schließlich wurde Elisabeth zurück nach Hause entlassen. Ihre Schmerzen und ihre Übelkeit waren inzwischen medikamentös gut eingestellt, und sie konnte über einen Palliativdienst und mit der Hilfe ihrer Tochter Ute zu Hause gepflegt werden. Ihr war auch die Möglichkeit vorgeschlagen worden, in ein Hospiz zu gehen, um dort die Sicherheit zu haben, rund um die Uhr versorgt zu sein – doch Elisabeth wollte unbedingt nach Hause. Ich hatte sie dort noch einmal besuchen wollen, doch dazu kam es nicht mehr. Kurz nach ihrer Rückkehr verschlechterte sich ihr Zustand. Ihre Tochter verständigte den Bruder, der selbst Arzt ist, und er erkannte schnell, dass der Sterbeprozess eingesetzt hatte.

Wenige Tage nach ihrem Tod erreichte mich eine Textnachricht von Ute. Elisabeth hatte ihr meine Nummer gegeben, um einen möglichen Besuch zu koordinieren. Ihre Mutter hätte ihr von mir erzählt, dass sie mich sehr mochte und auch, dass ich eigentlich vorgehabt hatte, die Essenz ihres Lebens aufzuschreiben. Sie hätte ihre Mutter ermutigt, es doch noch zu machen, aber sie hatte sich dann wohl nicht mehr getraut, mich zu fragen. »Wie schön wäre es, jetzt diese Aufzeichnungen ihrer Gespräche zu haben«, schrieb sie, »eine Erinnerung der ganz besonderen Art.«

Ich wollte irgendetwas tun, um ihr Bedauern ein bisschen zu mildern. Ich schlug Ute vor, ein Gedächtnisprotokoll zu schreiben und ihr dieses zukommen zu lassen. Das war natürlich nicht das Gleiche, als Elisabeths Erinnerungen in deren eigenen Worten wiederzugeben, aber ich würde mein Bestes geben. Ein paar Tage später schickte ich ihr einen mehrseitigen Brief, und nachdem sie ihn gelesen hatte, rief Ute mich direkt an. Sie hatte eine besondere Frage an mich: Ob ich mir vorstellen könnte, die Trauerrede für ihre Mutter zu halten? Ich wüsste so viel über sie, und Elisabeth hätte sich sicher darüber gefreut.

Nun stand ich also dort am Mikrofon, die Mappe mit meiner Rede in der Hand, und blickte auf fünfzehn traurige, aber erwartungsvolle Gesichter. Ein paar von ihnen war ich schon einige Male begegnet – in den Erinnerungen von Elisabeth, die sie so lebhaft mit mir geteilt hatte. Nun saßen sie live und in Schwarz vor mir, und ich begann mit einem Zitat des Dichters Khalil Gibran: »Erinnerung ist eine Form der Begegnung«. Und dann begann ich, aus unseren Gesprächen zu berichten:

Wie Elisabeth beinahe Amerikanerin geworden wäre, weil ihre Eltern sich damals einen großen Traum erfüllt und in New York eine Tanzschule eröffnet hatten. Wie sich dann in den Dreißigerjahren der Krieg über der Welt zusammengebraut hatte und sie deswegen in ihre deutsche Heimat zurückkehrten. Wie sie zunächst in Berlin aufwuchs, in den Wirren des Krieges jedoch viel umherzog, da ihr Vater die kleine Familie von einem vermeintlich sicheren Ort zum nächsten brachte. Dass ihre Eltern großen Wert darauf gelegt hatten, dass es ihrer Tochter trotz all der Entbehrungen des Krieges nie an Liebe fehlte. Ich erzählte vom Abschlussball in der Schule, wie ihre Eltern auf die Tanzfläche gingen und alle Gäste einen großen Kreis um sie herum bildeten. Wie sie dann in der Mitte über das Parkett schwebten, vor den gebannten Augen all ihrer Mitschüler*innen. »Die haben so schön getanzt, da bin ich so stolz auf meine Eltern gewesen«, hatte sie geschwärmt.

Ich erzählte, wie sie ihren Mann kennenlernte – er hatte Klavierstunden bei ihrem Vater genommen – und wie sie sich allmählich ineinander verliebt hatten. Und ich erzählte von dem Schicksalsschlag, der ihre Welt ein paar Jahre später völlig aus den Fugen riss. Ein Erlebnis, an das sie sich auch in den Gesprächen mit mir noch auf eine Art und Weise erinnerte, als wäre es gestern gewesen. Ihr über alles geliebter Vater starb plötzlich an den Komplikationen eines fehldiagnostizierten Blinddarmdurchbruchs. Eine Welt sei für sie damals zusammengebrochen, und so wie sie es mir erzählte, hatte ich keinen Zweifel daran, dass es sich genauso für sie angefühlt haben muss. Sie sagte aber auch, dass sie es bei all der Trauer auch als wunderschön empfand, einen Vater gehabt zu haben, den sie über alles liebte und der immer für sie da gewesen war. Für einen Augenblick war mir, als spreche ich über mich und meinen Vater.

Es war ihr Mann Erhard, der sie damals auffing. Die beiden heirateten noch im selben Jahr, und kurz darauf gründeten sie eine

Familie. Ich erzählte von gemeinsamen Urlauben und Unternehmungen, bis ich schließlich beim Tod von Elisabeths Mann ankam. Er war ihre Lebensliebe gewesen, und sie seine. Seinen Tod hatte sie nie verwunden. Am liebsten erinnerte sie sich daran, wie er bei gutem Wetter am Flügel gesessen hatte, bei offenem Fenster, und wenn sie von der Arbeit kam und um die Straßenecke bog, dann spielte er für sie Chopin, Ravel oder Rachmaninow. Eine wunderschöne Erinnerung, die ihr niemand nehmen konnte.

Und dann, als ich mit ihrem Leben fertig war, erzählte ich von ihrem Sterben. Von der Diagnose vor zwei Jahren, und dass sie keine aufwendigen Operationen mehr wollte, »nur noch ein bisschen leben«, so gut es eben ging. Wie vor allem ihre Tochter sie dabei unterstützt hatte, und wie dankbar sie für deren Hilfe war. Und ich erzählte von einem gemeinsamen Spaziergang ans Meer, den ich mit ihr eines Nachmittags unternommen hatte – von der Palliativstation aus: »Der Musiktherapeut kam aufs Zimmer und hatte ein spezielles Instrument mitgebracht, mit dem er die Geräusche der Nordsee imitieren konnte. Wir schlossen die Augen und ließen uns drauf ein. Die Wellen tosten, und wir konnten fast die Möwen kreischen hören und den Wind auf unserer Haut spüren. Für zwanzig Minuten waren wir gefühlt nicht im Krankenhaus, eine kostbare kleine Auszeit von all den Grübeleien.

So viele Fragen gingen Elisabeth unablässig durch den Kopf. Nicht zu wissen, ob sie noch mal nach Hause käme und wie es dort weitergehen sollte mit dem Pflegedienst, mitten in der Corona-Zeit, das beschäftigte sie. Was sie selbst noch schaffen würde und was nicht mehr. Manchmal träumte sie davon, dass sie wieder jung war und als junges Mädchen über die Wiesen lief.

›Am liebsten würde ich einfach aufspringen und loslaufen‹, sagte sie einmal. Dieses Abwarten und Nichts-tun-Können, das war einfach nichts für sie.

Ob sie daran glaubte, ihre Eltern und ihren Mann wiederzusehen, fragte ich sie einmal. ›Ich würde ja gern‹, sagte sie, und dann berichtete sie mir von einem weiteren Traum. Darin war sie die Bahnhofstreppe heruntergeeilt, unten am Gleis stand ihr Mann an der offenen Waggontür und rief nach ihr. Doch sie schaffte es nicht rechtzeitig, die Türen schlossen sich. Ihr Mann stand winkend am Fenster, während der Zug fortfuhr. Sie hatte Angst, allein zu sterben. Dass niemand da sein würde, wenn es so weit ist. Wie wunderschön, dass beide Kinder an der Seite ihrer Mutter waren, als sie sich schließlich auf den Weg gemacht hat. So hatte sie es sich gewünscht.«

Als ich in der Vorbereitung der Trauerrede an die Gespräche mit Elisabeth zurückdachte, war mir aufgefallen, dass sie gar nicht viel über sich selbst erzählt hatte. Sie hatte vor allem über ihre Familie gesprochen. Voller Stolz, Dankbarkeit und Liebe. Über diejenigen, die nicht mehr auf dieser Welt waren und deren Andenken sie immer noch wie einen wertvollen Schatz bei sich trug. Und über ihre beiden Kinder, deren Partner*innen und die Enkelkinder – dass sie alle »was geworden« waren, das hatte sie beruhigt. »Und so geht das Leben immer weiter«, sagte ich einmal zu ihr, und sie stimmte mir zu. Sie wusste, dass ihr nicht mehr viel Zeit blieb, aber es tröstete sie, dass gleichzeitig so viel von ihr bleiben würde.

Schließlich schloss ich meine Rede mit den Worten: »Es gibt wohl niemanden, der alles richtig macht im Leben. Dinge im Rückblick zu bedauern oder sich zu wünschen, an der ein oder anderen Stelle anders gehandelt zu haben, das gehört zum Leben unweigerlich dazu. Das sind aber nicht die Dinge, die am Ende zählen. Um es mit den Worten von Albert Schweitzer zu sagen: *Das einzig Wichtige im Leben sind die Spuren von Liebe, die wir hinterlassen, wenn wir gehen*. Im Mai 2020, an einem sonnigen Frühlingstag, war Elisabeth rechtzeitig am Gleis. Und ich bin mir ganz sicher, dass sie an ihrer letzten Station bereits sehnlichst erwartet wurde. Ob klavierspielend von ihrem Mann oder tanzend von ihren Eltern. In jedem Fall in Liebe.«

Nachdem Elisabeths Urne in das Grab ihres Mannes hinabgelassen worden war, saßen wir noch eine Weile in einem Restaurant in Friedhofsnähe zusammen. Die Gäste sagten, sie hätten während der Rede das Gefühl gehabt, sie wären »live dabei gewesen« im Leben von Elisabeth – dazu hatte im Wesentlichen der Umstand beigetragen, dass sie selbst mir den Input gegeben hatte, nicht ahnend (oder vielleicht doch), dass ihre Gedanken auch in ihre Trauerrede miteinfließen würden. Das Schönste war jedoch, was ihre Tochter zu mir sagte: Wie sehr es sie schon beim ersten Lesen meines Briefes berührt hatte, dass ihre Mutter sich so voller Liebe an ein Leben erinnert hatte, in dem es gewiss nicht immer einfach gewesen war. Auch mit ihrem Mann, Utes Vater, hatte es lange Phasen gegeben, die sehr schwierig gewesen waren. Er hatte sich eine Karriere als Pianist erträumt, die er aufgrund einer Handverletzung infolge eines Unfalls aufgeben musste. Danach hatte er eine Zeitlang unter Depressionen gelitten, die sich natürlich auch auf das Familienleben ausgewirkt hatten.

»Ich glaube nicht, dass Ihre Mutter mir diese Dinge verschwiegen hat, weil dieser Teil ihres Lebens ihr unangenehm war«, sagte ich. »Ich glaube, er war am Ende einfach nicht mehr so wichtig.«

Für Ute war dieser Gedanke sehr tröstlich. Vom Ende her auf sein Leben zu blicken, kann die Perspektive ändern. Das heißt nicht, dass das, was schwierig gewesen ist, am Ende nicht mehr zählt – aber manchmal wiegt es vielleicht nicht mehr ganz so schwer, im Gegensatz zur Liebe. Für Elisabeths Familie war das gut zu wissen. Sie war nun zu ihrem Mann gegangen, der einst, nachdem ihr Vater starb, ihr Zuhause geworden war. Die Liebe für ihre Familie hatte sie hiergelassen.

Die Trauerrede für Elisabeth war somit der zarte Anfang meines Versuchs, nicht länger den Mantel des Schweigens über die harten Dinge des Lebens und des Sterbens zu werfen, sondern stattdessen ihre einzigartige Schönheit zu enthüllen. Die Schönheit, die unter der Erkenntnis, dass das eigene Leben sich dem Ende neigt, verborgen liegt – und zwar nur dort.

Ich musste mich aber erst mal warmlaufen und sicherer werden in der Anwendung und in der Weitergabe meiner Erkenntnisse, um in der Lage zu sein, das Konzept der Würdezentrierten Therapie mehr und mehr auszudehnen. Indem ich auch über die Dinge sprach, die laut Interviewleitfaden eigentlich nicht vorgesehen waren. Manchmal ist es gut, Konzepte zu kennen, um sie dann ganz bewusst wieder zu verwerfen. In jedem Fall hatte ich zunehmend das Gefühl, dass ich dabei war, endlich meine ganz persönliche Variante von Journalismus zu finden. Und weil das Leben im Frühjahr und Sommer 2020 nicht viel Spielraum für andere Aktivitäten ließ, nutzte ich die Zeit, in der so vieles stillstand, mich weiter als »Geschichtenpflegerin« auszuprobieren, wie eine Freundin mich kurz darauf taufte.*#Stay home*. Bleib zu Hause. Zwei kleine Worte, die in diesen Monaten allgegenwärtig zu sein schienen. Sogar auf meinem Smartphone blinkten sie mir jeden Morgen in der Netzanzeige meines Mobilfunkanbieters entgegen.

Es war der Briefumschlag aus Dublin und der *Stay-home*-Stempel der irischen Post darauf, der mich nach all den Wochen der Omnipräsenz dieser Aufforderung noch einmal nachdenklich stimmte. Eine irische Freundin hatte mir eine Geburtstagskarte geschickt, auf dem Cover ein Foto von Sandymount Bay, meinem Lieblingsplatz in Dublin. *Dort* hatte ich eigentlich meinen vierzigsten Geburtstag verbringen wollen. In meinen Zwanzigern hatte ich, wie bereits erwähnt, mehrere Jahre in Dublin gelebt, und Irland war zu meiner zweiten Heimat geworden. Trotzdem war ich irgendwann zurückgekommen, denn auch Heimweh und Fernweh sind Zwillinge, wie das Leben und der Tod. Da wo der eine ist, ist der andere nicht weit.

Viele Menschen hegen den Wunsch, endlich irgendwo »anzukommen«, ich hingegen hatte immer den Ort gesucht, von dem ich herkomme, und Irland kam der Erfüllung dieser Sehnsucht lange Zeit am nächsten. Zu meinem Geburtstag hatte ich alte Freunde besuchen wollen, am Meer entlanglaufen und mich abends im Pub mit einem gepflegten Pint daran erinnern wollen, wie ich mich als junges Mädchen in einem fremden Land zu Hause gefühlt hatte. Corona machte mir einen Strich durch meine Pläne. Dieser Stayhome-Stempel auf einem Brief, der paradoxerweise aus meiner Herzensheimat kam, er erinnerte mich daran, dass das Thema *Zuhause* schon immer eine komplexe Angelegenheit für mich gewesen war.

Mein Sohn hatte es da (noch) etwas leichter. Inzwischen war er fast sechs Jahre alt, aber für ihn war sein Zuhause immer noch mein Bauch. Vor dem Zubettgehen musste er seine Hand auf meinen Bauch legen, das gehörte für ihn dazu, und am liebsten wollte er jeden Abend mit dem Kopf auf meinem Bauch einschlafen, weil das sein altes Zuhause war. Gleichzeitig war es für ihn völlig klar, dass er aus dem Himmel kam und eines Tages dorthin zurückkehren würde. Das wiederum stand für ihn in keinerlei Widerspruch zu der Tatsache, dass er schon mehrmals gelebt hatte, und das auch nach seinem Tod wieder alles von vorne beginnen wird. Ich erfüllte den Auftrag, den ich mir als Mutter gegeben hatte, nämlich offen mit ihm über den Tod zu kommunizieren, vielleicht gar nicht mal so schlecht. Dass er so viele Varianten vom Leben vor dem Leben und dem danach parat hatte, lag vermutlich auch daran, dass wir schon oft gemeinsam darüber gestaunt haben, was alles sein *könnte.*

Im Sommer 2020, wenn Corona es zulassen sollte, würde Ennis in die Schule kommen, und ich wünschte ihm, dass er all diese wundervollen Gegensätze nicht zu schnell gegen ein vermeintlich stimmiges Wissen eintauschen müsste. Auch das ist für mich Heimweh – die Erinnerung an eine Zeit, in der das Staunen und das Wundern ein selbstverständlicher Bestandteil des Lebens waren.

Ich denke, streng genommen wird man sogar mit Heimweh geboren. In den ersten Wochen und Monaten seines Lebens saß Ennis meistens auf meinem Schoß, den Rücken auf meine angewinkelten Knie gelegt. Seine Augen wurden zu kleinen Schlitzen, wenn er lachte, und ich war total verliebt in mein kleines, frisches Baby. Doch manchmal, völlig unvermittelt, wurde sein Blick auf einmal ernst, die Augen groß, und er drehte sein Gesicht ein Stück zur Seite.

Mir war, als schaute er nach innen, als wäre hinter diesen Augen auf einmal eine Erinnerung aufgeblitzt, die ihn alles um sich herum vergessen ließ. Für ein paar Sekunden war er ganz still, als wäre er nicht hier bei mir, sondern weit weg, bis plötzlich seine Mundwinkel zuckten. Im nächsten Augenblick begann er bitterlich zu weinen. In solchen Momenten war er untröstlich, und in meiner Hilflosigkeit zog ich ihn einfach nur an mich und hielt ihn fest, bis das Weinen schließlich verstummte und er eingeschlafen war.

Auch Sterbende haben diesen Blick manchmal, aber ich habe noch nie erlebt, dass sich bei ihnen ein Weinen anschließt.

Ich glaubte nie daran, dass mein Sohn in solchen Momenten von so etwas Weltlichem wie einer Kolik heimgesucht worden war. Vielmehr hatte ich den Eindruck, dass er buchstäblich sein Heim jenseits dieser Welt suchte – den Ort, von dem aus er zu mir gekommen war, und dass er ihn in diesen kurzen Momenten noch einmal sehen konnte. Er hatte sich an etwas erinnert, das noch vor kurzer Zeit so vertraut und auf einmal nicht mehr erreichbar war.

Ich habe bereits zu Anfang dieser Geschichte darüber gesprochen, dass diese Gedanken mit Schuldgefühlen einhergingen – mein Körper war das Gefäß gewesen, das ihn über die Schwelle der Ewigkeit in die Vergänglichkeit getragen hatte. Seine Geburt hatte ihn aus seinem alten Zuhause gerissen, und sein neues Zuhause war nur eine Heimat auf Zeit. Was danach kommen würde, werde ich ihm niemals sagen können. Ich wusste, dass sein Körper neun Monate in mir zusammengebaut worden war. Was ich *nicht* wusste, war, welchen Weg seine Seele genommen hatte.

Umso erleichterter war ich darum jedes Mal, wenn er eine Weile später mit einem breiten Lächeln im Gesicht wieder aufwachte. Diese bittersüßen Momente schienen sich ein ums andere Mal im Schlaf zu verflüchtigen, und irgendwann blieben sie schließlich ganz fort.

Eine solch lebendige Erinnerung an *das große Ganze*, wie ich es nenne, mag also in den ersten Lebensmonaten bereits wieder verblassen. Das diffuse Gefühl, dass wir zeitlebens von unserem Ursprung getrennt sind, wie auch immer dieser »in Wirklichkeit« aussehen mag, bleibt jedoch – wenn auch nicht bei jedem Menschen gleich stark ausgeprägt. Es treibt uns um, und es lässt uns suchen.

Früher habe ich manchmal, in unregelmäßigen Abständen und ohne Vorwarnung – wenn ich am Schreibtisch saß und den Blick eine Weile zu lange aus dem Fenster schweifen ließ – auf einmal seufzend einen Satz ausgestoßen, der aus meinem tiefsten Innern zu kommen schien, und der mitunter von ein paar Tränen begleitet wurde: *»Ich will nach Hause.«*

Im Grunde wie mein Sohn als Baby, ein bisschen leiser und artikulierter vielleicht, aber nicht weniger wahrhaftig. Ein einsamer Gedanke Richtung Galaxie gesandt, unsicher, an wen oder was genau er sich eigentlich richtete.

Wie E.T. wollte ich dann einfach nur einmal kurz nach Hause

telefonieren, wie zur Versicherung, dass es ihn gab, diesen Ort, von dem ich nicht mehr wusste, wie er aussah.

Dass Orte oder ganze Länder, wie in meinem Fall Irland, buchstäblich nur Platzhalter für etwas Ungreifbares und zumindest auf Lebenszeit Unerreichbares waren, das ist mir heute klar. Die Frage, was das eigentlich ist, diese diffuse Sehnsucht nach Zuhause, die lässt sich nicht mit dem Verstand lösen, höchstens mit der Erinnerung, und die ist manchmal eben auch »nur« ein Gefühl. Diese Erkenntnis bedeutet aber auch, dass es keine Heilung gibt, zumindest nicht im klassischen Sinne. Wir können unsere Sehnsucht nach zu Hause nie ganz stillen, aber wir dürfen lernen, mit ihr zu leben. Und zu sterben.

Meine Reise nach Irland konnte ich im Mai 2020 also nicht antreten. Und nicht nur das, für einige Wochen waren wir in Deutschland sogar angehalten, unsere Städte nach Möglichkeit nicht zu verlassen, selbst der Zutritt nach Schleswig-Holstein, in das Land zwischen den Meeren, wo ich geboren wurde und wo mein Papa und meine Großeltern begraben liegen, blieb mir verwehrt. Dafür verbrachte ich in diesem ersten Corona-Jahr mehr und mehr Zeit auf der Palliativstation. Meine Arbeit mit Elisabeth hatte die Zweifel ausräumen können, die meine Begleitung mit Peter gesät hatte. Mein neues Angebot des Geschichtenerzählens und -bewahrens gab mir Sicherheit, denn ich konnte etwas »Altes«, mein Handwerk des Schreibens, in ein neues Umfeld integrieren. Auf diese Weise konnte ich auch meine Patient*innen und die Dinge, die sie im Sterben bewegten, noch besser kennenlernen. Ich konnte dem Tod Stück für Stück näherkommen. Und dabei hat auch das Thema Zuhause immer wieder eine große Rolle gespielt.

Da war zum Beispiel Herr B., ein ehemaliger Seemann. Erst wollte er nicht mit mir sprechen, aber ich traute mich, einfach einen Moment sitzen zu bleiben. Ich spürte, da war noch etwas. »Ich will bloß nach Hause«, begann er dann. Er war als junger Mann aus seiner bayerischen Heimat in den Norden gezogen und hatte in Hamburg als Seemann angeheuert. Über fünfzig Jahre später konnte er im wahrsten Sinne des Wortes auf die wildesten Stürme zurückblicken. Vor New York hatte er einst Schneisen ins vereiste Meer gehackt, damit sie überhaupt an Land gehen konnten, vor Baltimore hatte er in einem schweren Sturm Leichen aus dem Wasser ziehen müssen, und vor Nigeria hatte er mit seiner Crew wochenlang vor Anker gelegen, da sie keine Einlaufgenehmigung bekamen. Offensichtlich hatte das Leben auf See ihn tief geprägt, und so hatten ihn in den vergangenen Jahren weder ein Herzinfarkt noch ein Schlaganfall umbringen können. Doch nun übernahm der Krebs Stück für Stück seinen Körper. Auch das nahm er tapfer hin, verweigerte sogar die Schmerzmittel, da er nicht wollte, dass sie ihm den klaren Verstand raubten. »Man kann seinen Schmerz doch auch rausschreien«, sagte er, so als wäre es das Selbstverständlichste der Welt, »das will nur niemand hören. Da stellt sich mir die Frage, wen die Mittel eigentlich beruhigen sollten.«

Ähnlich schien das Problem seiner anstehenden Verlegung gelagert. Herr B. war bereits in einem Hospiz angemeldet, obwohl es sein größter Wunsch war, zu Hause zu sterben – in Bayern, wo sich Cousine und Nichte in seinem Heimatdorf um ihn kümmern würden. Aber die berechtigte ärztliche Sorge war, dass Herr B. die Reise nicht schaffen würde, zu weit fortgeschritten war sein Zustand. Ich dachte, dass er dann doch zumindest in dem Wissen sterben würde, auf dem Weg nach Hause gewesen zu sein, aber ich lernte, dass auch die Krankenkassen, die einen solchen Transport finanzieren müssen, in solchen Fällen ziemlich genau hinschauen.

Doch ich war mir sicher, dass Herr B. es bis nach Hause schaffen würde. Er war zäh, und er hatte nur noch diesen einen Wunsch – dass sich sein Lebenskreis in Bayern schließen durfte; daher ermutigte ich ihn, nicht lockerzulassen. Und so setzte er nicht nur seinen Kopf, sondern auch sein Herz durch und fuhr wenige Tage später mit dem Krankentransport nach Bayern, wo er sogar noch ein oder zwei Wochen lebte, bevor er auf seine letzte große Fahrt ging.

Da war auch die Begegnung mit Herrn S., der im Heim groß geworden war. Er hatte nie ein richtiges Zuhause gehabt, als Erwachsener war er durch die Gegend getingelt, hatte mal im Hafen gearbeitet und auch eine Weile als Schausteller. Richtige Freund*innen hatte er nie. Bis er vor einigen Jahren seine Lebensgefährtin kennenlernte. Eine Frau, die es im Leben wohl mindestens genauso schwer gehabt hatte wie er. Er traf sie vor einer Tagesaufenthaltsstätte für Obdachlose, sie kamen über ihren kleinen Hund ins Gespräch. Und dann fragte er sie, was er noch nie eine Frau zuvor gefragt hatte: Ob sie mit ihm einen Kaffee trinken würde.

Von da an trafen sie sich zum Spazierengehen, er zeigte ihr seine Plätze und sie ihm ihre, und dann, eines Tages, auf dem Weg zur S-Bahn-Station Reeperbahn, da fanden ihre Finger seine, und von dem Augenblick an gingen sie Hand in Hand durchs Leben. Bis jetzt.

Er machte sich Sorgen um sie, was aus ihr werden würde, wenn er nicht mehr auf sie aufpasste. Er war ein äußerst sensibler und intelligenter Mann, einer, der sein Wissen nicht in der Schule erlangt hatte, sondern sich alles in einsamen Stunden selbst angeeignet hatte. Wobei, es war weniger ein Wissen, eher ein Staunen, ein Wundern über die Welt, das heutzutage den meisten abhandengekommen war und nach dem ich so oft Heimweh hatte. Wie Ennis glaubte Herr S. zum Beispiel, dass die Sonne derjenige war, den alle Gott nannten. Unser Schöpfer. Und so, wie er es erklärte, mit diesem Glanz in den Augen, ergab es absolut Sinn.

»Sie sind der erste Mensch seit Langem, der mir wirklich zugehört hat«, sagte er, und dabei betonte er das »wirklich« in breitem Hamburgisch. »Ich hätte nicht damit gerechnet, dass mir das noch mal passiert, aber es gibt auch kurz vor Schluss noch Geschenke im Leben. Die meisten Menschen haben immer gedacht, dass ich nicht ganz dicht bin.«

Sich am Ende des Lebens, vielleicht sogar zum ersten Mal, gehört und gesehen zu fühlen, kann sich auch ein bisschen anfühlen wie ein Zuhause, das man in der Form möglicherweise nie hatte.

Kurz darauf traf ich Herrn K., der sich mir als »sehr verschlossener Mann« vorstellte. »Wie kommt man denn an den Schlüssel zu Ihrem Herzen?«, fragte ich daraufhin.

»Den hat meine Frau mitgenommen, als sie vor ein paar Jahren starb.«

»Sie müssen Sie sehr geliebt haben«, ging ich nach diesem Eigentor in die Offensive, und daraufhin entspann sich ein tiefer Austausch über die Unmöglichkeit, über den Tod der Lebensliebe hinwegzukommen.

»Das war ein schönes Von-Mensch-zu-Mensch-Gespräch«, sagte der verschlossene Herr K. zum Abschluss. Als ich ihn das nächste Mal besuchte, erzählte er mir, dass er einen Traum gehabt hatte, in dem er den Weg in die Kirche nicht gefunden hätte. Er hätte gar nicht gewusst, was er da wollte, an Gott glaube er zumindest nicht. Aber alle wären schon da gewesen, seine Frau auch, nur er fehlte noch. »Das schaffst du schon«, hatte eine Stimme dann zu ihm gesagt. Kurz darauf verstarb er – nachdem er die Tür zu seinem Herzen noch einmal ein Stück weit geöffnet hatte.

Im gleichen Sommer wurde ich auch spontan zu Herrn P. gerufen, als ich den Stationsflur entlanglief. Dr. Faust bat mich, ihm zu erklären, was ein Hospiz ist, da er demnächst in eins verlegt werden sollte. Er war um die achtzig und lebte allein, zu Hause war seine Versorgung nicht mehr sichergestellt. Während unserer Unterhaltung hörte ich heraus, dass er ein Kandidat für die Würdezentrierte Therapie sein könnte, und er willigte sofort ein. Das wäre etwas, was er seinem Sohn hinterlassen könnte. Am kommenden Tag erzählte er mir unter anderem, dass er als Kind während des Krieges mit seiner großen Schwester per Kinderlandverschickung für ein paar Jahre in Bayern auf einem Bauernhof gelandet war.

»Den lässt du nicht los«, hatte die Mutter sie auf dem Weg zum Zug ermahnt, und bis zur Endstation hatte die Schwester seine Hand festgehalten.

Er hatte auch noch einen jüngeren Bruder gehabt, den hätte er »immer am Schlafittchen« gehabt, und als der mit vierundzwanzig Jahren bei einem Autounfall starb, war es ein Riesenschock, den vor allem seine Mutter nie verwunden hatte.

Herr P. erzählte mir, wie er – geprägt durch die frühen Jahre auf dem bayerischen Bauernhof – am liebsten draußen in der Natur unterwegs war: »Irgendwo ein Zelt aufbauen oder im Wohnwagen schlafen, am Lagerfeuer sitzen und Geschichten erzählen, das war immer das Schönste für mich.«

Er war früh Vater geworden, mit neunzehn, und er hatte allen zeigen wollen, dass er reif genug dafür war.

»Dieses kleine Bündel in den Arm nehmen, ich hatte solche Angst, es kaputtzumachen«, erinnerte er sich.

»Und jetzt geht mein Sohn bald in Rente, das ist nicht zu fassen. Im Nachhinein war das schon zu früh, das Vater werden. Aber den Jungen, den lieb ich. Den habe ich immer geliebt.«

Und dann war da noch der Traumurlaub auf Maui, den er sich zu seinem fünfzigsten Geburtstag erfüllt hatte – Hawaii war sein Sehnsuchtsort, seit er mit sechzehn Jahren zufällig auf einer Veranstaltung einer Band zugehört hatte, die hawaiianische Musik gespielt hatte. »Die waren dort nicht so schamvoll erzogen wie wir, das empfand ich so, die waren so frei, ganz anders als wir hier in unserem ›dunklen‹ Europa. Dieses einfache Leben, das hat mich angesprochen, so ein Leben hätte ich auch gern gelebt.«

Als ich ihm zwei Tage später seine Mappe mit einer bunten Collage auf dem Titelbild überreichte, Bilder eines Zeltplatzes am See, vom Lagerfeuer und der Kulisse Hawaiis, sagte er etwas, das ich nie vergessen werde: »Es hat so gutgetan, über all diese Dinge zu sprechen, die einem in Dauerschleife im Kopf rumgehen. Über all die Erinnerungen, die auf einmal wiederkommen. Ich fühle mich immer *leichter.*« Er sagte auch, dass er noch einmal darüber nachgedacht habe, warum ihn Hawaii ein Leben lang so fasziniert hatte. »Vielleicht habe ich dort ja in einem früheren Leben gelebt«, meinte er.

»Und vielleicht kehren Sie ja in Ihrem nächsten Leben dahin zurück«, philosophierte ich.

»Stimmt«, sagte er nachdenklich, aber mit einem Lächeln um die Lippen, »das kann ja noch kommen.«

Zum Abschied faltete ich die Hände vor meiner Brust, er tat das Gleiche. »Aloha.«

Am nächsten Tag erhielt ich über den Hospizdienst die Nachricht, dass Herr P. am Vormittag ganz friedlich verstorben war.

Eine der Koordinatorinnen berichtete mir von der wöchentlichen Teamsitzung der Palliativstation, dass die Ärzt*innen nicht damit gerechnet hatten, dass es so schnell und so »leicht« ablaufen würde. Am Nachmittag hatte Herr P. bei der Visite noch ganz stolz seine Mappe gezeigt, und auch Dr. Faust hatte das Gefühl gehabt, er hätte dadurch leichter loslassen können. Dadurch, dass er mit mir noch mal sein Leben aufarbeiten und buchstäblich noch etwas »loswerden« konnte. Das Ergebnis danach in der Hand zu halten, das Gewicht seines Lebens auf einmal federleicht, es schien einen Unterschied in seinem Sterbeprozess gemacht zu haben. Wie wunderschön, dachte ich. Herr H. muss nicht mehr ins Hospiz. Er war auf dem Weg nach Hawaii. Nach Hause.

Frau I. erzählte mir von ihrer wunderschönen Kindheit im Libanon. Dort war sie Anfang der sechziger Jahre geboren worden, ihr Vater war Libanese, die Mutter Deutsche. Sie wuchs in Beirut, dem »Paris des Nahen Ostens« auf. »Das waren idyllische und friedliche Jahre», berichtete sie, bis 1975 der Bürgerkrieg ausbrach und alles zu zerstören drohte. Frau I. floh mit ihrer Familie zu ihren deutschen Verwandten nach Deutschland, in eine fremde Kultur und in eine neue Sprache. Mit ihrem Vater, der ihr die Liebe zur Philosophie und zur Literatur vererbte, hatte sie immer Arabisch und Französisch gesprochen – am liebsten Französisch, in der Sprache fühlte sie sich zu Hause. Die folgenden Jahre waren geprägt von der Zerrissenheit zwischen der alten und der neuen Heimat. Schließlich entschied sie sich für ein Leben hier, aber ihr Herz blieb unentschieden. Ein Umstand, der sich auch in psychischen Erkrankungen manifestierte, die es ihr immer wieder unmöglich machten, auch beruflich irgendwo anzukommen. Männer blieben immer nur kurz in ihrem Leben, sagte sie, die Beziehungen wechselten, die Krankheit blieb. Und dann war noch der Tumor hinzugekommen. Ich fühlte mit dieser feinsinnigen und eloquenten Frau, sah die Trauer in ihren großen Augen über das, was nicht mehr möglich war, aber vor allem spürte ich die Liebe für den Libanon und für ihren verstorbenen Vater. »Vaterland« traf es in ihrem Falle wirklich.

»Sie sind eine tolle Frau«, sagte ich zum Schluss unseres Gesprächs. »Es tut mir leid, dass Sie es so schwer hatten im Leben.« Trauer braucht Zeugen, das wusste ich inzwischen. »Was soll ich sagen?«, antwortete sie, ein warmes Lächeln im Gesicht, »C'est la vie.«

Am darauffolgenden Tag kam ihre Schwester zu Besuch, mit der sie die gemeinsamen Erinnerungen an Beirut verband. Am Tag danach setzte der Sterbeprozess ein.

Im Spätsommer lernte ich »Toni« kennen, die eigentlich Antonia hieß. Sie litt unter einer fortschreitenden Herzinsuffizienz, eine häufige Todesursache bei sehr alten Menschen. Toni war einundneunzig Jahre alt und mehr oder minder allein. Ihre direkten Nachbarn hatten sich in den letzten Jahren gut um sie gekümmert, vor einem Besuch auf der Palliativstation war der Respekt allerdings zu groß. Ein Neffe kümmerte sich aus der Ferne um alles Bürokratische, aber sonst gab es niemanden. Toni war in Tschechien aufgewachsen, jedoch als Sudetendeutsche mit ihrer Familie am Ende des Zweiten Weltkrieges aus ihrer Heimat vertrieben worden.

»Ich hatte keine schöne Kindheit«, erzählte sie mir, »überall rollten die Panzer. Meine Zuflucht waren die Märchen.«

Sie berichtete, wie sie als kleines Mädchen auf einem weißen Stuhl gesessen und immerzu gelesen hätte. An den Fenstern wären Gitter gewesen, das wusste sie noch, aber nicht mehr, warum.

»Vielleicht, damit keiner reinkommen konnte?«, mutmaßte ich.

»Oder keiner raus«, sagte sie leise, und ich sollte mich noch ärgern, dass ich nicht weiter nachgefragt hatte.

Toni erzählte mir nicht viel aus ihrem Leben, beziehungsweise nicht aus jenem, das sie gelebt hatte, sondern aus denen, in die sie sich immer wieder hineingeträumt hatte: Jahrzehntelang hatte sie sich mit den amerikanischen Ureinwohner*innen beschäftigt: »Sie waren die besseren Menschen für mich.«

Sie empfahl mir in diesem Zusammengang den rätselhaften Schriftsteller B. Traven, dessen Identität nie vollends geklärt wurde. Seine sozialkritischen Abenteuer spielten vorwiegend in der Welt der Ureinwohner Südamerikas, eine Welt, in die auch Toni immer wieder eingetaucht war. Aber auch das Ballett faszinierte sie und die Kunst des japanischen Tanztheaters *Butoh*, zu Deutsch der »Tanz der Finsternis«, seit sie als junges Mädchen die Aufführung eines Japaners gesehen hatte, der mit seinem Körper »das Wasser getanzt« hatte. Sie selbst habe ihr Leben lang aber nur »mit den Augen« getanzt.

Sie liebte auch die *Turangalila*-Symphonie des französischen Komponisten Olivier Messiaen, vor allem den darin enthaltenen *Sternengesang* und das Stück *Garten der Liebe*. Sie kannte alle Märchen von Hans Christian Andersen, *Die kleine Meerjungfrau* hatte es ihr besonders angetan.

»Dieser Verzicht«, sagte sie – »dieser Verzicht«, betonte sie noch einmal –, den die kleine Meerjungfrau in Kauf genommen hatte, der beeindruckte sie noch immer.

Ich fragte Toni, was das Schönste in ihrem Leben gewesen war.

»Ich weiß nur, was das Schlimmste ist«, antwortete sie. »Die Erkenntnis, *hier* angekommen zu sein.«

Samuel, ein angehender Arzt im Medizinstudium, machte damals sein obligatorisches Pflegepraktikum auf der Station. Als er zu uns ins Zimmer kam, um Toni ihre Medikamente zu bringen, nahm sie seine Hand und sagte: »Weißt du, Samuel, merk dir eins für deinen weiteren Weg als Arzt. Manchmal braucht ein Mensch bloß Trost und kein Pflaster.«

An ihrem letzten Lebenstag besuchte ich Toni noch einmal im Hospiz. Ihre Augen waren geschlossen, ihr Atem ging schwer. Das Wasser in der Lunge stieg.

»Die letzten zwei Tage waren hart für uns alle«, berichtete der Pfleger. »Sie hat viel geschrien, war richtig psychotisch. Sie hat immer wieder gerufen: ›Ich bin eingesperrt!‹ Über Stunden hat jemand bei ihr sitzen müssen.«

Ich schluckte. Auf einmal erinnerte ich mich an diesen Satz, dem ich keine weitere Bedeutung beigemessen hatte: »Ich habe auf einem weißen Stuhl gesessen und gelesen. An den Fenstern waren Gitter.«

Und dann setzte ich mich zu Toni ans Bett und erzählte ihr noch einmal das Märchen der kleinen Meerjungfrau, so gut ich es eben erinnerte.

»Die Meerjungfrau nahm das Messer und ging zum Bett des Prinzen. Sie brachte es jedoch nicht fertig, ihn zu töten, und sprang zurück ins Meer. Anders als die Meerhexe vorausgesagt hatte, starb sie aber nicht. Sie löste sich in Schaum auf und verwandelte sich in einen Luftgeist. Die Meerjungfrau war unsterblich geworden, weil sie eine gute Tat begangen hatte.«

Als ich zum Ende gekommen war, war auch Tonis Atem ruhiger geworden. Ich hatte das Gefühl, dass ich gehen musste, damit sie auch gehen konnte. Bei unserer allerersten Begegnung hatte sie mir von einem ganz besonderen Traum erzählt, nachdem ihr die Federn an meinen Ohrringen aufgefallen waren, die ich an dem Tag getragen hatte:

Eine *Native American* mit langem schwarzem Haar, darin waren bunte Perlen eingeflochten, hatte vor ihr gestanden. Das Sonderbare war, dass sie die schwarzen Schuhe angehabt hatte, die Toni in ihrer Kindheit in den Dreißigerjahren getragen hatte. »Ich wollte mich mal in deinem Leben umsehen«, hatte die Fremde gesagt. Als ich aufstand und Tonis Hand losließ, stellte ich mir vor, dass die geheimnisvolle Frau sie stattdessen nahm und mit ihr nach Hause ging. Toni starb nur wenige Minuten, nachdem ich das Zimmer verlassen hatte.

Frau A. war die letzte Dame, die ich ehrenamtlich besuchte, bevor ich dank des Engagements von Dr. Faust eine Stelle als bezahlte Honorarkraft erhielt und somit offiziell Teil des Teams der Palliativstation wurde. Sie war eine Dame in ihren späten Siebzigern, die sinnbildlich einen Rucksack für ihre Enkel packen wollte. »Ein Rucksack voll mit Lehren« haben wir ihr Dokument genannt, mit dem sie ihre Enkel an die Entbehrungen der Nachkriegsjahre erinnern und vor allem dafür sorgen wollte, dass die Lebensleistungen ihrer Eltern und Großeltern nicht in Vergessenheit gerieten. Sie erzählte mir, dass sie sich lange gesträubt hatte, sich auf die Palliativstation einweisen zu lassen.

»Aber es war doch die richtige Entscheidung«, sagte sie am Ende unseres Gesprächs. »Da müssen ein paar gute Geister um mich herum gewesen sein, als ich schließlich eingewilligt habe.«

»Das kann ich mir gut vorstellen«, antwortete ich. »Wer so voller Liebe und Wertschätzung über diejenigen spricht, die schon gestorben sind, wer seine Toten so vorbildlich trägt, im wahrsten Sinne des Wortes, der wird auch von ihnen getragen.«

Wenn mir Menschen aus dem Krieg erzählen, dann muss ich jedes Mal auch an meine eigenen Großeltern denken. Mein Opa stammt aus Masuren, einem wunderschönen Fleckchen Erde im heutigen Ostpolen, von dem er und seine Mutter zum Ende des Zweiten Weltkriegs flüchten mussten. Eine Reise, die sie schließlich nach Schleswig-Holstein führte. Mein Großvater hat seine Heimat, das sogenannte »Land der tausend Seen«, sein Leben lang nicht wiedergesehen. Genau wie sein leiblicher Vater, der einst auf der Suche nach einem vermeintlich besseren Leben in den dunklen Bergwerken des Ruhrgebiets verschwand. Die meisten von uns, je nachdem wie alt wir sind, werden Eltern, Großeltern oder Urgroßeltern haben, die ihr weltliches Zuhause zurücklassen mussten und aus den unterschiedlichsten Gründen nie mehr dorthin zurückgekehrt sind.

In *Die Wise* schreibt Jenkinson in sehr bemerkenswerter Art und Weise darüber, was dieser Umstand und unsere damit mehr oder minder unbewusste Sehnsucht nach zu Hause mit unserer Angst vor dem Tod zu tun haben. Für ihn hängen Sterben und der Instinkt für ein Zuhause miteinander zusammen. Auch sie sind Zwillinge. »Wenn du losgehst, um ein Zuhause zu suchen, dann liegt der Tod auf der Fußmatte«, schreibt er.

Vielen Menschen, schreibt er sinngemäß, würde es heutzutage so gehen wie mir: Sie fühlen sich, als kämen sie nirgendwoher. In diesem Zusammenhang bringt er noch einmal das Thema »Initiation« ins Spiel: Eine »Jugend ohne Weihe«, ohne Lehrer*innen für Trauer und Sorgen, sei ihr eigenes »Nirgendwo«. Darüber habe ich viel nachgedacht, was mich selbst, aber natürlich auch, was meine Arbeit angeht. Wer oder was gibt einem das Gefühl, von »irgendwo« herzukommen?

Meiner Erfahrung nach kann sich die Sehnsucht nach zu Hause ganz unterschiedlich ausdrücken: in einem Seufzer Richtung Unendlichkeit, in der Erinnerung an einen »echten« Ort, in Gedanken an einen Menschen, tot oder lebendig, den man über alles liebt, oder in dem Gefühl, sich gesehen und gehört zu fühlen. Im Klang der Muttersprache oder, wie für mich ganz persönlich, im Salzgeruch an der Nordseeküste.

In jedem Fall wird diese Sehnsucht, irgendwo herzukommen, noch einmal sehr deutlich, wenn es ans Sterben geht – und darum, unser Zuhause auf Zeit auf einem guten Weg wieder zu verlassen. Sterben ist nicht wie irgendetwas, was wir schon einmal gemacht haben. Wir können auf keinen Erfahrungsschatz an ähnlichen Herausforderungen zurückgreifen, und das macht viele Menschen unsicher und hilflos. Ich glaube, auch deswegen verschweigen und verdrängen wir so viel – wie *das* geht, wissen wir oft nur zu gut. Mir scheint, im Sterben fehlt uns eine Art Struktur, wie wir sie im Leben oft haben und an der wir uns festhalten und entlanghangeln können. Der Tod aber ist ein strukturloser »Raum«. Es gibt auch keine eindeutige »Karte«, von der wir ablesen können, wie wir auf dem besten Wege dorthin gelangen. Damit aber das »nach Hause« Gehen mehr als eine schöne Metapher aus der Traueranzeige sein darf, kann es vielleicht hilfreich sein, sich noch einmal auf Erden für einen kostbaren Augenblick zu Hause zu fühlen, damit man sich bei seinem »Heimgang« nicht zu sehr verirrt. Indem man über seine Gedanken, seine Erinnerungen und vor allem seine Gefühle spricht, können im wahrsten Sinne des Wortes verschlossene Türen aufgestoßen werden.

In dem Moment können aus Sterbenden auch die viel zitierten Lehrer werden. Ich mag den Ausspruch, dass man »von Sterbenden lernen kann» eigentlich nicht, weil er in den seltensten Fällen aufs Sterben abzielt, sondern aufs Leben. Wir wollen immer nur »fürs Leben« lernen, warum bloß so selten fürs Sterben? Wenn ein sterbender Mensch jedoch seine Sehnsucht nach Zuhause mit uns teilt, sie vielleicht sogar schriftlich hinterlässt, wie es viele meiner Patient*innen getan haben, dann können sie einem geliebten Menschen ein Wegweiser sein – für deren Leben und für deren Tod. Dann können Sterbende zu Menschen werden, die anderen helfen, sich ein bisschen mehr zu Hause zu fühlen, und zwar dort, wo sie gerade sind.

Vielleicht ist es mir gelungen, den Menschen, von denen ich in diesem Kapitel erzählt habe, ein Stück Zuhause wiederzugeben, in einer Zeit, in der sie glaubten, dass es bereits außer Sichtweite geraten war. Wenn jemand stirbt, geht er nicht »voraus«, sondern zurück zu denen, die einmal sein Zuhause waren, und von denen wir doch viel zu häufig sagen, wir hätten sie »verloren«. Im Übrigen auch ein Beispiel dafür, wie der Verlust von Zuhause sich sogar in unseren Sprachgebrauch eingeschlichen hat – immer dann, wenn wir von den wichtigen Menschen in unserem Leben sprechen, die gestorben sind. Ich sage inzwischen nicht mehr, »Ich habe meinen Vater verloren«, als wäre er ein Schlüssel, auf den ich nicht gut aufgepasst habe. Verlieren ist kein Synonym fürs Sterben. Das eine ist, was die sterbende Person tut, das andere ist, was wir mit ihnen machen. Aber warum sagen wir das überhaupt? Warum »verlieren wir unsere Toten«?

Für Stephen Jenkinson liegt die Antwort darauf in der Geschichte unserer Kultur, in unserer ererbten Heimatlosigkeit und in der Heimatlosigkeit unserer Ahnen. Er spricht in seinem Buch von Nordamerika, aber Flucht und Vertreibung haben wir natürlich auch in Europa zuhauf erlebt. Jenkinson schreibt sinngemäß: »Wir sind die Erben ihrer Flucht und der Heimatlosigkeit, die sie mit sich gebracht haben. [...] Sie besucht uns jedes Mal, wenn wir anfangen, über die Toten nur in der Vergangenheit zu sprechen. [...] Unsere Angst vor dem Sterben kommt daher, und sie war schon in der Welt, bevor wir da waren. Sie wurde jedes Mal heraufbeschworen, wenn die, von denen wir abstammen, rennen mussten, wenn sie ihre Fähigkeit, zu Hause zu sein, hinter sich lassen mussten.«

Vielleicht kann es uns ein wenig helfen zu wissen, dass es nicht nur unser ganz persönliches Heimweh ist, das uns durch unser Leben hindurchbegleitet wie ein treuer Gefährte, sondern dass es vielmehr ein verbindender und weltumspannender Schmerz ist. Es ist ein Gefühl, das schon die kannten, die vor uns geboren wurden, und das auch wir an die weitergeben werden, die kommen werden, noch lange nachdem wir selbst (ganz) nach Hause zurückgekehrt sind. Aber es ist möglich, sich genau darüber miteinander zu verbinden.

7

Jenseits der Hoffnung

»Mama, weißt du was, wenn wir nicht ganz schnell auf Elektrostrom umstellen, dann ist die Erde in dreißig Jahren ein Feuerball.« (Ich weiß nicht, ob dieser Satz so stimmt, muss ich gestehen, aber irgendjemand muss ihn Ennis gesteckt haben.) »Dann bin ich erst siebenunddreißig«, rechnete er nach, »und dann schaffe ich meinen Forscher gar nicht mehr.«

Er klang dabei weder traurig noch resigniert – einfach feststellend. Eigentlich wollte Ennis erst Profifußballer und dann Forscher werden, aber nun wurde ihm klar, dass die Zeit für beides zu knapp werden könnte.

»Vielleicht konzentrierst du dich auf den Forscher und spielst Fußball nur zum Spaß«, antwortete ich. »Die Erde braucht kluge Menschen, die ihr helfen wollen und können. Fußball kann da nicht viel ausrichten.«

Es war mein mittelmäßiger Versuch, ihm die völlig berechtigte Unsicherheit zu lassen, aber eben auch ein bisschen Rest-Hoffnung, obwohl er gar nicht darum gebeten hatte.

Dieser kleine Austausch fand im Dezember 2021 statt, das Jahr lag gerade im Sterben und die Erde tat es schon lange. Die vierte Welle der Pandemie schwappte in diesen Wochen über uns hinweg, mittlerweile stand Deutschland mit den Infektionszahlen im internationalen Ranking an zweiter Stelle – hinter den USA. Und genau von dort kam in diesen Tagen eine Schlagzeile herübergeweht, die indirekt auch etwas mit Ennis' düsterem Zukunftsszenario und seinen damit verbundenen Berufsplänen zu tun hatte.

Amazon-Gründer Jeff Bezos, der auch ein eigenes Raumfahrtunternehmen besitzt, träumte nämlich von der Evakuierung der Erde. Auf dem »Ignatius Forum« – einer Art Weltall-Konferenz – entwarf er deshalb einen utopisch anmutenden Lösungsansatz für die immer größer werdenden Probleme, die mit der wachsenden Anzahl von Menschen auf unserem Planeten einhergehen: Ressourcenknappheit, steigende Temperaturen und menschengemachte Naturkatastrophen, wie die zerstörerischen Unwetter im Westen Deutschlands im Sommer 2021. Stephen Hawking, einer der berühmtesten Forscher der Welt, hatte schon 2017 gemahnt, dass die Menschheit nur noch hundert Jahre auf der Erde werde überleben können, und dass man darum andere Himmelskörper besiedeln müsse, zum Beispiel den Mars.

Ein gutes Jahr nach seinen düsteren Prognosen starb Hawking. Bei ihm war 1963 als junger Mann Amyotrophe Lateralskelrose (ALS) diagnostiziert wurden – eine tödlich verlaufende Erkrankung des zentralen Nervensystems, das nach und nach alle Muskeln lähmt, während das Bewusstsein intakt bleibt. Ennis hat mich einmal gefragt, welche Krankheit ich für die schlimmste halte, und da habe ich ihm von ALS erzählt. Ich hatte eine Patientin begleitet, die an ALS litt und kurz darauf auch daran starb – mit Mitte vierzig. Auch Hawking hatte man damals eine geringe Lebenserwartung diagnostiziert. Stattdessen lebte er noch unglaubliche fünfundfünfzig Jahre nach der Diagnose, mit der Hilfe eines Hightech-Rollstuhls und eines Sprachcomputers, durch den er uns seine Erkenntnisse mitteilen konnte. Uns wären also all seine Theorien zu Raum und Zeit verborgen geblieben, hätte seine Seele nicht viel länger als prophezeit in einem nahezu vollständig gelähmten Körper durchgehalten. Der Körper, der, kaputt, wie er sein mochte, eben doch ihr Zuhause war. So manche Seele hält an ihrem zerbrochenen Gefäß fest, so lange wie möglich. Ich habe es bei meinem Vater gesehen.

Aber zurück zu Bezos. Wie für Hawking gibt es also auch für ihn auf lange Sicht nur eine Lösung: Die Menschheit muss ins All auswandern.

»In den nächsten Jahrhunderten werden immer mehr Menschen, vielleicht die meisten Menschen, im All geboren werden, das wird ihre Heimat sein«, erklärte er. Er sprach von kilometerlangen Röhren, die durch Drehung künstliche Schwerkraft schaffen und Flüsse, Wälder und wild lebende Tiere beinhalten würden. Und Menschen eine Heimat im All bieten könnten.

»Millionen von Menschen werden ins All auswandern«, glaubt er, »und deren Nachkommen dann über Jahrhunderte den Großteil der Menschen bilden. Sie werden die Erde besuchen wie den Yellowstone Nationalpark.«

Natürlich sind das Visionen, die Jeff Bezos da umtreiben, und mir fehlen sämtliche Astrophysik-Basics, um mir die Zukunft der Menschheit im All auch nur im Ansatz vorstellen zu können. Aber auch so mancher Weltraumexperte äußert extreme Zweifel an Bezos' Plänen. Auf der anderen Seite haben die Menschen schon so viele Dinge hervorgebracht, die zu gewissen Zeiten schier unglaublich schienen. An dieser Stelle soll es aber natürlich nicht um die Machbarkeit von Auswanderungsplänen ins All gehen, sondern um die Haltung, die dahintersteht.

Ich bin sehr zwiegespalten, wenn ich über Bezos' Träumereien nachdenke. Da ist ein Teil, der so etwas wie Hoffnung aufkeimen spürt, dass es eine Zukunft für meine Spezies gibt, weit über die nächsten hundert Jahre hinaus. Nicht nur für mein Kind und sein Kind, und für dessen Kinder, wenn es sie denn gibt, sondern auch für meine Ur-ur-ur-enkel*innen. Sie würden dann zwar auf dem

Mars oder sonst wo zur Welt kommen und weder wissen, wo ich beerdigt bin, noch in der Lage sein, mein Grab zu besuchen, wie Jenkinson den Idealzustand eines Volkes, das sich zu Hause fühlt, beschreibt. Aber, hey, davon sind wir doch jetzt schon Lichtjahre entfernt, um im Thema zu bleiben. Also irgendwie ist da auch so ein leises Aufbruchgefühl, dass wir als Menschheit doch noch mal die Chance bekommen, es auf einem anderen Planeten besser zu machen, während sich die Erde in unserer Abwesenheit erholen und wieder zu dem Paradies werden kann, das sie ohne uns ist. Der Himmel auf Erden, sozusagen, aus dem wir uns mit einer unglaublichen Portion Dummheit und Ignoranz sehenden Auges herauskatapultiert haben.

Und das ist der andere Teil, den ich fühle. Direkt neben der Hoffnung steht eine große Hoffnungslosigkeit. Wir denken – je nachdem, wen man fragt – mehr oder minder ernsthaft darüber nach, uns im Weltall auszubreiten, und daran, andere Planeten zu besiedeln. Das heißt, wir geben unsere Erde tatsächlich auf. Den Ort, an dem wir geboren wurden – wir lassen ihn für immer hinter uns. Wir haben ihn ausgebeutet, bis er uns nicht mehr geben konnte, was wir fürs Überleben brauchen.

Für Bezos und für Hawking ist die naheliegendste Antwort: Ab ins All! Wir brauchen »nur« die richtige Technik, dann kriegen wir, was wir uns wünschen: mehr Zeit. Nur eben woanders. Ist die Erde hoffnungslos verloren und das Weltall wirklich die letzte Hoffnung?

Wie gesagt, ich bin geteilter Meinung, und vielleicht liegt die Antwort genau dort – im Zwiespalt. Was, wenn wir aufhören, uns ein neues Zuhause zu suchen, und stattdessen akzeptieren, dass wir nur eines haben? Und gleichzeitig damit leben lernen, dass wir es zwangsläufig verlieren werden? (Und in diesem Zusammenhang passt die Sprache des Verlusts tatsächlich, denn wir haben als Menschheit nicht gut auf unsere Erde aufgepasst.) Ebenso, wie wir lernen müssen, dass wir nur einen Körper haben, der unweigerlich verfällt?

Georg lernte ich im Februar 2021 kennen. Er war auf die Palliativstation gekommen, nur wenige Tage, nachdem ihm etwas sehr Seltsames passiert war – er war aus dem Hospiz entlassen wurden. Und zwar nicht, weil er sich schlecht benommen hatte. Nein, ganze sechs Monate hatte er dort verbracht, aber er war einfach nicht gestorben.

»Ich hatte schon Sorge gehabt, dass es dazu kommt«, verriet er mir bei unserem ersten Treffen. »Man bekommt ja mit, wie lange die anderen so da sind, und wie es denen so geht. Und dann stirbt da einer nach dem anderen, nur man selbst nicht. Irgendwann haben sie mich dann zum Gespräch gebeten.«

»Puh«, sagte ich, »das stelle ich mir schwierig vor. Also – «, ich suchte nach den richtigen Worten, aber Georg kam mir zuvor: »Das ist ja keine Entscheidung, die man leichtfertig trifft, in ein Hospiz zu gehen. Dann wieder auszuziehen, das ist, als hätte man sich entschieden, eine Theatervorstellung zu besuchen, und dann fällt der Vorhang vor dem eigentlichen Ende.«

Ich hatte davon gehört, dass es immer wieder mal vorkommt, dass Menschen aus dem Hospiz zurück nach Hause entlassen werden. Selten, aber es kommt vor. Das heißt nicht, dass die Menschen dann wieder gesund sind – nur eben zu gesund, um noch länger ein Bett zu belegen, das jemand anderes vermeintlich nötiger gebrauchen könnte. Ich weiß nicht, was die Gründe für so ein außerplanmäßiges Weiterleben sind, und sicher sind diese auch individuell verschieden – Fehleinschätzungen der einweisenden Ärzt*innen, unvorhersehbare Krankheitsverläufe oder die gute Pflege, die einem im Hospiz zuteilwird, und die das Leben in wenigen Ausnahmefällen noch einmal auf unbestimmte Zeit verlängern kann. Manche Menschen bekommen im Hospiz die Aufmerksamkeit, die sie ihr Leben lang nicht erfahren haben. Vielleicht gibt es mitunter aber auch noch etwas Unerledigtes, das noch einmal eine »Ehrenrunde« erfordert.

Ich glaube, es gab da tatsächlich etwas Unbearbeitetes in Georgs Leben, das uns beide auf den letzten Metern zusammengeführt hatte. Die ganze Situation war wirklich eigentümlich. Georg war erst wenige Tage wieder in seiner alten Wohnung gewesen, die er glücklicherweise noch nicht aufgegeben hatte, doch dann war er zusammengebrochen, kam zu uns in Krankenhaus und konnte seitdem nicht mehr laufen. Ein Tumor drückte aufs Rückenmark und hatte zu einer Querschnittslähmung geführt. Georg konnte sich hüftabwärts nicht mehr selbstständig bewegen, sein Zimmer im Hospiz war aber längst schon anderweitig vergeben, und nun war die große Frage, wie es weitergehen sollte. Nach Hause zurück konnte er in dem hilflosen Zustand nicht mehr. Seine Frau war schon seit fast zehn Jahren tot, das Verhältnis zur Stieftochter ein bisschen kompliziert. Der Enkel lebte mit seiner Familie in Italien, gerade war seine Frau mit dem dritten Mädchen schwanger, doch Georg würde es vermutlich nicht mehr kennenlernen.

Von daher schienen die Dinge eigentlich klar – ein neues Hospiz musste her. Für Georg war die Sachlage jedoch weniger eindeutig, und ich konnte ihn gut verstehen. Man wird doch nicht einfach aus dem Hospiz »geworfen«, nachdem man nicht nach Plan gestorben war, bloß um wenige Tage später wieder in ein anderes eingewiesen zu werden?

Er sträubte sich, sich wieder dem Sterben zu widmen, nachdem er offenkundig nicht so richtig gut darin war.

Georg war um die achtzig, ein ehemaliger Luftfahrtingenieur mit einem ausgeprägten technischen Sachverstand. Er begann, einen eigenen Plan auszuklügeln, wie er ein Stück Autonomie und die damit verbundene Hoffnung auf noch ein bisschen mehr Leben in den eigenen vier Wänden zurückgewinnen konnte. Er fertigte präzise Bleistiftzeichnungen an, wie man dem angeblich inoperablen Tumor im Rücken doch noch beikommen könnte – zwar nicht vollständig, aber auf eine Art und Weise, die ihm das Laufen wieder ermöglichen würde. Er wollte seine Autonomie zurück. Und die Kontrolle.

Bei den Ärzt*innen jedoch kamen seine Pläne nicht so gut an, und auch nach Rücksprache mit erfahrenen Chirurg*innen auf diesem Gebiet änderte sich daran nichts. Die OP, die Georg anstrebte, war nämlich nicht nur äußerst kompliziert, sondern auch gefährlich – die Chancen standen fünfzig-fünfzig, dass er auf dem OP-Tisch verbluten würde. Für einen achtzigjährigen Mann mit einer unheilbaren Grunderkrankung ein vielleicht gar nicht mal *so* schlechtes Kartenblatt, könnte man meinen. Hinzu kam jedoch, dass die Erfolgschancen, dass sein Zustand sich durch die OP verbessern würde, deutlich unter fünfzig Prozent lagen – wie gesagt, wenn er sie denn überhaupt überlebte. Es war verzwickt. Die Diskussionen während der Visite wurden langwieriger und unproduktiver, und die Stimmung verhärtete sich. Vielleicht war es an der Zeit, mal etwas anderes zu machen. Mal Luft zu holen, und eine Pause zu machen von all dem medizinischen Zeugs. Ich schlug Georg daher vor, mithilfe der Würdezentrierten Therapie eine Schrift für den Enkel und die Urenkelinnen zu erstellen. Einige Gedanken und Erinnerungen aus seinem Leben festzuhalten, gerade weil er die Jüngsten sehr wahrscheinlich nicht mehr wiedersehen beziehungsweise gar nicht erst kennenlernen würde – ich wollte ihm die Möglichkeit geben, in seinen eigenen Worten erinnert zu werden.

Die Vorstellung gefiel ihm. Er hatte bereits vor seiner Einweisung ins Hospiz mit der Pastorin gesprochen, die wahrscheinlich seine Trauerrede halten würde, erzählte er mir.

»Ich wollte weder, dass eine Pastorin auf meiner Trauerfeier steht, die ich nicht kenne, noch wollte ich, dass die Menschen, die dasitzen, mich genauso wenig kennen«, sagte er. »Aber der eine erzählt dann etwas über einen anderen, den er nicht kennt, und diejenigen, die da zuhören, die kennen den aber auch nicht, und dann fragt man sich: Auf welcher Veranstaltung befinde ich mich hier? Deshalb habe ich mir das Lied *I did it my way* von Frank Sinatra und eine Referenz zu dem Film *Jenseits von Afrika* gewünscht. Über beides kann man lange nachdenken, unabhängig davon, wie man sich den Menschen, um den es geht, so ›hingebastelt‹ hat. Denn die Lebensgeschichten dieser beiden Menschen, von denen *Jenseits von Afrika* erzählt, passen in gewisser Weise auch zu meiner – egal, ob man den Mann oder die Frau nimmt.«

Ich hatte natürlich schon von dem Film gehört, gesehen hatte ich ihn aber noch nie. Georg und ich verabredeten, dass ich in zwei Tagen wiederkäme, um mit ihm das Gespräch über sein Leben zu führen, und noch am selben Abend kaufte ich mir *Jenseits von Afrika* im Internet, sozusagen zur Vorbereitung. Ich war neugierig, was dieser Film mit Georg, seiner Entlassung aus dem Hospiz, aber auch mit mir und unserer Begegnung zu tun haben könnte.

Als ich am Sonntagvormittag zu Georg ging, war ich immer noch bewegt von *Jenseits von Afrika*. Der Film basiert sogar auf einer wahren Geschichte – es geht um das Leben der dänischen Autorin Karen Blixen, die als junge Frau aus der Enge ihrer Familie flieht und versucht, sich in Ostafrika eine unabhängige Existenz aufzubauen. Gleichzeitig beschreibt der Film sehr bildhaft den Umgang der Kolonisten mit den Indigenen und die grenzenlose Arroganz, mit der sie ein ganzes Volk unterdrückt haben. Es ist aber auch die

Liebesgeschichte zwischen Karen und dem englischen Großwildjäger Denys Finch Hatton – zweier Menschen, die unterschiedlicher nicht sein könnten, sich vielleicht genau deswegen ineinander verlieben und genau deswegen aneinander scheitern.

»Ich würde unser Gespräch gern mit einer Szene aus *Jenseits von Afrika* beginnen«, sagte ich zu Georg, und er nickte einverstanden. Es war schließlich sein Lieblingsfilm. Die Szene, um die es gehen sollte, hatte ich mir dreimal angeschaut, um den genauen Wortlaut festzuhalten, aber auch, weil sie so unfassbar traurig und schön gleichzeitig war.

»Gegen Ende des Films sitzt Karen Blixen in ihrem leer geräumten Farmhaus, kurz vor ihrer alternativlosen Rückreise nach Dänemark. Sie würde nie wieder zurück nach Kenia kommen. In das Land, in dem sie viele Jahre so glücklich war, an den Ort, an dem sie ihre große Liebe kennengelernt hatte. Als Denys Finch Hatton ins Zimmer kommt und sie ihn zum letzten Mal sieht, kurz bevor er bei einem Flugzeugabsturz ums Leben kommen wird, erzählt sie ihm, dass sie sich etwas angewöhnt hat, in letzter Zeit. Immer dann, wenn sie nicht mehr weiterkann, macht sie es noch schlimmer und erinnert sich an vergangene Augenblicke, die besonders schön waren. Sie zwingt sich zum Beispiel, daran zu denken, wie Denys sie zum ersten Mal mit dem Flugzeug mitgenommen hat, und wie sie von oben die atemberaubende Natur und die Tierwelt Kenias bestaunt haben. Und wenn sie sicher ist, dass sie es nicht mehr aushalten kann, dann macht sie noch einen Moment weiter.«

Ich schwieg einen Moment, bevor ich meine Einstiegsfrage formulierte: »Und deswegen wollte ich Sie fragen, welche Momente es in Ihrem Leben gibt, in denen Sie sich besonders lebendig gefühlt haben?«

Georg ging nicht direkt auf meine Frage ein, sondern nahm das Motiv der Filmfigur Karen Blixen noch einmal auf.

»Wenn man das symbolisch betrachtet, dann habe ich in meinem Leben oft leer geräumte Zimmer vorgefunden. Ich habe sie wieder füllen müssen, nicht nur mit Leben, sondern auch substanziell. Ich musste sie wieder möblieren, abgestimmt und zugeschnitten auf die neue Situation. Das ist mir oft passiert, und meistens habe ich mich darauf gefreut, weil ich dadurch dem Alltäglichen entfliehen konnte. Ich habe immer einen dicken roten Faden gehabt, was meinen Beruf anbelangt, aber es gab viele kleine Verästelungen nach rechts und links. Dieser dicke rote Faden mit den Verästelungen ist wie ein Baum. Wenn man sich diesen Baum vorstellt, dann habe ich in manche Verästelungen, wenn sie stark waren – und das beziehe ich auf Bindung, also wenn die Bindung stark genug war –, ein kleines Nest hineingebaut. Diese Nester, je mehr ich hatte, haben mir das Gefühl der Sicherheit gegeben. So nach dem Motto: Wenn es da jetzt nicht mehr so richtig funktioniert, dann guckst du mal, was da drüben los ist. Und da kannst du auch jederzeit mal hingucken, um zu sehen, ob du dort nicht falschen Erwartungen aufsitzt. Das hat mir Sicherheit gegeben, in Zeiten der Unsicherheit. Ich habe eigentlich immer in Unsicherheit gelebt. Das fing mit meiner Flucht als kleiner Junge aus Ostpreußen schon an, die weitestgehend von Unsicherheit und auch von Ängsten geprägt war.«

Und so begann unser Gespräch, über Georgs Leben, was ihm darin wichtig gewesen war und was er davon weitergeben wollte. Als wir einen Schwenk in seine Kindheit machten, erzählte er mir auch von zwei Vögeln, die darin eine besondere Rolle gespielt hatten. Ich habe ihn gefragt, ob ich diese Geschichte teilen darf, weil ihr eine große Symbolkraft innewohnt. Georg war einverstanden.

»Jacob und Pina waren zwei Elstern, die ich als Kind hatte. Man hatte ja damals nichts zum Spielen, es gab Glasperlen, da kann ich mich dran erinnern, und irgendwann kam mal einer an und hatte Vogeleier. Da wurde vorne und hinten ein kleines Loch reingemacht und dann wurden die ausgeblasen. Die Eier haben wir in der Schule getauscht. Das war wie eine Auszeichnung, je mehr Eier du hattest, desto weiter vorne warst du. Nun musste man aber auch die Nester finden, in denen die Eier drinlagen. Ich musste mir immer die Eier aus den Nestern holen, die am höchsten auf den Bäumen waren, wenn ich auf meinen Streifzügen durch den Wald unterwegs war, das war typisch für mich. Die Elstern hatten die dicksten Nester in den Verzweigungen, und einmal bin ich da hochgestiegen, habe ins Nest gefasst und wollte die Eier rausnehmen, und dann sah ich, dass die Küken schon geschlüpft waren. Ich legte sie wieder zurück ins Nest und kletterte wieder runter.

Doch ich hatte Sorge, dass die Mutter die Kleinen nun verstoßen würde, nachdem ich sie berührt hatte, und meine Aufrichtigkeit und mein Wille zur Gerechtigkeit führten dazu, dass ich es zu Hause erzählt habe. Mein Vater hat mir erst mal eine Watschen gegeben. Dann hat er gesagt: ›Du gehst morgen, wenn du aus der Schule kommst, dahin und holst die Kleinen, und ich baue deinen Kaninchenstall zum Vogelkäfig um.‹

Er hat die Außenwände weggenommen und hat sie mit ganz feinem Maschendraht verkleinert, das war alles fertig, als ich nach Hause kam. Ja, und dann musste gefüttert werden, aber ich hatte ja keine Ahnung. Und obwohl ich noch so jung war, habe ich da etwas Wichtiges gelernt: Fange nie wieder irgendwas an, wenn du nicht weißt, wie das weitergehen soll, das darfst du nie machen, das rächt sich irgendwann. Und dann habe ich meinen Lehrer gefragt. Der hat mir erklärt, wie ich das machen muss. Ich habe meine Hand mit einem Stück Tuch verkleidet und den Regenwurm dann mit einer Handbewegung von vorn gefüttert, so wie die Eltern das mit dem Schnabel machen. Und das funktionierte.

Nun waren die beiden da, und weil ich so viel Arbeit gehabt hatte, wollte ich sie auch behalten. Ich habe Flügelklammern aus

Metall besorgt, die waren ziemlich schwer, dann hingen die Flügel runter, aber es funktionierte nicht richtig, sie büxten trotzdem aus. Einmal badeten sie in einem großen Wasserbottich mitten auf dem Hof, in dem die Kartoffeln zum Schälen drin lagen. Da witterte ich meine Chance, sie wieder einzufangen. Und dann habe ich den ersten geschnappt, die Klammern abgemacht, wieder in den Verschlag rein, und der zweite ließ sich dann fast widerstandslos fangen. Der wollte wohl nicht allein sein. Und dann habe ich mir gesagt, bevor ich denen das Leben so schwermache und noch anfange, die Flügel zu beschneiden, dann sollen sie doch abfliegen. Ich habe die Tür aufgemacht, das weiß ich noch ganz genau, von diesem schiefen Verschlag, und dann wollten die erst gar nicht raus. Die haben sich wohl auch gedacht: ›Was wir hatten, das wissen wir, aber was danach kommt, das weiß der Himmel.‹

Jacob war der frechere, er war der Erste, der aus dem Verschlag rauskam, und er schaute nach rechts und nach links, ob die Luft auch rein ist, und dann ist er schließlich raus. Dann kam Pina hinterher, und dann haben sie noch zwei Jahre auf dem Bauernhof gelebt und ihren Blödsinn gemacht. Eines Frühjahrs sind sie dann verschwunden, aber einen vollen Paarungszyklus haben sie durchgehalten und mir geschenkt.«

Als ich zwei Tage später mit der Verschriftlichung unseres Gesprächs zurück auf die Palliativstation kam, um Georg sein Dokument vorzulesen, spürte ich sofort, dass seine Stimmung leicht gereizt war. Es hatte während der Visite wieder Differenzen gegeben. Ich wusste, dass Dr. Faust jemand war, der die Wünsche seiner Patient*innen äußerst ernst nahm, aber das bedeutete auch, ehrlich mit ihnen zu sein. Vermutlich fand sich einfach niemand, der bereit war, Georgs riskante OP-Pläne in die Tat umzusetzen. Georg wollte aber auch nicht weiter drüber reden, sondern lieber versuchen, sich auf mich und das Vorlesen zu konzentrieren.

Als ich fertig war, hielten wir einen Moment inne. Es sind jedes Mal sehr bewegende fünfzehn oder zwanzig Minuten, in denen ich jemandem die Essenz seines gelebten Lebens vorlese. Ich wünsche mir, dass ich das selbst auch einmal erleben darf, dass ich durch meine eigenen Worte, gesprochen mit der wohlwollenden Stimme eines anderen, meinem Lebenslied lauschen darf. Mitunter liegt darin ein Rhythmus verborgen, der zwar die ganze Zeit da war, den ein Mensch aber erst am Schluss erkennt – auf den letzten Metern sozusagen, wenn der Lärm des Lebens fort ist, und der aber immer noch helfen kann, eine Entscheidung zu treffen.

»Wenn ich daran denke, was Sie mir über Ihr Leben erzählt haben, und über die Nester, die Sie immer wieder gebaut haben«, begann ich schließlich, »dann stellt sich mir die Frage, ob Ihr letztes Nest wirklich der OP-Tisch sein soll.«

Georg schaute mich aufmerksam, aber nachdenklich an. Ich fühlte mich ermutigt und sprach weiter. »Oder ob die Frage vielleicht eher ist, wie so ein letztes Nest aussehen könnte, oder was es braucht, um sich so ein letztes Nest zu bauen? Auch dann, wenn Sie nicht mehr laufen können.«

Georg überlegte einen Moment. »Ich glaube, es bräuchte einen Baum«, sagte er schließlich, »einen Baum, unter den man mich mit dem Rollstuhl schieben kann. Dann ziehe ich mir eine dicke Jacke an, und dann würde ich dort mit mir selbst ins Gespräch gehen, unter diesem Baum. Das habe ich durch Sie gelernt, in den letzten Tagen.«

Ich nickte. »Das klingt doch nach einem guten Plan.«

»Ja, gut, dann ist das jetzt auch erledigt«, sagte er. »Geben Sie mir doch mal die Liste mit den Hospizen, da auf dem Nachttisch.«

In der Woche darauf zog Georg zurück in das Hospiz, aus dem er gekommen war. Sogar sein altes Zimmer war wieder freigeworden. Aber es war nicht der alte Georg, der wieder einzog. Der neue Georg wehrte sich nicht mehr gegen das Unvermeidliche. Mir schien, als hätte sein Herz verstanden, dass er dieses Mal nicht zu den zwei Prozent gehören würde, die wieder aus dem Hospiz entlassen werden, sondern zu den achtundneunzig Prozent, die zum Sterben blieben.

Er hatte auf seiner Ehrenrunde erledigt, was noch erledigt werden wollte. Er hatte seinem Enkel und dessen Familie seine Liebe und Zuneigung erklärt, sein Bedauern, dass die Beziehung auch im Zuge der Entfernung nie so innig war, wie er sich das erhofft hätte, aber dass er keinen Groll mehr hegte, sondern allen von Herzen nur das Beste wünschte. Und er hatte die Gelegenheit genutzt, in seinem zwölfseitigen Booklet über sich und seinen Lebensweg zu sprechen, sodass am Ende vielleicht doch etwas mehr von ihm blieb, als ursprünglich gedacht. Diese Mappen, die ich mit meinem Patient*innen anfertige, sie sind oft so leicht, und sie tragen doch so viel Gewicht, diese letzten Worte.

Das Titelblatt von Georgs Mappe ziert ein kraftvoller Baum, den ich an der Elbe extra für ihn fotografiert hatte, darüber fliegt ein stolzer Airbus hinweg, und darunter flattern zwei Elstern.

Als ich Georg noch einmal im Hospiz besuchte, hockte eine Kuscheltier-Elster auf seinem Fernseher. »Von wem hast du die denn?«, fragte ich erstaunt. Wir duzten uns inzwischen.

Georg war an diesem Tag etwas verwirrt, die Schmerzmittel taten ihr Übriges. »Hast du mir die nicht mitgebracht?«

Ich schüttelte verwirrt den Kopf. »Nein, ganz sicher nicht.«

Dann fiel ihm ein, dass er seiner Lieblingspflegekraft im Hospiz seine Mappe gezeigt hatte, sie hatte also von den Vögeln seiner Kindheit erfahren. Wahrscheinlich hatte sie ihm eine Freude machen wollen. Ich war gerührt. Für mich schloss sich ein Kreis. Georg ist hier gut aufgehoben, in seinem letzten Nest, dachte ich. Vielleicht war es an der Zeit, mich zurückzuziehen.

Es war nicht so, dass ich alle meine Patient*innen, die ins Hospiz entlassen wurden, dort noch einmal besuchte, im Gegenteil. In der Regel endete meine Begleitung in der Klinik. Die meisten Menschen hatten glücklicherweise Familie oder Freund*innen, und seit Anbeginn der Pandemie waren die Besuchsauflagen dort sehr streng. Mitunter durften nur zwei ausgewählte Familienmitglieder oder Freund*innen kommen. Bei Georg gab es jedoch nur mich und einen Ehrenamtlichen, aber auf einmal tauchte seine Stieftochter wieder auf. Plötzlich stand sie in der Tür, in der Hand eine Schale Himbeeren, und musterte mich von oben bis unten. »Ich kenne Georg aus der Klinik«, sagte ich.

Sie schien aber nicht weiter an mir interessiert zu sein, sondern verschwand wieder aus dem Zimmer, um die Himbeeren abzuwaschen. Ich huschte schnell zu Georg, der inzwischen nicht mehr viele klare Sätze von sich gab, und drückte ihn ein letztes Mal. Ich freute mich für beide, dass sie auf der letzten Etappe wieder zusammengefunden hatten.

Ich erfuhr nie, wann Georg gestorben war, aber jedes Mal, wenn ich eine Elster sehe, dann denke ich bis heute an ihn. Georg war einer dieser alten Männer, in denen ich eine Version meines Vaters fand, für die Papa selbst nicht alt genug geworden war. Mit seinen zweiundsiebzig Jahren war er an der Grenze gewesen – die unsichtbare und flexible Grenze, die aus einem älteren Herrn einen alten Mann machte. Irgendwo las ich mal von einer englischsprachigen Studie, die erwähnte, dass das *old age*, das hohe Alter, im Zuge der immer länger werdenden Lebenserwartung inzwischen erst mit vierundsiebzig beginnt.

Wie dem auch sei, Männer, die so um die achtzig oder älter sind, faszinieren mich, weil sie es in ein Alter geschafft haben, in dem mein Vater nie angekommen ist. Diese Unschuld, die mit der Betagtheit (wieder-)kommt, gemischt mit der Weisheit des Alters. Man kann noch erkennen, ob der Mann einmal ein gut aussehender war, ein Anführer oder sogar streng, aber es kommen auch wieder die Konturen des kleinen Jungen zum Vorschein, der er einst auch gewesen war, oder immer geblieben ist.

Diese alten Männer sehen auch anders aus. Das Haar ist weiß, nicht grau, und die Hände haben oft diese Altersflecken, von denen bei Papa nur erste Schatten zu sehen gewesen waren. Ich fühle mich zu diesen Patienten hingezogen, und sie sich zu mir, glaube ich. Ich bin halb so alt wie sie, könnte ihre Tochter sein, oder eine jüngere Version ihrer verstorbenen Ehefrau. Wir sehen ineinander etwas, das uns nicht mehr zur Verfügung steht, und gleichzeitig wissen wir, dass auch diese neue Version nur von kurzer Dauer in unserem Leben sein wird. Ich treffe die Leute, weil sie sterben. Und so richtig begegnen kann ich ihnen auch erst, wenn sie auf der Herzensebene verstanden haben, an welcher Stelle in ihrem Leben sie sich befinden.

Es ging in Georgs Geschichte nicht darum, nicht zu sterben. Genauso wie es nicht darum geht, die Erde beziehungsweise unsere Spezies zu retten, denn die Erde selbst kommt hervorragend ohne unsere Hilfe und am allerbesten ganz ohne uns Menschen aus. Ich habe inzwischen eine Theorie, worum es eigentlich geht, aber vorher muss ich noch von Herrn R. erzählen.

Herr R. war ebenfalls um die achtzig, und er hatte tolle blaue Augen, fast so toll wie die meines Vaters. Ich traf ihn wenige Wochen nach Georgs Entlassung ins Hospiz. Er war tags zuvor auf Station gekommen, zu Hause klappte es auch mithilfe des Pflegedienstes nicht mehr. Er lebte allein, die Frau war verstorben, zu seinen Kindern hatte er keinen Kontakt. Als ich mich zu ihm setzte, atmete er schwer, die Lunge knarzte. Es klang wie eine Vorstufe dessen, was ich damals auf dem Flur im Pflegeheim durch die geschlossenen Türen des Zimmers hörte, in dem mein Vater starb.

Ich ahnte, dass hier kein biografisches Gespräch mehr möglich sein würde. Ich setzte mich zu ihm, vielleicht half es ihm ja, und als ich ihn fragte, ob es okay sei, japste er zwischen zwei Atemzügen, dass es ihm angenehm wäre. Ein bisschen neugierig war ich doch, ich konnte es nicht lassen. Ob er in Hamburg geboren wurde, fragte ich ihn.

»Nein, in Österreich«, brachte er hervor. »Wir mussten damals fliehen, als der Krieg zu Ende ging.«

Ich nickte, es gab so viele Menschen im Norden, die als Kinder geflüchtet waren und nun zu sterben begannen.

»Die österreichischen Soldaten«, stieß er noch bruchstückhaft hervor, »die haben uns Kekse in unsere Kissenbezüge gepackt, als wir auf die Waggons kletterten.«

Und das war die einzige kleine Geschichte, die ich an dem Tag mit nach Hause nahm, für mehr reichte die Kraft nicht mehr, aber ich habe sie nie vergessen.

»Ich bin mal gespannt, wie lang es jetzt noch dauert«, sagte er noch, und es klang eher neugierig als ängstlich.

»Haben Sie Angst?«, fragte ich dennoch, aber er schüttelte sofort den Kopf. »Nein.«

Ich glaubte ihm aus vollem Herzen, ich weiß nicht wieso, aber es klang so wahr.

Ich reichte Herrn R. noch einen Joghurt an, den bekam er gerade noch so herunter, und danach fragte ich ihn, ob ich die Tage wiederkommen dürfte.

»Ich würde mich freuen«, sagte er, aber ich rechnete nicht wirklich damit, ihn noch einmal wiederzusehen.

Als ich achtundvierzig Stunden später wieder auf Station kam, stand sein Name noch auf dem Patient*innenchart im Stationszimmer. »Herr R. ist noch da?«, fragte ich erstaunt. »Ja, aber nicht mehr lange«, antwortete eine Schwester.

Als ich in sein Zimmer kam, spürte ich intuitiv, dass ich in dem Moment angekommen war, den ich mir seit Papas Todeskampf insgeheim gewünscht hatte. Ich würde einen friedvollen Tod bezeugen.

Herr R. lag einfach da, er atmete schwer, aber nicht mit der gleichen Anstrengung wie noch zwei Tage zuvor. Er, oder seine Seele, oder sie beide zusammen, sie schienen mitzugehen mit dem, was in seinem Körper passierte. Damit, dass er sich nach und nach abgeschaltet hatte und nun auch das Herz seinen Geist aufgeben durfte. Ich setzte mich zu ihm, sagte ihm, dass ich die von Samstag war, die, der er die Geschichte mit den Keksen erzählt hatte, und dass ich sitzen bleiben würde.

»Aber Sie, Sie können jetzt los. Ich glaube, Sie werden schon erwartet.«

Es war nahezu geräuschlos, kein Rasseln, kein Stöhnen oder verzerrte Grimassen, nur Atemzüge, dann keine, dann wieder welche, dann keine, dann weniger, dann keine, dann gar keiner mehr.

Ein paarmal noch pochte die Halsschlagader, ein letztes Mal ganz zart, ich schaute genau hin. Ich nahm ungefragt seine Hand. Nichts bewegte sich mehr. Ich schaute auf die alten Hände und fragte mich, was und wen sie alles gehalten hatten im Leben. Dann schaute ich auf meine und ärgerte mich, dass ich immer noch die blauen Handschuhe trug. Alle Patient*innen, die während der Pandemie zu uns kamen, durften in den ersten fünf Tage nur voll verkleidet besucht werden, bis ein zweiter negativer Test sie aus der Covid-Isolation befreite. Ich streifte die Handschuhe ab und legte einmal kurz die Hand auf seine Wange, wie ein neugieriges Kind, das wissen will, wie sich der Tod anfühlt.

»Danke«, sagte ich, dann öffnete ich das Fenster, zog meinen Kittel aus und informierte die anderen.

Es hatte sich ein bisschen wie eine Wiedergutmachung angefühlt. Dass ich dabei sein durfte, dass ich ausgewählt war, die letzte Zeugin zu sein, bei diesem sanften Ende. Es ist merkwürdig, dachte ich auf dem Weg nach Hause. Das Leben ist in den seltensten Fällen ein direkter Austausch, und auch im Tod werden die Geschenke nicht auf direkten Wegen verteilt. Papa hatte im Sterben all seine Lieben um ihn herumgehabt, aber vielleicht hatte genau das die Dinge noch komplizierter gemacht, als sie sowieso schon waren. Herr Richter hatte niemanden, nur mich, die Unbekannte, die fast nichts über ihn wusste, außer, dass er einst mit Keksen in den Kissen nach Hamburg geflüchtet war. Er wusste, wie es sich anfühlte, sein Zuhause für immer zu verlassen. Wahrscheinlich hatte er auch am Schluss keine Hoffnung mehr gehegt, sich noch einmal mit seinen Kindern zu versöhnen.

Er hatte aber nicht wie jemand gewirkt, der hoffnungslos war. Eher wie jemand, der frei von Hoffnung war.

Wenn man eine Hypothek für ein Haus aufnimmt, gibt es in der Regel ein paar Dinge, die man vorher gemacht hat, die man danach nicht mehr so einfach tun kann. Diese Dinge – Reisen zum Beispiel – muss man buchstäblich aufsparen, für später, und für den Moment muss man mit weniger auskommen.

»Und das alles tust du, weil die Hypothek dir eine gewisse Garantie gibt, dass die Opfer, die du bringst, sich am Ende auszahlen werden. Du lebst in deiner Hypothek, und wenn alles gut läuft und du nicht verkaufst, wird es eines Tages dein Haus sein«, schreibt Stephen Jenkinson in *Die Wise*, und darum ist »Hoffnung nicht *wie* eine Hypothek, sie *ist* eine Hypothek«.

Hoffnungsvolle Menschen haben in seinen Worten ein Auge auf die Zukunft gerichtet, die sie sich vorstellen, das andere auf die Gegenwart, die sie lediglich tolerieren, und beide Augen auf eine Vergangenheit, bei der sie sich schwertun, sie loszulassen. Die Hoffnung beleiht sozusagen die Gegenwart um einer möglichen Zukunft willen, die vielleicht kommt – aber ebenso wahrscheinlich auch nicht.

Er schreibt: »Wenn hoffnungsvolle Menschen sterben, und wenn sterbende Menschen hoffnungsvoll sind, dann kaufen sie ein Haus auf der *Nicht-jetzt*-Straße, in einer Stadt, die nicht *Nicht jetzt* heißt, und auf ihrem Kreditplan steht *Irgendwo, aber nicht hier.*«

Auf diese Weise würden sie zu »Kämpfern«, die sich die ganze Zeit positiv geben und um sich herum nur positive Gespräche dulden. »Solange du hoffnungsvoll bist, bist du niemals in dem Land, auf das du hoffst. Wenn du auf mehr Zeit hoffst, dann lebst du nicht in dem Land des *Mehr-Zeit-Habens*. Deine *Mehr-Zeit* wird damit verbracht, dass du verhandelst, oder hoffst, oder für mehr Zeit betest. Niemand scheint auf das zu hoffen, was er hat, und hoffnungsvoll sterbende Menschen bekommen selten die *Mehr-Zeit*, auf die sie hoffen, egal wie viel Zeit sie bekommen haben.«

Vielmehr würde aus *Mehr-Zeit* vor allem auch *Mehr-Tod*, nämlich Zeit, die im Angesicht von Chemotherapie, Bestrahlung oder Operationen mit leidigen Nebenwirkungen verbracht wird, und die mit dem, was die meisten Menschen wohl unter »Lebensqualität« verstehen, häufig nicht mehr viel zu tun hat.

Jenkinson sagt, dass es zwar viele Mediziner*innen gibt, die einem vorschnell jene Maßnahmen verschreiben, aber dass kaum jemand von ihnen in der Lage ist, den Patient*innen zu zeigen, »wie man mehr Tod lebt«.

Manchmal wurde die Hoffnung auf mehr Zeit auch schon längst beantwortet, und »vor lauter Hoffen und Beten hat man es total verpasst. Schwer vorzustellen, aber durchaus möglich.«

Darum bin ich so froh, dass ich damals jeden Tag bei Papa in der Frühreha war. Vielleicht war die Tatsache, dass wir dort noch eine Zeit beieinandersitzen konnten, schon der Beweis dafür, dass wir in der Mitte der *Mehr-Zeit* waren. Es gab Menschen, die es gut mit mir gemeint haben, die sagten, ich bräuchte doch auch mal Zeit für mich. Und für mein Kind. Die gesagt haben, dass ich meine Kräfte einteilen soll – für »später«. Ja, ich habe auch immer auf »mehr Zeit« gehofft. Aber da war auch immer eine Ahnung, dass ich sie möglicherweise nicht bekommen werde, und diese Ahnung war glücklicherweise größer als die Hoffnung. Ennis habe ich einfach mitgenommen, und das war die beste Entscheidung, weil er diese wichtige Übergangszeit, in der aus einem kranken Opa ein sterbender Opa und schließlich ein toter Opa wurde, miterleben konnte. Zeit, die er nicht gehabt hätte, wenn wir blind darauf gehofft hätten, dass es ein »Später« geben würde.

Papa hat, wie Georg, eine Ehrenrunde gedreht, und ich durfte ihn dabei begleiten. Insofern lohnt sich die Frage, wann eigentlich »mehr Zeit« beginnt. Meistens wird der Blick auf diese Zeit, und was man mit ihr anfangen möchte, aber erst in dem Moment klar, wenn der Nebel der Hoffnung sich endgültig gelichtet hat. Diesen Moment habe ich mit Georg erleben dürfen. Und vielleicht können wir sie auch als Spezies auf dieser Erde noch einmal erleben.

Bei meiner Recherche nach anderen Menschen, die sich auf ähnliche Art und Weise mit dem Thema Hoffnung beschäftigen, bin ich auf die ebenfalls aus Kanada stammende Umwelt-Aktivistin Deb Ozarko gestoßen. Sie hat ein schonungsloses und gleichzeitig sehr liebevolles Buch über den Zustand unseres Planeten und unseren Umgang damit geschrieben. Es heißt wie dieses Kapitel, *Beyond Hope*, mit dem bezeichnenden Untertitel: »Letting go of a World of Collapse«.

Ozarko gehörte lange zu denen, die glaubten, dass jener Kollaps mit vereinten Kräften noch aufgehalten werden könnte, bis sie einsah, dass es dafür zu spät war. Sie schreibt: »Nachdem ich mich jahrzehntelang mit meinem Aktivismus und mit großer Leidenschaft für die Erde engagiert habe, komme ich zu dem Schluss, dass die Reise zu einem kollektiven Erwachen ein ewig unerreichbares Ziel bleibt. Es ist einfach nicht möglich, und daran zu glauben, bedeutet, in Selbsttäuschung zu leben.«

Sie entschied sich, nicht länger die »betäubende Wirkung der Selbsttäuschung« zu wählen. Stattdessen sagt sie: »Je früher wir akzeptieren können, was wir dem Planeten und uns selbst angetan haben, desto eher können wir uns mit unserer Kernessenz verbinden und vollständig präsent sein für das, was als Nächstes kommt. Vielleicht ist das Ende wirklich der Anfang. So bizarr dieses große Paradoxon auch ist, vielleicht ist die Selbstvernichtung das apokalyptische große Finale, das eine komatöse menschliche Spezies endlich zu der ›Seele‹ erwecken wird, die sie immer sein wollte.«

Für Deb Ozarko ist der einzige Ort, an den man sich wenden kann, wenn die Biosphäre zusammenbricht und der Planet nicht mehr bewohnbar ist, das Innere. »Der unaufhaltsame Zerfall der Biosphäre hat die persönliche Entwicklung zu einem Imperativ gemacht«, schreibt sie. »Es ist entweder ›Entwickle dich jetzt‹ oder »Stirb im Schlaf‹.«

Hoffnung ist für Ozarko »die Quintessenz menschlicher Täuschung und eine unserer größten Schwächen. Hoffnung ist ihrem Wesen nach ein passiver Zustand, der uns im Alltäglichen gefangen hält«. Hoffnung, sagt sie, »transformiert gar nichts«. Ihre Aufgabe sei es vielmehr, »uns von der Last der persönlichen Verantwortung im gegenwärtigen Moment zu befreien, indem sie den menschlichen Geist mit der Illusion einer besseren Zukunft beruhigt.«

Dabei kann uns »die Endzeit inspirieren, einen anderen Weg zu leben und zu wählen; zu entscheiden, wer und was wir sind, jenseits der antiquierten Geschichten, die unser Leben so lange bestimmt haben. Sie ist eine Zeit des Wachstums und der Expansion. Das Leben in einer ›Zeit des Hospizes‹ mit dem Gedanken an den Tod kann uns unserer Essenz näherbringen. Es kann zu mehr Liebe, Freundlichkeit, Fürsorge und Mitgefühl inspirieren und so die Last all derer verringern, die so lange unter unserer Spezies gelitten haben.«

Ozarko bezieht den Begriff und die Idee des Hospizes auf unseren Planeten, aber ihre Worte lassen sich auch auf das Sterben jedes Einzelnen übertragen.

Wenn ich Menschen frage, ob sie bei meiner Biografiearbeit mitmachen möchten, die ich inzwischen nicht mehr Würdezentrierte Therapie, sondern »Story Care« nenne, dann kommt es natürlich hin und wieder vor, dass ich einen Korb bekomme. Manchmal sagen die Patient*innen dann, dass sie »nach vorne schauen wollen« – etwas, das ich mit meiner Arbeit streng genommen auch tue, denn es geht auch darum, was von einem Menschen bleiben soll, zu einem Zeitpunkt in der Zukunft. Doch das ist in der Regel nicht das, was diese Menschen mit »nach vorne schauen« meinen. Sie meinen, dass sie hoffen, Teil dieser Zukunft zu sein, sie hoffen auf mehr Zeit, dabei sind sie oft, auch dank medizinischer Hilfe, bereits in der *Mehr-Zeit* angekommen.

Die Menschen, die mein Angebot annehmen, sind eher jene, die schon »auf dem Absprung« sind. Sie befinden sich nicht länger im Widerstand – wenn sie es je getan haben – und könnten doch noch ein bisschen Gesellschaft da oben auf ihrer metaphorischen Klippe gebrauchen. Jemand, der es mit ihnen aushält an einem Ort, der nicht »hoffnungslos« ist, sondern einfach »hoffnungsfrei«. Ein Ort, an dem man nicht »aufgibt«, sondern an dem man sich »hingibt«. Ja, man gibt sich der Gegenwart hin, anstatt für eine nicht erreichbare Zukunft zu »kämpfen« und dabei das Wesentliche aus dem Blick zu verlieren. Denn eins stelle ich immer wieder fest: Wenn der Nebel der Hoffnung sich lichten darf, dann wird der Blick frei auf die Trauer, und somit auch auf all die Dinge, für die man davor im wahrsten Sinne des Wortes kein Auge (mehr) hatte. Und in den allermeisten Fällen haben sie mit Liebe zu tun.

Ich habe dieses Kapitel mit der Sorge meines Sohnes um die Erde und seiner eigenen Zukunft auf dieser begonnen, und ja, es ist hart und wird noch härter werden, in einer zusammenbrechenden Welt engagiert und aktiviert zu bleiben. Wie geht das, fragt auch Ozarko in ihrem Buch, ohne in Verzweiflung, Gleichgültigkeit oder Apathie zu verfallen?

»Die Antwort ist einfach«, schreibt sie. »Wir müssen trauern. Indem wir zulassen, dass die Kraft der Trauer unsere Herzen aufbricht, werden wir transformiert. Wie der Phönix, der sich aus der Asche des Verderbens erhebt, sind wir in der Lage, zu unglaublichen neuen Höhen aufzusteigen.«

8
Die Magie der Trauer

Als ich noch in Dublin lebte und einmal großen Liebeskummer hatte, tröstete mich ein bemerkenswerter irischer Freund mit den Worten, dass ein gebrochenes Herz eine »gute Sache« sei. Es würde einen im Leben auf die »nächste Ebene« bringen. Wenn er eine Tochter hätte, dann würde er sich für sie wünschen, dass ihr Herz gebrochen würde. Und für sich, dass er dann bei ihr sein könnte, um für sie da zu sein. Ich habe mich immer wieder an diese Worte erinnert, denn in ihnen steckt für mich so viel Wahrheit und gleichzeitig so viel Liebe. Das Leben bricht jedem von uns früher oder später das Herz. Es ist ein großes Geschenk, dann jemanden an der Seite zu haben, der bereit ist, deinen Schmerz nicht nur mit dir auszuhalten, sondern der dich ermutigt, ihn auch wirklich zu- und nicht gleich wieder loszulassen.

Jemanden, der bezeugt, was daraus entstehen kann. Stephen Jenkinson, der in all den Jahren, in denen er im Palliativbereich tätig war, vermutlich Tausende Menschen begleitet hat, schreibt über seine Erfahrungen mit gebrochenen Herzen: »Die meisten sterbenden Leute sind Menschen mit einem gebrochenen Herzen, die nicht mehr wissen, wenn sie es jemals gewusst haben, wie es ist, ein gebrochenes Herz zu haben.« Er sagt, dass die Herzen seiner Patient*innen von der Diagnose gebrochen wurden und davon, wie ihnen ihr »Aufenthaltsbestimmungsrecht im Land der Lebenden« Stück für Stück entzogen wurde. »Ihre Herzen wurden von den Behandlungsoptionen gebrochen, die ihnen angeboten wurden, und von deren Ergebnissen. Sie wurden gebrochen von der Verwirrung, der Aufruhr oder der leisen Distanzierung, die ihre Familien befallen hat, und davon, dass ihre Leben zu dem geworden sind, was sie sind. Die Antwort, die wir in einer todesphobischen Gesellschaft darauf haben ist: *weniger Herz, weniger Bruch.*«

Ich habe auch schon erlebt, dass Menschen am Ende ihres Lebens Depressionen diagnostiziert wurden, und dann bekamen sie Antidepressiva verschrieben. Die Medikamente hemmen die Kapazität eines sterbenden Menschen, zu leiden und traurig zu sein, und das wird in der Regel als eine positive Wirkung verbucht. Ich habe manches Mal gedacht, dass der Mensch, um den es jeweils ging, vielleicht einfach nur »gesund traurig« war, vor allem dann, wenn ich mir in Gesprächen einen eigenen Eindruck verschaffen konnte. Warum sollte ein Mensch, der stirbt, auch nicht traurig sein? Was ist daran pathologisch?

Ich habe zwar nicht Psychologie studiert, aber mit Depressionen kenne ich mich ganz gut aus. Das Gegenmittel zur Depression ist in den seltensten Fällen Fröhlichkeit, sondern Traurigkeit, und das gilt im Übrigen nicht nur für Sterbende. Nur, allein traurig zu sein, das macht auf Dauer tatsächlich depressiv. Es ist aber gar nicht so leicht, jemanden zu finden, der an deiner Seite bleibt, wenn du hoffnungsfrei traurig bist, und der deine Traurigkeit aushält, ohne sie auflösen oder zumindest unterdrücken zu wollen. Dabei gibt es so etwas, wie zu wissen, »wie man ein gebrochenes Herz haben kann«, um es in den Worten von Jenkinson zu sagen. Und das heißt nicht, »es zu behandeln, zu kontrollieren und in Schach zu halten oder weniger aus ihm zu machen, als es ist und sein muss«.

Sein Vorschlag ist vielmehr, Leid und Trauer »genauso an den Tisch zu bitten, wie du jeden anderen Gast, der unerwartet zur Essenszeit an deiner Tür steht, an den Tisch einladen würdest«.

Das gehöre zu den Grundlagen der Höflichkeit. Er sagt auch, und diese Differenzierung finde ich total wichtig: »Sterbende Menschen haben ein gebrochenes Herz, weil sie sterben, klar, aber noch mehr, weil sie unsere Sterbenden sind. Sie sterben mitten unter uns an einem Ort, der nicht an das glaubt, was ihnen gerade passiert.«

Sein Vorschlag lautet daher: »Die Alternative zu ›sich schlecht fühlen‹ ist, mehr zu fühlen, nicht weniger.« Ich erlebe in meiner Arbeit immer wieder, dass dies ein Argument ist, das wir im Umgang mit Sterbenden buchstäblich beherzigen sollten.

Im Sommer 2021 fuhren wir für zwei Wochen nach Sylt. Dort hatten wir eine richtig gute Zeit – die Sonne schien, Ennis hat mit den anderen Jungs Fußball gespielt, Mirko ist Fahrrad gefahren, und ich habe jeden Vormittag ein paar Stunden damit verbracht, dieses Buch zu »plotten«. Nicht ahnend, dass die wichtigste Begegnung für den Handlungsstrang noch ausstand, und dass der Mensch, um den es im allerletzten Kapitel dieses Buches gehen wird, zeitgleich zu Hause in Hamburg auf die Palliativstation eingewiesen wurde.

In unserem Urlaub hat Ennis sich auch zum vierten oder fünften Mal seinen Lieblingsfilm angeschaut: *Das Wunder von Bern*. Ein Fußballfilm, der von Deutschlands völlig unerwartetem Sieg bei der Weltmeisterschaft 1954 in der Schweiz erzählt. Es gibt darüber hinaus aber noch einen Handlungsstrang in diesem Film, und der ist der Zeit geschuldet, in der er spielt: Dabei geht es um das angespannte Verhältnis eines Vaters, der gerade erst aus langjähriger Kriegsgefangenschaft in Russland zurückgekehrt ist, mit seinem elfjährigen Sohn, einem Riesen-Fan des Nationalspielers Helmut Rahn. Einmal bekam ich mit, dass Ennis bei einer bestimmten Szene die Vorspultaste am iPad betätigte.

»Warum überspringst du die Szene?«, fragte ich.

»Ich mag den Teil nicht.«

»Was passiert denn an der Stelle? Darf ich sie einmal sehen?«

Er war einverstanden, und dann haben wir die Szene zusammen angeschaut.

Der Junge hatte gerade in der Kirche eine Kerze für seinen Helden Helmut Rahn angezündet, und sein Vater machte sich über ihn lustig. Da begann der Junge zu weinen, und als der Vater seine Tränen sah, packte er ihn am Arm und schlug ihm ins Gesicht.

»Ein deutscher Junge weint nicht«, zischte er.

»Das stimmt gar nicht«, protestierte Ennis, »am Ende des Films weint der Vater auch.«

Das haben die gut hingekriegt, die Drehbuchschreiber, dachte ich. Und dann erklärte ich Ennis, was sich hinter dem Satz »Ein deutscher Junge weint nicht« noch verbarg, nämlich dass dieser »Befehl« Teil der Ausbildung in Nazideutschland war, während der Dreißiger- und Vierzigerjahre. Und dass ich, wenn ich ganz genau hinhöre, das Echo achtzig Jahre später immer noch hören kann, sogar durch die Zimmerwände der Palliativstation.

Nur wenige Tage vor unserem Sommerurlaub hatte ich die Stationsleitung, Schwester Nadine, auf dem Klinikflur, getroffen.

»Sabrina, ich soll dir noch was ausrichten von Herrn K.«

Herr K. war die Urlaubsvertretung unserer Psychoonkologin, also eine Psychologin, die spezialisiert auf die seelischen Belastungen und psychischen Auswirkungen von Tumorerkrankungen ist.

»Du sollst bitte nicht zu der Dame in Zimmer acht gehen«, sagte Nadine.

»Aber warum?«, fragte ich. Ich kannte die Dame noch gar nicht.

»Wir dachten eigentlich, das wäre eine Kandidatin für dich«, fuhr sie fort. »Eine ganz nette, ältere Dame. Aber Herr K. meinte, sie hätte eine schwierige Vergangenheit, ihre Eltern seien Nazis gewesen.«

Ich empfand es als ein wenig übertrieben, dass allein die Tatsache, dass jemand »Nazi-Eltern« hatte, als Ausschlusskriterium für meine Arbeit herhalten sollte. Ich hatte bis dahin schon häufiger mit Kriegskindern gesprochen, und es waren auch wirklich traurige Geschichten darunter gewesen. Aber auch darin ließen sich Momente finden, die besonders schön waren, oder Begegnungen, die in großer Not Kraft gespendet hatten. Bisher hatte jeder Mensch, mit dem ich diese Arbeit gemacht habe, zu mir gesagt, dass er es als großes Geschenk empfunden hat, ganz offen auch über die schwierigen Dinge zu sprechen. Dabei sind auch Tränen geflossen, aber danach setzte auch immer etwas ein, was die Patient*innen als ein Gefühl der Befreiung beschrieben. Dieses Geschenk konnte ich der Dame aus Zimmer acht nicht machen. Natürlich muss in einer Klinik auch der rechtliche Rahmen gewahrt werden – wenn die Möglichkeit besteht, dass ein Trauma getriggert werden könnte, gehört das in die Hände von jemandem, der auch offiziell die Befähigung erworben hatte, mit Traumata umzugehen. Das war mir klar. Unklar war mir jedoch, ob man der Dame wirklich einen Gefallen damit tat, diesem schwierigen Thema aus ihrer Kindheit buchstäblich bis zum Schluss aus dem Weg zu gehen, ohne sie zu fragen.

Bevor ich weitererzähle, muss ich kurz etwas dazwischenschieben. Ich hatte bei diesem Buchprojekt nämlich internationale Unterstützung. Ein paar Monate lang traf ich mich in einem wöchentlichen Zoom Call mit April aus Kanada, die aus dem zweiten Kapitel, und mit Mark, einem Schriftsteller aus England. April ist wie gesagt Story Coach, das heißt, sie unterstützt Menschen wie eine Art Hebamme dabei, dass ihre Geschichte aufs Papier kommt – so ähnlich wie ich es mit den Menschen auf der Palliativstation mache. Sie hat ein Programm entworfen, bei dem Mark und ich mitmachten, und als ich im Sommer auf Sylt war, hatte ich auch einen Call mit den beiden. Mark berichtete an diesem Abend von seinem Fortschritt an seinem semi-autobiografischen Roman *Son of a Bastard*, der drei Generationen von Engländern umspannt. Er erzählte uns, dass er gerade an einem Kapitel darüber schrieb, wie man ein echter Engländer ist, »How to be an Englishman«, und dass dieses Kapitel auch die Geschichte des englischen Kolonialismus streifen würde. (Darum ging es ja auch in *Jenseits von Afrika*).

April sagte, dass sie Marks Gedanken dazu sehr wichtig findet, denn wir hören kaum davon, was der Kolonialismus mit den Kolonisten gemacht hat. Dass das aber Dinge sind, die wir auch hören müssen. Ich hatte still zugehört, und dabei wanderten meine Gedanken in mein eigenes Land. In meinem Kopf bog ich Marks Frage, und aus »How to be an Englishman« wurde »What does it mean to be German?« Was bedeutet es eigentlich, deutsch zu sein?

Es ist eine Frage, die mir nie gestellt wurde. Der Gedanke stimmte mich traurig. Weil es einen Grund dafür gibt. Es ist eine Frage, die wohl kaum jemand stellen könnte, ohne dass sich die »wahre Frage« dahinter formt: »Was bedeutet es, Abkömmling einer Nation zu sein, die einst ein furchterregendes Regime unterstützte, das neben vielen anderen Gräueltaten auch für den Tod von sechs Millionen Juden verantwortlich war?«

Am Morgen nach unserem Zoom Call dachte ich immer noch über diese Frage nach, über das *Wunder von Bern* und die Szene, die Ennis nicht mochte, und in dem Zusammenhang kam mir der Vorfall mit dem Psychoonkologen auf der Palliativstation in den Sinn.

Wenn du als Deutsche oder Deutscher geboren bist – vor, während oder nach dem Krieg – und dein ganzes Leben hindurch hat dich nie jemand gefragt, was das für dich bedeutet hat, was bedeutet es dann, am Ende deines Lebens als Deutsche zu sterben? Ungefragt und un*be*fragt?

Ich habe schon mehrfach erzählt, dass ich mich so unglaublich schuldig gefühlt habe, als ich mein Kind geboren hatte, weil ich realisierte, dass ich gleichzeitig auch seinen Tod geboren hatte. Es war sicherlich auch Traurigkeit daran geknüpft, aber das überwiegende Gefühl war tatsächlich Schuld. Eine Schuld, die an Scham grenzte oder sich sogar damit vermischte, denn manchmal ist es schwierig, zwischen beiden die Grenze zu ziehen. Und ich glaube, dass es gerade für viele Deutsche besonders schwer ist, Schuld von Scham zu unterscheiden.

Ich selbst wurde sozusagen schuldig geboren. So wie man als Prinzessin geboren wird, wenn der Vater König ist, wurde ich durch die Tatsache, dass meine Großeltern deutsch waren, qua Geburt zur Schuldträgerin. Ich habe es nicht immer verstanden, aber ich habe mich daran gewöhnt, auch wenn es mich mitunter ermüdete. Ich erinnere mich an meine ersten Ferien ohne meine Eltern, dafür mit meiner besten Freundin in Griechenland, da müssen wir siebzehn gewesen sein. Wir hatten uns so auf diesen Urlaub gefreut, aber dann, egal, wo wir hingingen, wurden wir von dänischen oder englischen Jungs mit den Kriegsgeschichten ihrer Großväter konfrontiert. Mein eigener Großvater war zu dem Zeitpunkt schon seit zwei Jahren tot, und daher fragte ich mein Gegenüber aus Dänemark, der einen Monolog darüber führte, was sein Großvater ihm über die Deutschen erzählt hätte, ob jener noch am Leben war. Er schüttelte den Kopf.

»Okay, warum müssen wir dann dieses Gespräch führen, jetzt gerade?«

An seine Antwort erinnere ich mich leider nicht. Vermutlich startete sie mit »Ja, aber – «

Ich wünsche mir, dass wir niemals aufhören, darüber zu reden, was im Zweiten Weltkrieg passiert ist. Es sollte niemals vergessen werden. Ich denke, mein Überdruss stammte in dem Moment daher, dass ich als junges Mädchen überfordert war mit Anschuldigungen, die einer Zeit und einem Krieg entsprangen, an dem ich nicht teilgenommen hatte. Zu einem Zeitpunkt, in dem ich mich einfach gern über das Jetzt unterhalten hätte. Aber da war noch mehr. Denn mein Großvater, genau wie dieser dänische Großvater, er hatte auch Geschichten. Doch ich behielt sie für mich.

Zum Beispiel die Geschichte, dass er schon mit dreizehn sein Zuhause verlassen musste, um in die Militärschule zu gehen und bereits mit sechzehn als Soldat für Deutschland antrat. Die Geschichte, als er den russischen Soldaten auf dem Schlachtfeld anschoss und ihn auf seinen Schultern bis ins nächste Lazarett trug, um ein Leben zu bewahren, das er beinahe beendet hatte. Bei dem Versuch, sein eigenes zu retten.

Oder die Geschichten über das Land der tausend Seen, in dem er mit seiner alleinerziehenden Mutter aufgewachsen war, und von dem alle Deutschen fliehen mussten, als die russische Armee kam, um Blut zu rächen. Oder die Geschichten über seine Zeit in Kriegsgefangenschaft, die ich in einem Buch nachlesen musste, weil zu erzählen, was er dort in einem berüchtigten Lager erlebt hat, für ein Kind vielleicht zu viel gewesen wäre – oder für ihn. Ich bin mir sicher, dass er sich oft gefragt hat, wenn er nachts wach lag, ob er jemals seine große Liebe, meine Großmutter, wiedersehen würde.

Und sie, auch sie hatte Geschichten. Zum Beispiel die Geschichte über ihre Tante, ihre Cousine und ihren jungen Neffen, der im April 1945 erst drei oder vier Jahre alt war. Sie waren damals in Demmin in Mecklenburg-Vorpommern gefangen, die Stadt war bereits von der russischen Armee umzingelt. Vermutlich würden sie schon in den frühen Morgenstunden einmarschieren. Sie hörten die anrollenden Panzer in der Ferne, sie sahen die ersten Brücken brennen, und bald würden sie auch die ersten Schreie hören. Ihr einziger Ausweg war der Tod.

Am Abend wurden die Pillen verteilt, und wer zu spät war, um welche zu ergattern, nahm einen dicken Strick und eilte ans Flussufer, wo an der Böschung die Apfelbäume blühten. Sie erhängten sich entweder an einem der dicksten Äste, oder sie wateten ins Wasser, kleine Kinder auf den Rücken ihrer Mütter. Sie brachten sich zu Hunderten um, in dieser Nacht.

In Hagenow hingegen, der Heimatstadt meiner Oma, waren die Amerikaner die ersten Besatzer. Eines Morgens fuhr ein Frachtzug in den Bahnhof, in dem mein Urgroßvater einen kleinen Kiosk betrieb. Die Container, die er geladen hatte, wurden auf den Marktplatz gebracht und die Fracht in der Mitte zu einem großen Haufen aufgetürmt: ein Berg voller Leichen aus dem nahe gelegenen Konzentrationslager. Alle Einwohner der Stadt wurden aufgerufen, sich am Marktplatz zu versammeln. Dort mussten sie sich in einer Reihe aufstellen und anschließend einmal im Kreis um den Leichenhaufen gehen, gezwungen, sich anzusehen, was sie »getan hatten«.

»Aber ich habe es wirklich nicht gewusst«, erzählte mir meine Großmutter sechzig Jahre später. »Uns wurde gesagt, sie arbeiten in diesen Lagern. Was ich gesehen habe, war etwas, das ich mir niemals hätte vorstellen können.«

Ihr jüngerer Bruder, der heute fast neunzig ist und an dem Tag zwölf Jahre alt war, erzählte mir den Rest der Geschichte, lange nachdem meine Großmutter gestorben war: »Die Amerikaner forderten dann jeden auf, zurück in sein Haus zu gehen und mit einem weißen Bettlaken und einer Schaufel zurückzukommen. Dann würden wir zu einem Feld in der Nähe geführt. Dort mussten wir die

Leichen begraben. Ich habe die Gesichter nie vergessen. Ich kann sie immer noch sehen.«

Bald darauf wurde beschlossen, dass der Bereich, in dem meine Großmutter lebte, künftig zur Sowjetischen Zone gehören wurde. Mein Großvater war rechtzeitig aus der Kriegsgefangenschaft entlassen worden, und so entschieden sie, zu fliehen, solange sie es noch konnten. Sie sprangen auf einen Zug Richtung Norden. Mein Opa hoffte, in Schleswig-Holstein auf seine Mutter zu treffen, die dort bereits Zuflucht bei ihrem zweiten Mann gefunden hatte. Doch bevor sie das angegebene Wunschziel erreichten, wurden sie an einer zufällig ausgewählten Station aus dem Zug geworfen. In dieser kleinen Stadt im Herzen Schleswig-Holsteins wurde ihnen ein Zimmer im Haus von Fremden zugeteilt, die verpflichtet worden waren, ihre Wohnungen mit Flüchtlingen zu teilen. Es ist das Zimmer, in dem auch meine Geschichte begann, denn in dem Zimmer muss meine Oma meinen Vater empfangen haben, der im darauffolgenden Jahr geboren wurde.

Sie kamen also in diesem Zimmer an mit nichts, außer einem Rucksack voll mit Geschichten, und sie waren zeitlebens nicht in der Lage, diesen vollständig auszupacken. Denn obendrauf auf diesen Geschichten lagen noch die Stapel voll mit Schuld. Die Schuld, zur falschen Seite zu gehören. Die Schuld, die Wahrheit zu spät herausgefunden zu haben. Die Schuld, nicht sicher sein zu können, ob sie irgendetwas anders gemacht hätten, wenn sie sich getraut hätten, genauer hinzusehen. Und darum trugen sie diese Schuld, ohne sich zu beklagen, genau wie Tausende andere auch. Falls sie sich jemals selbst leidtaten, dann zeigten sie es niemandem. Schließlich kannst du kein Mitgefühl mit dir selbst haben, wenn du offenkundig der falschen Seite angehört hattest. Darüber war sich die ganze Welt einig, und so trugen die meisten Deutschen ihre Schuld pflichtbewusst bis ins Grab.

Und auf die Erde, die wortlos auf die Särge geschaufelt wurde, folgten all die unerzählten Geschichten und der unausgesprochene Schmerz.

Ich hatte Glück, ein paar von ihnen zu hören. Meinem Vater wurde nichts erzählt, und er fragte auch nicht. In vielen Familien herrschte Stille, für eine lange Zeit, und überall dort, wo ein bisschen zu lange eine Kombination aus Stille und Schuld herrscht, besteht die Gefahr, dass aus Schuld Scham wird. Und dort, wo die Scham sich breitmacht, gibt es nicht viel Platz für Geschichten.

Es ist schwer, über ein Thema zu schreiben, das so schwer wiegt. Darum möchte ich noch einmal ganz deutlich sagen: Es geht nicht darum, Schuldige zu ent-schuldigen. In diesem schrecklichen Kapitel deutscher Geschichte nichts getan oder sogar mitgemacht zu haben, ist eine Schuld, die niemals verjährt. An dieser Stelle geht es auch nicht um die Unmöglichkeit, diese Schuld zu transformieren, sondern um die transformierende Kraft der Trauer, und was das Geschichtenerzählen damit zu tun hat.

Während meiner Schulzeit habe ich viel über die Geschichte Nazi-Deutschlands gelernt. Wir haben das Vernichtungslager in Auschwitz auf Klassenreise besucht. Wir hatten eine große Gedenkfeier in der Aula anlässlich des fünfzigjährigen Kriegsendes. Uns wurde immer wieder vor Augen geführt, wie Hitler die Massen manipuliert hatte. Um unsere Sinne zu schärfen, damit es nie wieder geschehen würde. Unsere Lehrer*innen stellten sicher, dass wir wussten, dass wir nicht in irgendeinem Land geboren worden waren, sondern im Land der Täter*innen.

Was hier in den Dreißiger- und Vierzigerjahren passierte, ist unfassbar grausam gewesen. Der Schmerz, den Deutschland verursacht hat, ist unvergleichbar. Das hat man mir eingetrichtert. Und das zu Recht. Dass es mein Erbe war, diese Schuld zu tragen und sie weiterzugeben, um zu verhindern, dass sich das Geschehene jemals wiederholen kann. Aber mir wurde nie beigebracht, wie ich den Herzschmerz tragen kann, der auch an mich weitergereicht wurde. Wortlos zwar, aber dafür nicht weniger schwer.

Es hat viele Diskussionen in den letzten ein, zwei Jahrzehnten gegeben, über »gesunden Patriotismus« und ob es okay ist, die deutsche Fahne auf dem Balkon zu schwenken, wenn das deutsche Team in der Fußballweltmeisterschaft ein Tor schießt – so wie damals Helmut Rahn. Ob es okay ist zu sagen: »Ich bin stolz darauf, deutsch zu sein.« Ob wir uns gut fühlen können in der Gegenwart, ohne uns schuldig für die Vergangenheit zu fühlen, oder ob zumindest beide Gefühle nebeneinander existieren dürfen.

Ich würde gern eine neue Frage in den Ring werfen: Ist es vielleicht okay, inmitten all der Schuldgefühle, sich auch traurig zu fühlen? Und, bevor wir direkt zur Freude springen, uns die Erlaubnis zu geben, ein gebrochenes Herz zu haben?

Am 8. November 2018 habe ich in diesem Zusammenhang und in Verbindung mit meinem deutschen Erbe einen sehr besonderen Moment erleben dürfen. Éva Fahidi, eine Freundin der jüdischen Familie meiner Freundin Golda, trat an diesem Tag im Alter von dreiundneunzig Jahren am Wiener Volkstheater auf. Das Stück beruhte auf Évas autobiografischem Buch *Die Seele der Dinge*, in dem sie erzählt, wie sie als Sechzehnjährige mit ihrer Familie aus der ungarischen Heimat deportiert wurde und wie ihre Eltern und ihre kleine Schwester schließlich im Vernichtungslager Birkenau getötet wurden – und Éva als Einzige überlebte. Aus ihren Erzählungen ist ein Tanztheater geworden, das mich unglaublich beeindruckt hat. Ich musste zwischendurch immer wieder weinen, und gleichzeitig war ich so glücklich, dass ich diese Performance von Éva und der sechzig Jahre jüngeren Balletttänzerin Emese Cuhorka, die Évas jüngeres Ich verkörperte, miterleben durfte. Ich hatte das Gefühl, die beiden hatten mich an einer Stelle tief in meinem Inneren berührt, so tief, dass bislang kein Geschichtsbuch und keine mahnenden Worte im Schulunterricht sie auf die gleiche Weise erreicht hatte. Die Schutzmauer, die ich mir unbewusst um mein Herz gebaut hatte, um von der Schuld nicht erdrückt zu werden, sie war auf einmal weg. Weil Éva aus ihrem Herzen zu den Herzen der Zuschauer*innen gesprochen hatte. Sie hatte »einfach« ihre Geschichte erzählt, ohne auch nur ein einziges Mal Schuld zu verteilen. Als ich mich während der nicht enden wollenden Standing Ovations im Publikum umsah, blickte ich auf zahllose tränennasse Wangen, die aber auch vor Dankbarkeit glühten. Éva hatte dem Publikum ihre Trauer zugemutet – und sie hatte uns vertraut, dass wir sie auch (er-)tragen können. Auf diese Weise hatte sie uns mit unserer eigenen Trauer für das Geschehene in Kontakt gebracht und eine echte Begegnung auf emotionaler Ebene ermöglicht. Schuld schafft das nicht, zumindest nicht allein.

Noch einmal kurz zurück zu der Dame in Zimmer Nummer acht. Damals hatte ich mir gedacht, dass ich ja sowieso keine Zeit für die Patientin gehabt hätte, weil ich zwei Tage später in den Urlaub fahren würde, aber dass ich das nächste Mal die Entscheidung gern beim Patienten oder der Patientin lassen würde. Auf jeden Fall hatte ich die Station mit gemischten Gefühlen verlassen. Ich fragte mich, was wohl passiert wäre, wenn ich mich der Ansage des Psychoonkologen einfach widersetzt und das ungeschriebene Gesetz der Vergangenheit außer Kraft gesetzt hätte: *Erinnere dich als Teil der Geschichte, aber teile nicht deine Geschichte!*

Vielleicht hätten wir dann gemeinsam den Rucksack mit Geschichten auspacken können, mit dem sie ihr letztes Zimmer bezogen hatte. Ich nahm mir vor, dass ich das nächste Mal zumindest den Austausch über die Situation suchen würde. Auch weil es noch gar nicht lange her war, dass ich in der Begleitung einer sehr jungen Patientin erleben durfte, dass es sich mit gebrochenem Herzen mitunter sogar leichter sterben lässt – vorausgesetzt, man erzählt seine (Trauer-)Geschichte.

Ein paar Wochen zuvor hatte ich Neeles letzte Worte durch den Äther geschickt. Einige Kilometer entfernt würde ihre Lebensgefährtin ihr E-Mail-Programm öffnen, vielleicht auch erst in ein paar Stunden, wenn die Kleine eingeschlafen war. Und dann würde sie lesen, was Neele festhalten wollte, am letzten Tag ihres Lebens, Stunden nur, bevor sie starb. Worte, die ihr das Herz brechen werden, wieder und wieder. Das Mädchen würde erst in ein paar Jahren lesen lernen, vielleicht werden sie ihm dann das kleine Booklet schenken, das ich ihr gebastelt hatte und das auf dem Postweg zu ihnen war.

Inzwischen zeichnete ich als »Geschichtenpflegerin« seit eineinhalb Jahren die Geschichten sterbender Menschen auf. Die wichtigsten Erinnerungen, die prägendsten Ereignisse. Gedanken und Wünsche für diejenigen, die zurückbleiben werden. Die meisten von ihnen waren »alt«, das heißt mindestens siebzig, denn in unserem Teil der Welt sterben die meisten Menschen, wenn sie alt sind. Neele war meine erste »junge« Patientin.

Der Anruf kam von einem Hospiz aus dem Hamburger Umkreis, wo man von meiner Arbeit gehört hatte und helfen wollte – Neele, aber eigentlich auch ein bisschen sich selbst, denn ihr Schicksal war auch für das erfahrene Team eine große Belastung.

Neele war erst zweiunddreißig und an einer akuten Leukämie erkrankt. Nur wenige Monate, nachdem ihre Freundin die gemeinsame Tochter zur Welt gebracht hatte, hatte sie die Diagnose bekommen.

Anschließend verbrachte sie fast ein halbes Jahr im Krankenhaus, wo sie mehrere harte Chemotherapien durchstand, von denen aber keine anschlug. Bald war klar, dass nur noch eine Knochenmarkspende ihr Leben retten konnte.

Doch die Chance, dass ein Mensch das gleiche Gewebemerkmal hat wie ein anderer, die beträgt ungefähr eins zu einer Million. Deshalb ging Neele an die Öffentlichkeit und suchte gemeinsam mit der DKMS (Deutsche Knochenmarkspenderdatei) einen Spender: Zahlreiche Zeitungen berichteten über die kleine Familie, auch im Fernsehen war sie zu sehen, und die Berichte waren immer mit dem Aufruf versehen, sich typisieren und somit als potenzieller Stammzellenspender registrieren zu lassen. Tausende Menschen machten mit, aber es dauerte.

Und dann, als sie schon beinahe nicht mehr dran geglaubt hatte: Jackpot!

An einem Tag im April, wie ich später auf ihrem öffentlichen Instagram-Account nachvollzog, erhielt Neele die erlösende Nachricht: Man hatte ihren genetischen Zwilling gefunden. Neele konnte ihr Glück kaum fassen, erklärte in einem Post, von Freude und Dankbarkeit geflutet, wie die kommenden Wochen aussehen würden: Noch einmal Chemo, noch einmal Bestrahlung, dann endlich die rettende Transplantation.

Die Fallhöhe der Hoffnung hätte nicht größer sein können.

Ich weiß nicht, was genau schiefgegangen ist, ob überhaupt irgendwas schiefgegangen ist, oder ob das Dinge sind, die ganz einfach dazugehören.

Dr. Google sagt, jeder dritte Stammzellentransplantierte erleidet einen Rückfall – wie hoch das Rückfallrisiko ist, hängt von der Grunderkrankung und ihrem Stadium zum Zeitpunkt der Transplantation ab, und wahrscheinlich auch von tausend anderen medizinischen Details. Fest steht, dass sich ungefähr drei Wochen nach der Transplantation der andere Zwilling zurückmeldete, und diesmal würde er sich nicht abschütteln lassen.

Es hatte nicht geklappt. Neele lag im Sterben.

Nach der Rücksprache mit mir hatte die Seelsorgerin des Hospizes Neele vorgeschlagen, mich zu treffen. Sie wollte. Und dann musste es auch schon schnell gehen.

Schon am nächsten Vormittag fuhr ich zu Neele ins Hospiz. Draußen war es warm, sie lag in T-Shirt und kurzer Hose auf ihrem Bett und blickte durch die Terrassentür nach draußen in den Hospizgarten. Auf ihrem Nachttisch stand ein Bild, das sie, ihre Freundin und das Baby lachend in einem Strandkorb zeigte. Darauf trug Neele noch einen dunklen durchgestuften Lockenkopf. Jetzt hatte sie keine Haare mehr, keine Wimpern, und ihr Körper war von blauen Flecken übersät, wie es bei der Leukämie so typisch ist.

Zuerst war es fast so wie immer. Neele erzählte mir von den wichtigsten Erinnerungen aus ihrem kurzen Leben, vor allem davon, wie sie ihre Freundin kennengelernt hatte und der Wunsch nach einem gemeinsamen Baby Wirklichkeit geworden war. Und was sie den beiden wichtigsten Menschen in ihrem Leben mit auf den Weg geben wollte, den diese nun ohne Neele beschreiten würden. Ich hörte zu und fragte nach, so wie jedes Mal.

Aber es war eben doch etwas anders – Neele war mindestens vierzig Jahre jünger als die meisten Menschen, mit denen ich bisher gesprochen hatte. Für die hatte es einen heilenden Effekt gehabt, am Ende ihres Lebens mit mir über jenes Leben zu sprechen, Bilanz zu ziehen und besondere Ereignisse Revue passieren zu lassen. Von mir bezeugen zu lassen: »Mein Leben ist echt, jetzt geht es vorbei, aber es hat wirklich stattgefunden. Es hatte eine Bedeutung, und auch mein Tod wird eine Bedeutung haben.«

Das Gute, aber auch all das Schwere, all der Herzschmerz, sie waren es wert gewesen, denn nur dadurch wird ein Leben zu einem echten, gelebten Leben. Aber es kommt noch etwas hinzu: Wer alt ist und Glück hatte, durfte miterleben, vielleicht am eigenen Leib, dass aus gebrochenen Herzen Wunder wachsen können. Wer jung sterben wird, muss hingegen darauf vertrauen, dass die Wunder aus den Herzen der anderen wachsen. Die, die durch den eigenen Tod erst gebrochen werden – vielleicht zum allerersten Mal.

Als wir uns dem Ende des Gesprächs näherten, traute ich mich daher, Neele etwas zu fragen, was ich noch nie jemanden gefragt hatte.

»Wenn wir ein Kind auf die Welt bringen«, begann ich, »dann versuchen wir, es so gut es geht aufs Leben vorzubereiten, und manchmal geht dabei unter, dass auch unser Kind irgendwann sterben wird, auch wenn wir uns das so schwer vorstellen können.«

Ich hielt einen Moment inne, und sie signalisierte mir durch ein zustimmendes Murmeln, dass ich weiterreden konnte.

»Ich wünschte natürlich, du wärest nicht in dieser Position, in der du bist, aber sie bietet dir auch die Möglichkeit, deiner Tochter etwas über das Sterben zu sagen. Woran du glaubst, oder wie es sich für dich anfühlt. Wenn du magst.«

Wenn ich ehrlich bin, fragte ich wahrscheinlich auch für das kleine Mädchen, das ich einst gewesen war.

Neeles mutige, ehrliche und wundervolle Antwort darauf gehört nur ihrer Tochter, deswegen werde ich sie hier nicht teilen. Was ich teilen möchte: Es ist möglich, unseren Liebsten noch im Sterben einen Schatz zu hinterlassen, dessen wahrer Wert sich vielleicht erst zeigt, wenn sie uns eines Tages folgen müssen. Etwas, was ihnen dann den Weg weisen kann. Das wird bei jedem von uns etwas anderes sein, genauso unterschiedlich wie all die anderen wichtigen Momente in unseren Leben. Sterben ist einer davon.

Wir müssen nicht darauf warten, dass uns dieser Schatz von allein überreicht wird – wir dürfen auch danach fragen und einem sterbenden Menschen das sichere Gefühl geben, dass wir es auch wirklich wissen wollen. Kein Buch, kein Film und keine Weiterbildung über den Tod können die Erfahrung am Sterbebett ersetzen, das weiß ich jetzt. Über das Sterben lernen wir am meisten dort, wo es in Echtzeit geschieht. Und auch das nur, wenn wir bereit sind, unsere Herzen vor dieser Erfahrung nicht zu verschließen. »Ein verschlossenes Herz ist ein unberührbarer Geist«, sagt Deb Ozarko, und »ein unberührbarer Geist ist ein ignoranter Geist.«

Es wird ein Riss durch das Herz ihrer Tochter gehen, wenn Neele stirbt, dachte ich, als ich ihr zuhörte. Unbewusst, weil sie noch viel zu klein war, um diesen Riss einzuordnen. Vielleicht wird sie später spüren, sich wundern, warum sich alles etwas intensiver anfühlt als für andere Kinder. Warum sich Trauer noch trauriger anfühlt und manchmal sogar ein bisschen schön. Warum sich Schönheit noch schöner anfühlt und manchmal ganz schön traurig. Und dann sagte ich es doch laut: »Als mein Vater starb, da war ich natürlich viel älter als deine Tochter jetzt, aber durch dieses gebrochene Herz, das nie wieder ganz zusammenwächst, durch diesen Riss scheinen dann auch andere Dinge durch. Dinge, die man sonst nicht sehen könnte.«

Neele nickte.

»Und trotzdem ist es nicht okay«, schob ich hinterher. Denn das war es auch nicht.

Als ich das Gespräch am selben Nachmittag abtippte und Neeles Stimme noch einmal über Kopfhörer hörte, berührte es mich sehr, als sie ganz zum Schluss sagte: »Das war schön.«

Ich glaube, sie meinte unser Gespräch, aber irgendwie auch ihr Leben. Sie würde nichts bereuen, hatte sie während des Interviews gesagt, und alles noch mal genauso machen.

Wir hatten verabredet, dass ich ihr alles gleich am nächsten Tag vorlese, aber ich fragte sie trotzdem, ob sie mir vertraut, dass ich das Dokument nach bestem Wissen und Gewissen fertigstelle, falls sie es nicht durch die Nacht schafft. Sie vertraute mir. Und sie schaffte es nicht.

Als ich morgens mit der Mappe in der Hand vor dem Hospiz stand, kam mir eine Pflegerin kopfschüttelnd entgegen. Neeles Zustand hatte sich nach unserem Gespräch rapide verschlechtert. Sie war in der Nacht im Beisein ihrer Partnerin verstorben.

Zwei Tage später schrieb ich Neeles Freundin besagte Nachricht. Sie hatte sich gewünscht, die Aufzeichnungen auch per E-Mail zu bekommen, für den Fall, dass auf dem Postweg etwas verloren ging. Sicher war sicher. Ein Klick, dann war es passiert. Und dann fühlte ich mich (wieder mal) auch ein bisschen schuldig. Ich fragte mich: *Darf ich das? Wer gibt mir das Recht?*

Sie trauert um ihre große Liebe, ihre letzten Worte an Familie und den Freundeskreis gerichtet zu lesen, auch und gerade, weil sie so voller Liebe waren, werden ihr tausend Nadelstiche ins Herz versetzen. Doch irgendwoher aus meinem Innern kam die Gegenfrage: *Wer gibt mir das Recht, es nicht zu tun?* Und überhaupt: Woher nehmen wir uns alle eigentlich jeden Tag aufs Neue das Recht heraus, zu wissen, was wir einander zumuten können?

Viele Menschen mit einem verwundeten Herzen suchen sich Hilfe, bei einem Coach, bei einer Therapeutin oder sonst wo, in der Hoffnung, ihren Schmerz heilen zu können. Das war bei mir nicht anders. Es braucht ein Motiv, um eine Entscheidung zu treffen und sich auf den Weg zu machen. Genau wie der Held oder die Heldin in einem Roman ein Motiv hat, mit dem sie in das Abenteuer startet, welches sich am Ende der Geschichte jedoch in den seltensten Fällen als der tatsächliche Grund herausstellt. Das, was die Heldin am Anfang möchte, ist in den seltensten Fällen das, was sie am Ende auch bekommt – weil es nicht das ist, was sie, stellvertretend für die Welt, braucht.

Heute sage ich, es geht nicht darum, den Schmerz zu heilen. Es geht vielmehr darum, ihn tragen zu lernen. Indem wir ihn gleichmäßig auf mehrere Schultern verteilen. Als Missionar*innen des Schmerzes, sozusagen. Wir können unseren Schmerz aber nur teilen und ihn somit etwas leichter werden lassen, wenn wir beginnen, die Herzen unserer Mitmenschen zu brechen, auf eine liebevolle Art. Und den Schmerz oder die Trauer in ihre Herzen hineinströmen lassen, damit wir nicht selbst andauernd von ihm überflutet werden. Denn in einem Leben, in dem alles vergänglich ist, gehört die Trauer zu den dauerhaften Angelegenheiten.

Klar, wir können versuchen, ihr zu entfliehen – in den Buddhismus zum Beispiel, und glauben, dass Schmerz und Leid aus Anhaftung resultieren und eigentlich eine Illusion sind. Oder ins Christentum und versuchen, darauf zu vertrauen, dass die Welt nicht unser Zuhause ist und die Erlösung im Himmel wartet. Aber wir leben jetzt und hier, wir sind Teil der westlichen Tradition, und die Welt ist unser Zuhause.

Ich sage nicht, dass es falsch ist, den Buddhismus zu studieren und Stille zu praktizieren, im Gegenteil. Auf den Buddhismus werde ich im letzten Kapitel zu sprechen kommen. Was ich meine, ist, dass wir hier, im Westen, in eine Welt hineingeboren wurden, die daran glaubt, dass Dinge und Menschen »echt« sind, »wirklich« gehen und dann »für immer« fort sind. Das ist das Verständnis des Westens von Realität, und daraus resultiert eine Einsamkeit, die ein Weinen in uns hervorrufen möchte, wie Stephen Jenkinson den Unterschied zwischen östlicher und westlicher Tradition beschreibt.

Das Problem: Wir haben das Weinen verlernt.

Deswegen müssen wir eine alte Fähigkeit neu entwickeln und kultivieren – die Kunst, ein gebrochenes Herz zu haben und damit zu leben, und damit einhergehend die Gabe, andere Herzen auf jene fähige Art und Weise zu brechen. Dafür braucht es Menschen, die mit einem offenen Herzen der Welt zuhören. Durch die Risse im Herzen hören sie das Lied der Welt und alles, was seinen Rhythmus stört.

Ich glaube, es gibt tatsächlich nicht viele Dinge, die kraftspendender sind, als gehört zu werden. Als Baby, wenn wir auf die Welt kommen, ist unsere Stimme das einzige Werkzeug, um auf uns aufmerksam zu machen. Wenn unsere Stimme beantwortet wird, auch wenn dies nur durch ein »Dasein« geschieht, dann beruhigt das unser Nervensystem.

Vielleicht liegt darin auch die Kraft meiner Arbeit, wenn der Lebenskreis sich schließt: Dass am Ende einfach jemand da ist. Und zuhört. Dass ein Mensch in dem Gefühl gehen kann, gehört worden zu sein. Dass Worte bleiben, die unsere Herzen simultan brechen und heilen können. Wie gesagt, manchmal kann Reden Gold sein. Vielleicht so ein bisschen wie beim »Kintsugi«, einer traditionellen japanischen Reparaturmethode für Keramik, bei der die Risse in einem Gefäß mit goldener Farbe gekittet werden.

Ich weiß nicht, ob ich mit der Aufzeichnung von Neeles letzten Worten dazu beigetragen habe, dass das angebrochene Herz ihrer Tochter irgendwann heilt. Vielleicht habe ich dazu beigetragen, dass es niemals heilt. Und vielleicht ist das eine gute Sache. Nur aus gebrochenen Herzen können Wunder wachsen. Wie Leonhard Cohen sang: *There is a crack in everything, that's how the light gets in.*

Neele hat eine Stunde am letzten Tag ihres Lebens genutzt, trotz schwindender Kräfte, ganz persönliche Worte an ihr Kind zu richten und ihm so auf die buchstäblich liebevollste Weise das Herz zu brechen. Was für ein Geschenk im Angesicht von so viel Trauer. Manchmal erkennt man ein Geschenk nicht sofort nach dem Auspacken.

Ich habe es bereits gesagt: Ich mag diesen in meinen Ohren etwas platten Satz »Von Sterbenden kann man so viel lernen« eigentlich nicht, denn er kann Druck auf jemanden ausüben, der genauso wenig über das Sterben weiß wie diejenige, die neben ihm sitzt. Die Aufgabe, wie Sterben geht, ist für die meisten schon schwer genug, als dass sie darüber noch einen Lehrauftrag annehmen könnten, um den sie nicht gebeten haben. Aber in Neeles Fall passt dieser Satz wirklich – sie ist für mich ein ganz großes Vorbild dafür, wie man auch im Sterben noch Verantwortung für sein Kind übernimmt.

Es dauerte nicht lange, dann berichteten auch die Zeitungen, die erst gemeinsam mit Neele nach einem Spender gesucht und dann den Fund desselben bejubelt hatten, über ihren Tod. *Junge Mutter verliert Kampf gegen den Krebs*, so oder so ähnlich lautete fast jede Schlagzeile, jeder Text darunter nahm noch mal auf, wie dramatisch ihre Geschichte verlaufen war: Die Diagnose nach der Geburt ihrer Tochter, das monatelange Hoffen und Bangen gefolgt von der trügerischen Erlösung, die nur wenige Wochen währte.

Was für eine laute Geschichte, dachte ich. Mir fiel der halbjüdische Soldat wieder ein, über den ich einst schrieb, und wie er seine deutsche Freundin zwischen den Zügen küsste. Den leisen Teil der Geschichte, der mit Rotstift aus meinem Text über ihn gestrichen wurde. Es gibt auch so einen leisen Teil in Neeles Geschichte. Den Teil, als sie in den Morgenstunden ihres letzten vollen Tages über das Sterben spricht. Als sie mir ihre Trauergeschichte erzählt und nicht die ihres Kampfes.

»Wir trauern nur um das, was wir lieben, und im Gegensatz zur kulturellen Beschämung unseres Schmerzes sind Trauer und Schmerz starke Motivatoren für Transformation«, schreibt Deb Ozarko in *Beyond Hope*. In unserer Trauer-phobischen Kultur mache es jedoch durchaus Sinn, dass wir dort stehen, wo wir heute stehen. Weil wir die Unermesslichkeit unserer Trauer fürchten, würden wir uns verschließen und in einen tiefen Zustand der Verleugnung begeben. Verleugnung wiederum ist für Ozarko in den meisten Fällen die Manifestation unterdrückter Trauer. Und »unterdrückte Trauer«, sagt sie, ist »unausgedrückte Liebe«.

Ich finde, es lohnt sich, über diesen Satz nachzudenken. Jedes Mal, wenn wir versuchen, Trauer und Schmerz aus dem Weg zu gehen, verschließen wir uns auch vor unserer Fähigkeit, grenzenlos zu lieben. Wenn jemand stirbt, den wir lieben, oder wir selbst bald sterben müssen. »Das Gegenteil von Hoffnung ist nicht Verzweiflung«, sagt Deb Ozarko. »Es ist Trauer.«

9
Ankunft: Ein Ort zwischen richtig und falsch

Im selbem Sommer, in dem ich Ennis auf die Welt brachte, hatte eine andere junge Mutter ihren kleinen Sohn zurücklassen müssen. Eines Morgens war ihr schwindelig, der Kopf schmerzte stark, und ihr Mann fuhr sie sofort zum Arzt. Es wurde eine gefährliche Hirnblutung festgestellt, sie sollte umgehend operiert werden. Im Vorraum des Operationssaals saß der Mann bei seiner Frau und wartete mit ihr darauf, dass es endlich losging, doch der Start schien sich zu verzögern.

»Lies mir doch etwas vor«, sagte die Frau.

Der Mann zog sein brandneues Kindle aus der Tasche, auf dem er mehrere Klassiker der Weltliteratur abgespeichert hatte, die er immer schon mal lesen wollte. Er wählte *Moby Dick* aus und begann, seiner Frau daraus vorzulesen. Er schaffte aber bloß ein paar Seiten, dann kam das Anästhesie-Team. Die beiden verabschiedeten sich voneinander, und der Mann versprach, in ein paar Stunden wieder zurück zu sein. In jedem Fall rechtzeitig, bevor sie wieder aufwachte. Dann fuhr er mit seinem Auto eine Weile ziellos durch die Gegend, bis die ungefähre Zeit gekommen war. Da hatte er schon so ein komisches Gefühl. Als er auf dem Stationsflur ankam, bemerkte er sofort die Hektik auf dem Flur – aus allen Richtungen kam medizinisches Personal angelaufen. »Lass sie nicht in unser Zimmer rennen«, dachte er noch, realisierte aber schon im nächsten Moment, dass sie genau das taten. Es waren auf einmal Komplikationen aufgetreten, und die Frau überlebte diese nicht. Sie bekam nicht mit, was mit ihr geschah, erzählte mir ihr Mann viele Jahre später, denn sie war immer noch unter Narkose gewesen. »Die Ärzte haben mir gesagt, dass sie nicht gelitten hat.«

Aber er, er litt bis heute – bis zu dem Tag, an dem ich ihn auf der Palliativstation traf.

Dieser Mann war mein Patient X, X wie in »Elixier«, wie die Erkenntnis oder die Lehre in der Heldenreise genannt wird, die die Heldin mit nach Hause bringt. Er ist das Ende meiner Geschichte. Sein Name war Daniel. Und er hat mir erlaubt, dass ich mein Buch mithilfe seiner Geschichte zu Ende erzählen darf.

Es war der erste Tag nach unseren Ferien auf Sylt. Meine erste Begegnung mit Daniel, der anfangs noch Herr T. für mich war, verzögerte sich. Es ist schon merkwürdig, dass er ausgerechnet in meinem Urlaub eingewiesen worden war. Mein Patient X lag schon seit fast zwei Wochen auf der Palliativstation, bevor ich ihn das erste Mal sah. Leere Tage, die mir im Nachhinein sowohl vergeudet als auch notwendig vorkommen. Und dann legte ich noch einen Tag drauf, dabei stand ich schon fertig angezogen vor Zimmer achtzehn. Daniel war zwar aus der präventiven fünftägigen Covid-Isolation raus, hatte aber einen dieser antibiotikaresistenten Keime. Deswegen hatte ich mir vorschriftsmäßig Kittel und Handschuhe angezogen. Ich wollte gerade klopfen, als die Tür von Zimmer siebzehn aufging. Ein Herr mittleren Alters kam heraus und schaute sich suchend um.

»Kann ich Ihnen helfen?«, fragte ich.

»Ich wollte mir ein kleines Stück Kuchen holen, aber ich kann meine Frau so nicht allein lassen. Ich suche jemanden, der sich kurz zu ihr setzen kann.«

»Ich kann das machen, kein Problem. Ich wollte gerade ins Nebenzimmer, aber das eilt nicht. Lassen Sie sich Zeit.«

Der Herr lief den Flur Richtung Cafeteria herunter. Ich betrat das Zimmer und setzte mich auf den Stuhl an Frau G.s Bett. Sie war bereits im Sterbeprozess, und ich erschrak ganz kurz, aber nur, weil ich nicht darauf vorbereitet gewesen war. Das Gesicht war grau, die Augen geschlossen, und der Mund stand leicht offen. Sie schien schon sehr weit weg und atmete angestrengt, aber ich spürte, sie hatte noch Luft für ein paar Stunden. Inzwischen konnte ich das ganz gut einschätzen.

Ich sagte ihr, wer ich war und dass ich bei ihr bleiben würde, bis ihr Mann wiederkam, und nach ein paar Minuten stand er auch schon wieder am Fußende des Bettes. Irgendwie hatte ich das Gefühl, dass meine Aufgabe hier mit der kurzen Sitzwache noch nicht beendet war, und deswegen fragte ich ihn, wie es ihm geht. Er schien dankbar für die Frage zu sein, beinahe, als hätte er darauf gewartet, denn aus seiner Antwort wurde eine rund einstündige Nacherzählung ihrer Liebesgeschichte: Wie er Ingrid in dem großen Warenhaus kennengelernt hatte, in dem sie beide arbeiteten und wo er Abteilungsleiter gewesen war. Wie er seine erste Frau und die drei Kinder für Ingrid verlassen hatte, weil er einfach nicht anders konnte. Weil sie die Frau seines Lebens war. Wie er sich trotzdem schuldig gefühlt hatte, und dass er es trotzdem immer wieder so machen würde. Weil sie die eine ist und die eine bleiben würde, auch wenn sie jetzt ging.

»Das habe ich so noch nie jemandem erzählt«, sagte er schließlich, und er wirkte ungläubig und erleichtert zugleich.

»Ich bin mir sicher, Ingrid hat Ihnen gerne zugehört«, antwortete ich, »und ich übrigens auch.«

Ich stand auf und wünschte den beiden alles Gute. Ich war so dankbar für meinen Job in diesem Moment.

Ich warf meinen Kittel bei Ehepaar G. in die Wäschetonne, und als ich wieder auf dem Flur stand, um mir einen neuen für Zimmer achtzehn anzuziehen, entschied ich mich spontan, erst noch mal kurz im Stationszimmer vorbeizuschauen. Einmal kurz Luft holen nach diesem intensiven Gespräch. Als ich dort ankam, tauchte ein älterer Herr an der offenen Schiebetür auf.

»Ich möchte zu Herrn T.«, sagte er zu der Schwester, die gerade am Computer saß, dann zeigte er ihr seinen negativen Corona-Testnachweis.

»Zimmer achtzehn«, sagte die Schwester.

Okay, prima, dachte ich, Feierabend. Für heute war ich raus.

Am nächsten Tag, ein Dienstag, saß ich mittags wie gewohnt in der Teambesprechung. Zimmer achtzehn war als Letztes an der Reihe. Kurz zuvor hatte sich mit etwas Verspätung die Seelsorgerin zu uns gesellt. Sie hatte gerade noch gemeinsam mit Herrn T. sein Testament gemacht. Es wäre sehr mühselig gewesen, erzählte sie, er hätte sich nur schwer konzentrieren können und sie hätte ihm jedes Wort diktieren müssen. Sie hätte auch noch mit seiner Schwägerin telefoniert, weil er sich nicht mehr sicher gewesen war, wie genau das Geburtsdatum seines Sohnes lautete. Aber jetzt wäre es geschafft, er sei müde, aber erleichtert. Ich atmete innerlich aus. Vielleicht bräuchte ich dann ja gar nicht mehr zu ihm. Keine Ahnung, warum ich das dachte und warum ich froh darüber war.

Dr. Faust hatte mich am Vortag gebeten, zu ihm zu gehen. Herr T. war Mitte vierzig, Alkoholiker und würde infolgedessen an einer Leberzirrhose sterben. Er hatte einen minderjährigen Sohn, die Mutter war schon seit einigen Jahren tot. »Er würde gern sein Testament machen, aber er baut kognitiv stark ab. Ich muss ihm dafür den Vollbesitz seiner geistigen Kräfte attestieren, und das wird von Tag zu Tag schwieriger.«

Irgendwie hatte ich aus dieser Aussage herausgehört, dass ich ihm beim Testamentmachen helfen könnte, was natürlich Blödsinn war. Mein Job waren die geistigen Testamente. Aber aus mir noch unersichtlichen Gründen scheute ich mich davor.

Als es nun hieß, das »richtige« Testament wäre gemacht, wähnte ich mich in trügerischer Sicherheit. Irgendetwas in mir wollte einfach nicht zu ihm. Vielleicht der Teil, der wusste, dass Daniel nicht war, was ich wollte. Sondern was ich brauchte. Mein Patient X.

»Waren Sie schon bei ihm, Sabrina?«, riss Dr. Faust mich aus meinen Gedanken.

Ich schüttelte den Kopf und meinte, dass er gestern Besuch gehabt hatte, und wenn die Seelsorgerin gerade drin gewesen war, dann müsste ich ja jetzt auch nicht mehr.

»Aber es geht ja darum, dass er vielleicht noch ein paar Gedanken für seinen Sohn hinterlassen möchte«, sagte er, und dabei schaffte er es irgendwie, mich nicht wie jemand dastehen zu lassen, der seine eigene Rollenbeschreibung vergessen hatte.

»Und wenn es nur ein paar Zeilen sind«, ergänzte die Seelsorgerin. »Ich glaube, er spürt, dass er nicht mehr viel Zeit hat.«

Die Tür stand offen, daher klopfte ich gegen den Rahmen.

»Darf ich reinkommen?«

Daniel hob den Kopf. »Sie sind doch schon drin.«

Er warf mir ein warmes Lächeln zu. Ich schob aus sicherer Distanz kurz meine Maske runter und lächelte zurück. Diesen Moment habe ich mir in der ganzen Pandemie nicht nehmen lassen. Es ist ein bisschen wie Eintritt zahlen, finde ich, wenn man einen

Teil der sehr begrenzten Zeit eines Sterbenden in Anspruch nehmen möchte.

Daniel war dünn und blass, und seine blaugrauen Augen wölbten sich vor gelbem Grund aus den Augäpfeln hervor, aber ich fand ihn irgendwie schön. Er hatte halblanges, braunes Haar und offensichtlich hatte er sich schon länger nicht mehr rasiert. Seine Hände zitterten ein bisschen, als er den Fernseher ausschaltete, er wirkte ein wenig fahrig, was nicht ungewöhnlich für einen Sterbenden war. Oder für einen Alkoholiker.

Es war seine Stimme, die es mir gleich antat. Heiser, warm und leicht kratzig. Und traurig.

Ich zog mir einen Stuhl ans Bett und erzählte ihm, wer ich bin und was ich mache. Dass wir uns im Team gedacht hatten, dass es vielleicht eine schöne Sache wäre, einige Erinnerungen und Gedanken für seinen Sohn zusammenzutragen, und dass ich diese für ihn aufschreiben könnte. Er stimmte sofort zu, das würde er sehr gern machen. Normalerweise verabrede ich mich mit meinen Patient*innen zu einem zweiten Termin, an dem wir das eigentliche Interviewgespräch führen, aber aufgrund seiner Verfassung fragte ich Daniel, ob wir direkt loslegen sollen.

»Wenn Sie das häufiger machen, dann sind Sie die Emotionen, die damit einhergehen können, sicher gewöhnt?«, versicherte er sich noch.

»Ja«, sagte ich, »keine Sorge. Ich halte das alles mit Ihnen aus.«

Ich klärte ihn noch kurz über mein Vorgehen auf, und nachdem er sich mit allem einverstanden erklärt hatte, legte ich das Aufnahmegerät auf den Nachttisch.

»Dann erzählen Sie mal, was meinen Sie – was muss Ihr Sohn über Sie wissen?«

Es war ein unterdrücktes und doch hörbares Schluchzen, mit dem Daniel seine Erzählung begann. Ein Geräusch, das ich nie wieder vergessen werde, weil ich es noch nie gehört hatte. Den Schmerz eines Mannes, der kurz eine Chance sah, sich zu entladen, und der sich dann doch im dritten Anlauf wieder wegräuspern ließ.

Wir redeten eineinhalb Stunden. Am Anfang war er noch etwas zerstreut gewesen, verhaspelte sich ein paarmal und kam mit den Jahreszahlen durcheinander, aber dann schien es mir fast so, als ob das Sprechen mehr Kraft spenden als kosten würde. Zunächst ging es vor allem um die gemeinsame Zeit mit seinem Sohn. Er teilte die schönsten Erinnerungen an einige unvergessliche Vater-Kind-Momente mit mir, Erlebnisse, die beiden zumindest ein wenig über den frühen Verlust der Mama hinweggeholfen hatten. Es war der plötzliche Tod seiner großen Liebe gewesen, Maja, der ihn letztendlich wohl auch hierhergeführt hatte, sagte er. Sie hatten damals gerade erst die neue Wohnung gekauft, sie war noch nicht mal fertig eingerichtet gewesen. Er erzählte es ohne Bitterkeit und ohne Selbstmitleid, im Gegenteil. Er fühlte sich schuldig, und er würde sich nie verzeihen, dass er es in der jüngsten Vergangenheit nicht geschafft hatte, mit dem Trinken aufzuhören.

»Es war die Einsamkeit«, sagte er, »wenn du da abends alleine sitzt, dann geht der erste Schluck runter wie Samt und Seide.«

Er stirbt an seiner Trauer, dachte ich, aber ich sagte es noch nicht laut. Es wurde mir erst jetzt so richtig klar. Der Alkohol, die Leberzirrhose, das waren alles nur Symptome. Es war die Trauer, die ihn umbrachte, still und leise, während alle über seine Leberwerte, die Gelbsucht und den Wasserbauch sprachen, der sich unter dem Laken wölbte.

»Ihr Sohn wird zwangsläufig ein Experte für Trauer werden«, begann ich stattdessen, »nach all dem, was ihm in seinem jungen Leben schon passiert ist. Was meinen Sie, was könnte er anders machen als Sie, damit er an der Trauer wachsen kann, anstatt an ihr zu zerbrechen?«

Als ich am nächsten Tag am Schreibtisch saß und die Aufzeichnung abspielte, um sie zu verschriftlichen, durchlebte ich unser Gespräch ein zweites Mal. Die Momente, in denen nicht nur Daniels Stimme brach, sondern in denen sich auch so viel Liebe für seinen Sohn den Weg bahnte. Ich lehnte mich durch die gepaddeten Kopfhörer an den Sound seiner Stimme und erinnerte mich, wie ich meine Arme auf das Bettgitter gelehnt und meinen Kopf darauf gestützt hatte, während ich ihm aufmerksam zugehört hatte. Wie ich meine Hand im blauen Schutzhandschuh auf die Bettdecke legte, unter der ein ausgezehrter Körper mit aufgeblähtem Bauch lag, der zwischendurch sowohl von den Wellen der schönen Erinnerungen an die Vergangenheit als auch von den traurigen Gedanken an eine Zukunft ohne ihn erfasst wurde. Es war so traurigschön in Daniels Zimmer und gleichzeitig so vertraut-gemütlich gewesen. Ich hätte für immer dort bei ihm sitzen bleiben können.

Ich habe mal gelesen, dass das Ohr und die Haut in enger Verbindung zueinander stehen, und dass einen die gehörten Worte in Zusammenhang mit Stimmfarbe und Klang buchstäblich streicheln können. So fühlte es sich an, als ich Daniel zuhörte – während ich »live« bei ihm war, aber auch beim zweiten Mal, als ich seinen Worten über Kopfhörer lauschte. Ich mochte, was er sagte und wie er es sagte. Und ich ließ es zu, mich im wahrsten Sinne des Wortes davon berühren zu lassen. Ich spürte intuitiv, dass wir beide zusammen etwas ganz Besonderes geschaffen hatten. Das Booklet, das ich aus seinen Worten für seinen Sohn erstellen werde, würde Bastian nicht nur daran erinnern, was Papa und er gemeinsam alles angestellt hatten, sondern ihm auch helfen, offen und authentisch mit seiner eigenen Trauer umzugehen.

Daniel ermutigte seinen Sohn, seine Trauer niemals runterzuschlucken oder gar zu ertränken, so wie er es getan hatte. Er solle immer darüber reden, wenn ihm danach wäre – und wenn jemand es nicht hören will oder kann, dann wären das auch nicht die Menschen, die er an seiner Seite verdient hatte.

Bastian würde nun bei Majas Schwester und ihrer Familie groß werden, und Daniel hatte noch einmal betont, wie froh er darüber war. Und in den Ferien könne er immer nach Dänemark zu seiner Großmutter, das hatte sie Daniel versprochen. Der Enkel war jederzeit willkommen, auch wenn es zwischen Mutter und Sohn zeitlebens schwierig gewesen war.

Ich beeilte mich mit der Verschriftlichung, denn ich hatte es hier buchstäblich mit einer Deadline zu tun. Zwischendurch rief ich auf der Station an und bekam Ben, unseren Oberarzt, ans Telefon. Ich erkundigte mich nach Daniels Zustand, hoffentlich war er noch da. »Dem geht es tatsächlich ganz gut«, sagte er, und ich hörte die Überraschung in seiner Stimme. »Der schafft es bis morgen, davon gehe ich aus.«

Am nächsten Tag, ein Mittwoch, war ich wieder bei Daniel und las ihm vor, was von ihm bleiben sollte. Ich war ein bisschen aufgeregt. Hier stand etwas auf dem Spiel. Die Weitergabe von Trauer, von einem Vater an seinen Sohn. Die Gefühle des Vaters. Die Gefühle des Sohnes. Und meine.

»Jenseits von richtig und falsch liegt ein Ort. Dort treffen wir uns.« So lautet ein berühmtes Zitat von Rumi. Ich habe durch diese Arbeit immer wieder erfahren, dass es bei all der Trauer auch ein großer Trost ist, zu wissen, dass es einen sicheren Ort gibt, der für keine Krankheit zu erreichen ist – nicht einmal für den Tod. Diesen Ort mit meinen Patient*innen aufzusuchen, während unseres Gesprächs und später noch einmal während des Lesens, empfinde ich als ein unglaubliches Geschenk, das ich jedes Mal voller Dankbarkeit in Empfang nehme. Denn es ist immer auch die wahrhaftige Begegnung zweier Seelen, die an diesem Ort stattfindet. An einem Treffpunkt, den ich nur finden kann, wenn ich bereit bin, mich ohne Vorbehalte für den anderen zu öffnen. Wenn ich bereit bin, die Fragen, die ich meinem Gegenüber stelle, zumindest in der Theorie auch selbst zu beantworten. Mein Job ist es nicht, mit »dem Kranken« zu sprechen, sondern mit dem Teil in ihm, der immer heil ist, von der Wiege bis zur Bahre, und weit darüber hinaus. Doch diesmal war es mehr als nur ein besonderer Moment. Denn diesmal war ich an diesem Ort einem Seelenverwandten begegnet, das spürte ich ganz deutlich. Inmitten von Blasenkathetern, Morphium und Abführmitteln, und sogar, obwohl die imaginäre Sanduhr auf Daniels Nachttisch beinahe abgelaufen war. Und beinahe hatte ich mit meiner unbewussten Verzögerungstaktik diese wunderbare Chance verpasst.

Daniel hörte für zwei Wochen auf zu sterben. Und deswegen sah ich ihn nicht nur noch einmal zum Vorlesen, sondern auch ein drittes Mal, um ihm das Booklet zu übergeben, und sogar noch ein viertes und fünftes Mal, um mich einfach mit ihm auszutauschen. Einmal hatte ich ihm Pflaumen und Aprikosen mitgebracht, weil er tags zuvor meinte, dass er Lust auf Steinobst hätte.

»Guck mal, was ich dir mitgebracht habe!«, begrüßte ich ihn, dann hielt ich inne und schaute etwas verlegen, weil ich ihn intuitiv geduzt hatte.

»Jetzt ist es raus«, sagte er lächelnd, und wir beide wussten, was gemeint war. Wir mochten uns.

Es schien ihm auf wundersame Weise besser zu gehen, er war wacher, konzentrierter und zeitweise richtig gut drauf. Sogar seine Blutwerte deuteten kurzfristig nicht mehr darauf hin, dass wir es hier noch länger mit einem sterbenden Menschen zu tun hatten. Auf einmal stand nicht nur seine Verlegung ins Hospiz auf der

Kippe, sondern sogar sein ganzer Tod infrage. Sieben Tage nach der letzten Teamsitzung – der Tag, an dem ich Daniel das erste Mal getroffen hatte – ging es auf einmal darum, dass die Ärzt*innen mit ihm darüber sprechen wollten, ob er sich nicht doch für eine Lebertransplantation öffnen würde. Bisher hatte er das immer abgelehnt. Die Erfolgsaussichten waren zu gering, als dass er sich – und vor allem seinem Sohn – noch einmal der hohen Fallhöhe der Hoffnung aussetzen wollte. Zu oft hatte er sich selbst und andere in der Vergangenheit enttäuscht. Er war zwar seit ein paar Monaten trocken, aber er traute sich selbst nicht mehr über den Weg. Deswegen glaubte er auch nicht, eine Leber verdient zu haben. Darüber hinaus überwältigte ihn die Vorstellung, dass er noch Monate im Krankenhaus aushalten müsste. Eine Transplantation bedeutete nämlich nicht automatisch auch eine Heilung. Es wäre nur ein Versuch, ein Strohhalm, an den man sich klammern konnte.

Die Atmosphäre in der Teamsitzung war angespannt. Schwester Jasmina sagte, sie hätte beobachtet, dass sich Daniels Allgemeinzustand auch durch meine Zuwendung verbessert hätte. Während der ersten zwei Wochen im Krankenhaus wäre er sehr lethargisch gewesen. Jemand anderes hingegen glaubte nicht, dass er noch einen »dezidierten Lebenswillen« hätte.

Ich wollte gerade sagen, dass ich mir da nicht mehr so sicher war, aber die Psychoonkologin kam mir zuvor. So ein Gespräch über die psychischen Voraussetzungen für eine Transplantation gehörte in »ärztliche Hände«, und es klang wie eine Warnung an mich. Und an den Hoffnungsschimmer in meinem Herzen. Oh, Mist, die Hoffnung war zurück.

Ich war in meiner Rolle als »Geschichtenpflegerin« natürlich nicht in der Position, mit Daniel ein psychologisch fundiertes Gespräch über eine Lebertransplantation zu führen. Aber ich gebe zu, die Versuchung, es trotzdem zu tun, war groß in diesen Tagen.

Zwischen Daniel und mir begann sich etwas zu entspinnen, aber was das war, das werde ich niemals so richtig in Worte fassen können. Mirko und ich waren inzwischen verheiratet, doch damit hatte es rein gar nichts zu tun. Ich redete mit Mirko über Daniel, jeden und fast den ganzen Tag in jenen zwei Wochen, und er hielt es geduldig aus. Er wusste, dass das nichts mit unserer Ehe zu tun hatte. Einen Mann, der das versteht, den muss man erst mal finden.

Daniel und ich genossen einfach die Anwesenheit des jeweils anderen, und wir waren in vielen Dingen einer Meinung. Vor allem hatten unsere Gespräche eine Qualität, die ich selten erlebe, und ich spürte das Bedürfnis, diese Qualität in meinem Leben halten zu wollen. Es war offensichtlich, dass unser Austausch einen großen Beitrag zur Besserung seines Zustands geleistet hatte, er selbst sagte das auch.

Einmal erzählte er mir, dass er nach Majas Tod in unregelmäßigen Abständen zu ihrem Baumgrab gefahren war – sie lag rund zwei Stunden entfernt in einem Friedwald an der Ostseeküste begraben –, um sich danach auf eine einsame Bank ans Meer zu setzen und ihr laut aus *Moby Dick* vorzulesen. Die ganzen neunhundert Seiten, damit sie auch das Ende der Geschichte noch erfuhr, mit der er damals, Stunden vor ihrem Tod, begonnen hatte.

»Das waren meine *Moby-Dick*-Tage«, sagte er.

»Die Geschichte überlebt nur Ismael, oder?«

Ich hatte *Moby Dick* nie gelesen und kannte die Handlung nur grob.

»Ja, der schafft es als Einziger«, sagte Daniel, und wir wussten beide, dass wir seinen Sohn Bastian meinten.

»Ist dir das jemals aufgefallen?«, fragte ich ihn am nächsten Tag. »Also, in *Moby Dick* geht es ja darum, dass Captain Ahab den weißen Wal jagt und ihn töten will, weil er ihm ein Bein abgerissen hat. Und am Ende wird Ahab von Moby Dick getötet. Da gibt es eine

Parallele, oder? Du wolltest deinen Schmerz mit Alkohol töten. Und jetzt bringt er dich um.«

»Ja, das stimmt. Damals war es einfach nur das erstbeste Buch auf meinem neuen Kindle. Aber ja, rückblickend ist da schon was dran.«

Und vielleicht war es für diese Erkenntnis ja doch noch nicht zu spät, dachte ich. Daniel hatte endlich offen und schonungslos mit jemandem über seine Trauer reden können, und vielleicht war es ja doch noch möglich, diese unterdrückte Trauer, die über die Jahre buchstäblich toxisch geworden war, zu überleben.

Am nächsten Tag traf ich Ben auf dem Flur. Ich schätzte ihn sehr. Er war gefühlt immer auf Station, manchmal bis spät in den Abend und oft auch am Wochenende, und er nahm sich auch im größten Stress immer viel Zeit für seine Patient*innen.

Ob er heute auch mit Daniel gesprochen hätte, wollte ich jetzt wissen, wegen der Lebertransplantation. Hatte er. Und Daniel sei immer noch ambivalent.

Ben war schon längst wieder in einem der anderen Patientenzimmer verschwunden, als ich immer noch unschlüssig im Gang herumstand. *Ambivalent*. Wenn Daniel ambivalent war, dann bedeutete das doch auch, dass da Stimmen in ihm waren, die eine Transplantation nicht völlig ausschlossen? Stimmen, die gehört und beantwortet werden wollten? Ich verspürte den Impuls, sofort in sein Zimmer zu rennen. In jedem Fall war es äußerst verlockend, mir vorzustellen, dass er sich durch mein gutes Zureden doch noch auf eine Transplantationsliste setzen lassen würde. Und wenn es ein passendes Organ für ihn gibt, dann würde ich ihn selbstverständlich auch weiterhin tatkräftig bei der Genesung unterstützen.

Zum Glück bemerkte ich rechtzeitig, dass ich mich auf hauchdünnem Eis bewegte.

Ich erinnerte mich daran, wie ich vor rund zwei Jahren alles auf die Karte Hoffnung gesetzt hatte, als ich meinen schwer kranken Vater begleitete. Und auf einmal war mir, als würde sich ein Kreis schließen. Damals hatte ich auch geglaubt, dass ich allein es schaffen könnte, dass ich das Zünglein an der Waage sein würde, das sie auf der Seite des Lebens und nicht auf der Seite des Todes ausschlagen ließ. Dass mit genug Durchhaltevermögen, Kampfgeist und mit einem unerschütterlichen Glauben an Wunder schon alles gut ausgehen wird. Zwar hatte ich auch damals schon Zweifel, ob das alles so richtig war, aber wie gesagt – ich hatte versucht, mich an Rilke zu halten.

»Forschen Sie jetzt nicht nach den Antworten, die Ihnen nicht gegeben werden können, weil Sie sie nicht leben könnten. Und es handelt sich darum, alles zu leben. Leben Sie jetzt die Fragen. Vielleicht leben Sie dann allmählich, ohne es zu merken, eines fernen Tages in die Antwort hinein.«

Dieser ferne Tag war jetzt gekommen. Diesmal würde ich nicht hoffen. Diesmal würde ich versuchen, nur zu lieben. Ich stand auf und ging in Daniels Zimmer. Meine Allmachtsfantasien und Überredungspläne ließ ich schweren Herzens vor der Tür.

Tatsächlich war Daniel selbst nicht sonderlich begeistert über den neuen Status quo. »Merkwürdig«, antwortete er, als ich ihn fragte, wie die Lage ist.

»Weil es dir paradoxerweise besser geht, seitdem du sterbend bist und du diesen Kampf nicht mehr führen musst, der dich all die Jahre so viel Kraft gekostet hat«, überlegte ich laut. Er nickte.

»Und wenn du nicht mehr sterbend bist und wieder kämpfen solltest, dann müsstest du diesen Frieden wieder aufgeben.«

»Genauso ist es. Du hast es auf den Punkt gebracht.«

Ich ließ es so stehen. Es war schwer auszuhalten. Die Einsicht, dass ein Mensch, der mein Leben bereicherte, sich gegen sein eigenes entschied, war schmerzhaft. Aber als ich länger darüber nachdachte, erkannte ich, dass das ja gar nicht stimmte. Daniel entschied sich nicht gegen sein Leben. Er entschied sich gegen die Hoffnung. Das war nicht dasselbe.

Am nächsten Tag erzählte er mir, dass er in einem langen und intensiven Gespräch mit den Ärzten übereingekommen war, es mit dem Hospiz zu versuchen. In anderen Worten: Darauf zu bauen, dass es mit dem Sterben doch noch klappt.

»Darf ich dich dann dort auch besuchen?«, fragte ich.

»Ja, klar. Mi casa es tu casa.«

»Schön. Dann komme ich am Mittwoch. Kennst du das Buch *Dienstags bei Morrie*?«

»Wo dieser Journalist seinen ehemaligen Dozenten besucht, als der todkrank ist?«

»Genau, da machen wir *Mittwochs bei Daniel* draus!«

Ich habe ihn noch einmal im Hospiz besucht. Daniel wurde an einem Dienstag verlegt, ich kam am Mittwoch, so wie wir es vereinbart hatten. Er strahlte, als ich zur Tür hereinkam, aber ich sah sofort, dass er wieder sterbend war. Ich sah weg.

Ich saß zwei Stunden an seinem Bett, wir redeten über alles Mögliche. Übers Sterben nicht so viel. Einmal sagte er, ich wäre gerade über die Wiese gelaufen, das hätte ich sehen sollen, dann hätte ich mal auf meinen eigenen Rücken schauen können. Die Pillen spielten mit seiner Wirklichkeit. Dann hatte er die Idee, dass wir uns noch mal ins Atrium setzen, bevor ich ging. Ich wusste nicht, dass das einfach nur ein Wort aus der römischen Architektur für »Innenhof« war, und für einen Moment dachte ich, wir machen noch mal zusammen einen abgefahrenen Ausflug. Atrium klang wie Planetarium, wie irgendetwas, wo ich gern mit ihm hingegangen wäre. Irgendetwas in Raum und Zeit, wo es egal war, dass einer von uns starb.

Die Schwester, die eigentlich gerade gekommen war, um Daniels Wünsche für den morgigen Speiseplan aufzunehmen, bat mich auf die Terrasse, um meine Meinung einzuholen, was den drohenden Wolkenbruch anging. Wir mussten Daniel samt Bett in den Innenhof schieben, und der war nicht überdacht. Ich blickte in den Himmel, da waren tatsächlich ziemlich dunkle Wolken zu sehen.

»Das zieht weiter«, sagte ich.

»Na gut, dann wagen wir es«, meinte die Schwester.

Wir gingen zurück ins Zimmer, und ich wartete, bis sie die Bremse von Daniels Bett gelöst hatten. Ein anderer Pfleger war dazugekommen, um das schwere Gestell zu bewegen. Ich hätte das auch machen können, aber der Besuch wurde hier geschont, er hatte andere Aufgaben.

»Wie stehen Sie beide eigentlich zueinander?«, sagte die Schwester plötzlich, gefühlt aus dem Nichts. Ich blickte irritiert auf. Auf die Frage war ich nicht vorbereitet gewesen. Ich schaute die Schwester an, dann rüber zu Daniel, der mich genauso fragend ansah. »Ja, Daniel, wie stehen wir beide eigentlich zueinander?«

»Wenn Menschen ›Ich liebe dich‹ zueinander sagen, dann gibt es ein paar Dinge darin, die nicht so nobel sind, wie wir es gerne hätten«, schreibt Jenkinson in *Die Wise.* »Für die meisten von uns bedeutet ›Ich liebe dich‹ vor allem: Ich liebe, wie ich mich fühle, wenn du das machst, was mich so fühlen lässt. [...] Meine Fähigkeit, dich zu lieben, hängt davon ab, was du machst, dass dem so ist. Vor allem hängt es davon ab, dass du liebenswert *bleibst.*

Das bedeutet, dass ich am meisten das liebe, was an dir liebenswert ist, das ist meine Fähigkeit. Und du musst lange genug am Ball bleiben, die Dinge zu machen, die dafür sorgen, dass ich dich liebe. Du musst in der Nähe bleiben, um mir die Chance zu geben, es zu tun. [...] Ansonsten ist meine Fähigkeit, dich zu lieben, in Gefahr. Diese Art der Liebe ist mehr wie eine Reaktion. [...] Die meisten Leute lieben einander in der wackeligen Annahme, dass sie lange genug dabei sein werden, um dieses Lieben und Geliebt-Werden zu vollziehen. Nicht viele gehen in dieses ›Liebe-Business‹ mit dem Ende dieser Liebe im Kopf und im Blick. Noch weniger gibt es von denen, die das Ende ihrer Liebe miteinplanen. Die meisten zögern, wenn sie irgendwie das Gefühl haben, die Liebe könnte nicht für die Langstrecke bleiben, oder dass der Deal sich geändert hat. Dass einer außer Sichtweite gerät, ohne auf den anderen zu warten und darauf, dass dieser bereit ist oder zustimmt oder überhaupt mitbekommt, dass das, was gerade passiert, passieren muss und passieren wird.«

»Ich arbeite auf der Palliativstation«, antwortete ich der Schwester. »Da haben wir uns kennengelernt. Er war mein Patient, und wir haben so gute Gespräche geführt, da wollte ich mich noch nicht trennen.«

Ich machte keine Pause, um Daniel etwas dazu sagen zu lassen.

»Manchmal lernt man die nettesten Menschen unter den beschissensten Umständen kennen«, schob ich noch hinterher, und weil ich diesen Satz in der Vergangenheit schon ein paarmal zu anderen Patient*innen gesagt hatte, schmeckte er etwas fad.

»O ja, das ist wahr!«, sagte die Schwester, auch der Pfleger nickte zustimmend.

»Dann habt ihr euch ja jetzt auch kennengelernt«, kommentierte Daniel, und dann rollten wir ihn aus dem Zimmer.

Im Atrium sprachen wir nicht mehr viel. Bastian würde morgen vielleicht kommen, wenn seine Tante, die nun seine Erziehungsberechtigte waren, zustimmte. Ich ermutigte Daniel, darauf zu bestehen.

»Ich soll sanfte Gewalt anwenden, meinst du?«

Ich nickte.

Am nächsten Tag würde ich für ein paar Tage zu einer Freundin an die Nordsee fahren. Das war lange geplant, und obwohl ich darüber nachdachte, den Trip abzusagen, tat ich es nicht. Auf nächsten Mittwoch wollte ich aber auch nicht warten.

»Ich komme dann am Montag wieder«, sagte ich zum Abschied. »Halt durch.«

»Okay«, sagte Daniel.

»Mach's gut«, sagte ich.

»Mach's besser.«

Das waren die letzten Worte, die ich ihn sagen hörte, bevor ich aus dem Atrium huschte, zurück in mein Leben. Beim Rausgehen klopfte ich von außen an die Scheibe des Atriums, um ihm zuzuwinken, doch da hob er den Kopf schon nicht mehr. Er hat es nicht mehr gehört, als wären die Fenster schalldicht gewesen. Eine undurchdringliche Mauer, die uns fortan trennen würde. Ich wüsste so gern, ob er all die ungesagten Worte trotzdem gehört hatte.

10

Die Sache mit dem Loslassen

Eines der hartnäckigsten Gerüchte in helfenden Berufen ist wohl nach wie vor, dass es darauf ankommt, immer eine gewisse »professionelle Distanz« zu bewahren. Die Gründe liegen scheinbar auf der Hand. Wer sich nicht abgrenzt, kann keine objektiven Entscheidungen mehr treffen, wer zu persönlich wird, handelt unprofessionell, wer zu viele Emotionen zulässt, dem droht das Burn-out. Auf meiner ersten Fortbildung in der Würdezentrierten Therapie sagte ich einmal in einer Gruppenarbeit, dass Liebe für mich in der Beziehung zu den Patient*innen eine wichtige Rolle spielt. Die anderen Teilnehmenden schauten so aus, als ob sie den Gedanken doch eher etwas befremdlich fanden.

Einer von ihnen berlinerte zurück: »Nee, ick kann die nich alle lieben, dat jeht nich.«

Ich war damals noch nicht so lange im medizinischen Umfeld tätig, deswegen ließ ich es so stehen. Heute würde ich mit einer Gegenfrage antworten: »Aber wie kannst du *nicht*?«

Ich habe wirklich lange und intensiv darüber nachgedacht, eigentlich die ganzen ersten zwei Jahre lang, in denen ich in der Palliativarbeit unterwegs war und in denen diese Geschichte spielt. So lange habe ich damit gerungen. Weil ich es einfach nicht so richtig hinbekam, »professionell« zu sein, zumindest nicht so, wie »professionell« gemeinhin verstanden wird. Als meine Freundschaft mit Peter in die Brüche ging, hatte die Schwester zu mir gesagt:

»Sie sind mit zu viel Herz dabei. Nehmen Sie das mit fürs nächste Mal.«

Heute glaube ich, dass sie unrecht hatte. Ich war mit zu wenig Herz dabei. Oder sagen wir mal so: Wenn ich auf mein Herz gehört hätte, dann hätte ich gewusst, wann mein Gastauftritt in Peters Geschichte beendet gewesen wäre. Ich hätte rechtzeitig losgelassen. Man kann einen guten Tod nicht machen, aber man kann ihn geschehen lassen, vielleicht kann man das so sagen. So wie bei Daniel.

Ich war am Samstag von meinem Nordseetrip zurückgekommen, Sonntagnachmittag war ich wieder auf der Palliativstation, um eine neue Patientin aufzusuchen. Gegen fünf zog ich mich ins Dokumentarzimmer zurück und rief mit zittrigen Händen im Hospiz an. Ich stellte mich als »Kollegin von der Palliativstation« vor, um sicherzugehen, dass man mir Auskunft gab.

»Herr T. ist ein Patient von mir gewesen, und ich wollte ihn morgen Nachmittag besuchen, ist er denn überhaupt noch da?«

»Nein. Tut mir leid. Er ist gestern Morgen gestorben.«

»Oh, schade«, sagte ich. Es klang hohl.

»Tut mir leid«, wiederholte der Mann, vermutlich ein Pfleger, »er wurde auch schon abgeholt.«

»Ist er denn gut rübergekommen?«, fragte ich zögernd, und auch ein bisschen ängstlich. Als »Kollegin von der Palliativstation« würde man mir seinen Tod sicher nicht schönmalen, falls er hässlich gewesen war.

»Doch, ist alles gut gelaufen, soviel ich weiß. Sein Sohn ist Donnertag noch einmal da gewesen. Sie haben noch einmal ein gutes Gespräch geführt und abends wurde er dann bewusstlos. Er ist bis Samstagfrüh nicht mehr wach geworden.«

Nachdem ich aufgelegt hatte, blieb ich noch ein paar Minuten sitzen. Es hätte *noch* besser laufen können, dachte ich. Wenn ich dabei gewesen wäre. Für einen kurzen Augenblick war sie wieder da, die romantische Idee, dass ich einen Unterschied hätte machen können. Und was ich alles hätte sagen können. Sagen müssen, als wir uns das letzte Mal gesehen haben. Reden ist Gold – waren das nicht meine Worte?

Doch das »Hätte, Sollte, Müsste« verflüchtigte sich zum Glück schnell wieder. Mir wurde klar, dass es da einen Teil in dieser Geschichte gab, über den ich die Kontrolle verloren hatte, und dass es so einen Teil in jeder Geschichte gibt, die es wert ist, erzählt zu werden. Ja, auf den ersten Blick hatte ich scheinbar alles vergessen, was ich gelernt hatte, in dem Moment, wo es drauf ankam. Aber auf den zweiten Blick war ich bloß ein Mädchen, das dabei gewesen war, sich in die Seele eines sterbenden Jungen zu verlieben, ohne zu wissen, wie das geht. Aber es war ein Anfang gewesen. Und so viel besser, als es gar nicht erst versucht zu haben.

Es mag Dinge geben, die zwischen Daniel und mir unausgesprochen geblieben sind, aber es gab auch einige Dinge, die ich mit ihm geteilt habe, und darüber bin ich sehr froh. Ich hatte ihm zum Beispiel von meinem Buchprojekt erzählt, und er hatte gewusst, dass er nun auch darin vorkommen würde. Ich hatte ihm auch gesagt, dass ich mich durch ihn wieder daran erinnert hatte, warum ich diesen Job überhaupt angefangen hatte. Weil ich dieses Buch schreiben wollte.

Ich hätte es ihm so gern vorgelesen, jeden Mittwoch ein Kapitel. Und dann, nach drei Monaten im Hospiz, wäre es ihm so gut gegangen, dass sie ihn entlassen hätten – lebendig. So wie Georg damals. Das wäre dann das Happy End gewesen. Aber so funktionieren Wunder nicht. Auch Wunder haben eine Halbwertszeit. Das weiß ich frühestens seit Papa und spätestens seit Daniel. Dass wir uns getroffen haben, ganz am Ende seines Lebens – *das* war das Wunder.

Und noch etwas hatte ich ihm gesagt. Dass ich zwar angefangen hatte, dieses Buch für meinen Sohn zu schreiben, aber dass ich es auch für seinen zu Ende schreiben möchte. Die Idee gefiel ihm sehr. Es ist schade, dass Daniel meine Interpretation seiner Geschichte nicht mehr lesen kann. Aber manchmal müssen Dinge für den einen zu spät kommen, damit sie für den anderen rechtzeitig da sind.

Ein bisschen Zeit brauchte ich dann doch noch, bevor ich meine Geschichte loslassen konnte. Dabei half mir Erik, mein letzter Patient auf der Palliativstation, bevor ich vorübergehend in eine andere Klinik wechselte. Auch er war nur wenige Jahre älter als ich. Erik war sehr spirituell, und er hatte an mehreren Büchern über den Buddhismus mitgewirkt. Jetzt litt er unter einem Tumor, der ihm Schmerzen beim Sprechen verursachte. Es war ihm daher lieber, wenn ich ihm etwas von mir erzählen würde.

Das war eine neue und ungewohnte Situation für mich – eigentlich war meine Rolle doch die der Zuhörerin und Fragestellerin, nicht die der Erzählerin. Doch ich fasste mir ein Herz. Meine Patient*innen hatten mir so oft von den persönlichsten und intimsten Momenten in ihrem Leben erzählt, daher war es vielleicht nur fair, dass mir mal jemand den Ball zurückspielte. Was also war jetzt gerade, und auch ohne tödliche Diagnose, die Geschichte *meines* Lebens?

Ich entschied mich, Erik vom Tod meines Vaters zu erzählen, und wie damals die Hoffnung beinahe die Liebe unter sich begraben hätte.

Wie nach zwei Jahren Palliativarbeit und schlussendlich durch meine Begegnung mit Daniel die Erkenntnis gereift war, dass Hoffnung und Liebe nicht zwangsläufig zusammengehören, und dass ich inzwischen gelernt habe, ein bisschen zumindest, wie Liebe ohne Hoffnung geht.

Erik bekam von mir sozusagen eine Zusammenfassung der letzten zweihundert Seiten, und er hörte mir aufmerksam zu.

»Das ist ein interessanter Gedanke, das mit der Hoffnung«, sagte er schließlich. »Er erinnert mich an den Begriff der Anhaftung im Buddhismus. Es geht immer ums Loslassen.«

Zu Hause spann ich diesen Gedanken weiter. Vielleicht war das ja auch der Schlüssel zu der »professionellen Nähe«, von der eine Dozentin in der Würdezentrierten Therapie einmal gesprochen hatte. »Offenes Herz, aber starker Rücken», hatte sie noch ergänzt. Das bedeutete, sich im Job als Mensch zu zeigen, ohne darüber seine Rolle und seine Aufgabe in der jeweiligen Situation zu vergessen.

Die Kunst dabei ist, dachte ich, den anderen in sein Herz zu lassen, aber ihn auch wieder freizugeben, wenn die Zeit gekommen ist. Denn letztendlich ist es doch die Angst vor genau dieser Anhaftung, die uns immer wieder in jene in die Jahre gekommene professionelle Distanz zurückfallen lässt. Daraus wiederum entsteht der Zustand der Ablehnung, im Buddhismus nach der Anhaftung das zweite »Geistesgift«, wie Erik mir erzählt hatte, indem wir gar nichts an uns heran-, geschweige denn in uns hereinlassen wollen. Und schließlich, wenn man sich dem tieferen Verständnis der Zusammenhänge zwischen Anhaftung und Ablehnung immer wieder verweigert, tritt der Zustand der Verblendung oder Ignoranz ein, das dritte »Geistesgift«. In dieser Verfassung sind Patient*innen für ihre Behandelnden nur mehr Zimmernummern und werden im Wesentlichen auf ihre Erkrankung reduziert.

Bei meinem nächsten Besuch berichtete ich Erik von dieser Einsicht, ich war gespannt, was er sagte.

»Und wenn man das verinnerlicht hat«, resümierte ich, »dann braucht man doch auch gar keine Angst mehr davor zu haben, seine Patient*innen zu lieben. Auch nicht, wenn sie sterben müssen. Kann man das so sagen?«

»Ja«, sagte er, »auf jeden Fall kann man das so sagen. Danke, dass Sie extra noch mal gekommen sind, um das mit mir zu teilen.«

Natürlich gibt es bis heute Tage, an denen ich merke, dass ich die Tür zu meinem Herzen etwas anlehnen muss, weil es an dem Tag schon so voll da drin ist. An anderen Tagen reißt mein Herz ein bisschen, weil ich noch nicht vollends vor Anhaftung gefeit bin und es in diesem Leben auch nie sein werde, und dann gesellt sich ein neuer Riss zu all den anderen. Ich bin nun einmal ein Teil der westlichen Kultur, und ich glaube an Abschied.

Eine liebe Freundin, die sich viel mit Buddhismus beschäftigt, erinnerte mich kürzlich daran, als ich ihr von diesen Gedanken erzählte, dass ja auch die buddhistischen Nonnen und Mönche nicht die ganze Zeit »erleuchtet« herumlaufen würden. Natürlich würden auch sie Trauer empfinden, wenn jemand stirbt. Die Theorie, auf eine Weise zu lieben, die das Ende der Liebe schon zu Lebzeiten fest miteinplant, erfordert in der Praxis sehr viel Übung. Darum übt man es am besten täglich, das macht es in Zeiten des Sterbens vielleicht ein bisschen leichter.

Ich gebe zu, nach Daniels Tod war der Riss ziemlich tief. Aber ich möchte in dem Zusammenhang noch mal an »Kintsugi« erinnern, die traditionelle japanische Reparaturmetode für Keramik. Ich habe die Erfahrung machen dürfen, dass früher oder später auch die Risse in meinem Herzen vergoldet werden. Und ich lasse mir nicht die Möglichkeit nehmen, dass dies durch die Begegnung mit einer Patientin oder einem Patienten geschehen kann, so wie mir das mit Daniel passiert ist. Ich lege es nicht drauf an, denn das wäre in der Tat äußerst unprofessionell. Heilung darf jedoch gegenseitig sein, und auch jemand, der mit sterbenden Menschen arbeitet, darf durch diese Menschen Heilung erfahren. Und das wiederum hat nichts mit Unprofessionalität zu tun. Sondern mit Liebe.

Ja, es war wirklich viel passiert, seit ich mich Anfang 2019 auf dem Weg gemacht hatte, um mich dem Sterben zu widmen und für meinen Sohn eine Antwort auf die Frage zu finden, was ich jetzt, am Anfang seines Lebens, tun kann, um ihn auf das Sterben vorzubereiten.

Kurz darauf starb mein Vater, kehrte jedoch nach sieben Minuten vorübergehend und vermutlich nicht ganz freiwillig von seinem Tod zurück. Die darauffolgenden Monate in der Zwischenwelt waren mein individuelles Boot Camp, mein Aufbruch im Schatten der Hoffnung und meine Vorbereitung für alles, was noch kommen sollte.

Papas zweiter Tod brach mein Herz. Daraus wuchs ein erstes Wunder, wie Löwenzahn aus der Bordsteinkante – meine Reise nach Kanada und die Entdeckung meines Mentors, auch wenn ich ihn nie live und in Farbe kennengelernt habe: Stephen Jenkinson. Gefolgt von meinem Einstieg auf der Palliativstation, die bittersüße Begleitung mit Peter, bei der auf den letzten Metern alles schieflief.

Die Zweifel, die daraus erwuchsen und beinahe wie eine Schmarotzerpflanze alle Wundersamen verschlangen. Doch dann kam die Pandemie, und ich spürte: jetzt oder nie.

Auf der Palliativstation führte ich die Würdezentrierte Therapie ein und mixte sie mit meiner Art, den roten Faden in Geschichten zu finden, und dabei achtete ich mehr und mehr darauf, auch die traurigen Dinge im Leben zu würdigen. Daraus entstand Story Care. »Eine geniale Geschäftsidee«, wie Daniel es nannte, »ein bisschen parasitär, aber genial.«

Das Ehrenamt wandelte sich in eine bezahlte Stelle, und auf einmal war aus meiner Berufung ein neuer Beruf geworden: Ich war eine Geschichtenpflegerin.

Und dann haben sie mir ihre Geschichten erzählt, einer nach dem anderen, und dann sind sie gestorben, einer nach dem anderen. Von einigen habe ich in diesem Buch erzählt, von den meisten nicht, aber ihre Geschichten werde ich trotzdem niemals vergessen.

In Herbst 2021 habe ich eine kleine Veranstaltung im Rahmen der Hamburger Hospizwoche leiten dürfen: »Story Care – über die Bedeutung der Biografiearbeit in der Palliativmedizin«. Dort hatte ich auch von Neele erzählt, und ich schloss meinen Vortrag damit, dass ich durch die Begegnung mit ihr zu einer wichtigen Erkenntnis gekommen war, über die ich auch schon in Kapitel vier gesprochen habe:

»Vielleicht haben Sie auch schon mal die Erfahrung gemacht, dass jemand, den Sie sehr gern haben, an Krebs erkrankt war. Wenn das ein Krebs ist, der einen besonders schlechten Ruf hat, zum Beispiel Speiseröhrenkrebs, dann findet sich fast immer irgendeine Person, die irgendeinen kennt, der wiederum jemanden kennt, der trotz schlechter Prognose schon seit Jahren damit lebt und gut klarkommt. Das sind die sogenannten ›Mutmach- oder Hoffnungsgeschichten‹, und vermeintlich die Geschichten, die alle hören wollen. Ich sage immer, das sind die Geschichten der ›zwei Prozent‹.

Mein Vater ist auch vor etwas mehr als zwei Jahren an einer Erkrankung gestorben, wo es knapp fünf Monate so aussah, als wäre er einer von den zwei Prozent weltweit, die diese Diagnose überleben. Und ich habe auch die ganze Zeit gehofft und gebangt und gedacht, mein Vater schreibt buchstäblich Geschichte, der überlebt das Ding. Hat er aber nicht. Und dann habe ich innerhalb kürzester Zeit erleben müssen, wie aus meinem Vater, einem vermeintlichen beziehungsweise temporären Wunder, eine Statistik wurde – er hatte die Seiten gewechselt, das heißt, er gehörte jetzt zu den 98 Prozent, die nach Plan sterben.

So wie Neele.

Und da hat sich für mich auch ein Kreis geschlossen, dass ich gesagt habe: Ja, das ist genau das, was ich immer machen wollte! Das ist meine Form des Journalismus. Ich widme mich jetzt den leisen Geschichten. Ich widme mich den anderen 98 Prozent. Weil die es ganz genau so wert sind, dass ihre Geschichte nicht in Vergessenheit gerät.«

Für diesen Ansatz bekam ich viel Applaus, und einige Menschen kamen nach meinen Schlussworten extra noch einmal nach vorne, um sich persönlich zu bedanken. Ich hatte offenbar einen Nerv getroffen. Aber war das auch der Kern *meiner* Geschichte? Dass ich es als Quereinsteigerin auf die Palliativstation geschafft habe, heute Geschichtenpflegerin für Sterbende bin und inzwischen sogar in den Medien über mich berichtet wird?

Bislang habe ich mehr oder weniger rekapituliert, was ich alles erlebt habe, als ich dieser einen Frage nachgegangen bin: »Wie kann ich meinen Sohn, jetzt, zu Beginn seines Lebens, auf das Ende vorbereiten?«

Aber welche Antwort kann ich heute darauf geben? Und zwar nicht nur als jemand, der auf einer Palliativstation arbeitet, sondern als Mutter, die *auch* auf einer Palliativstation arbeitet?

Die Kurzversion: Es ist okay, dass der Tod dir das Herz bricht. Es ist gut so. Es darf so sein.

Es sollte so sein.

Und jetzt die lange Version.

Nachwort
Ein letzter Akt der Elternschaft

Während ich dieses Buch zu Ende schreibe, nähert sich Kathryn, die Partnerin meines englischen Schriftsteller-Freundes Mark, dem Ende ihres Lebens. Sie wird in den kommenden Wochen an Krebs sterben. Mark und Kathryn sind für mich absolute Vorbilder im Umgang mit der traurigsten Sache der Welt: weil sie offen darüber sprechen, miteinander, aber auch mit ihren Freund*innen. Schonungslos und liebevoll. Kathryn erweist Mark einen letzten Liebesdienst damit, dass sie ihn an ihren Gedanken und Gefühlen teilhaben lässt. Er wird an ihrer Seite sein, wenn sie geht, in seinem eigenen Sterben wird er nur mehr ihre Worte haben, aber das ist so viel mehr, als ganz allein zu sein.

Mark schreibt mir seinerseits fast täglich, wie es sich anfühlt, derjenige zu sein, der hierbleiben wird; wie es ist, seine große Liebe in den Tod zu pflegen. Er spricht über seine Ängste und über die vielen Fragen, die ihn Tag und Nacht begleiten. Über die Panik, die ihn manchmal befällt, wenn er an das Leben ohne Kathryn denkt. Ein Leben, das nur noch Wochen, vielleicht nur noch wenige Tage entfernt ist. Kurz nachdem er erfuhr, dass Kathryn sterben muss, schrieb er mir, dass er für den Mut betet, all die Gefühle zu fühlen, die gefühlt werden müssen. Und ich darf Zeugin sein, wie er diesen Mut Tag für Tag aufbringt, Stunde um Stunde aufs Neue, und auch wenn es unfassbar traurig ist, bin ich zutiefst dankbar dafür. Das »darüber Reden» entlastet nicht nur diejenigen die »akut« trauern.

Es kann auch all denen helfen, die ihnen aufmerksam zuhören. Spätestens dann, wenn aus ihrem »Irgendwann« ein »Jetzt« wird. Es *gibt* Gefühle jenseits von Hoffnung und Widerstand gegen das Unausweichliche, und es ist möglich, Worte für sie zu finden.

Im Sommer 2022, ich war zu der Zeit in einer anderen Klinik tätig, erschien ein Artikel über mich im Magazin *Der Spiegel*. Die Überschrift des Artikels lautete: »Zu viel Hoffnung stört beim Sterben«, und als ich die fetten schwarzen Buchstaben unter dem Bild von mir sah, ahnte ich schon, dass sie nicht jedem gefallen werden. Tatsächlich hatte ich den Satz so gesagt, und ich hätte mir eigentlich auch denken können, dass er als Überschrift ausgewählt werden würde. Es ist ein Satz, über den man als Leser*in erst mal stolpert, und der wahrscheinlich neugierig macht. Es gab allerdings einen Arzt in dem neuen Krankenhaus, der sich durch diese Zeilen angegriffen fühlte und deswegen am frühen Morgen aus seinem Urlaub in der Presseabteilung anrief. Wie so was denn passieren könnte – als ob »wir«, und damit meinte er wahrscheinlich sich und seine Kolleg*innen in Weiß, die Patient*innen stören würden!

Stimmt, dachte ich, viele Ärzte und Ärztinnen sehen sich noch immer als Hoffnungsträger*innen, vor allem außerhalb einer Palliativstation, und das sind sie ja auch. Die hatte ich aber auch gar nicht ansprechen wollen. Mir fiel der Artikel des Psychologen Ernst Engelke wieder ein, auf den ich nach meiner Begleitung von Peter gestoßen war. »Lasst den Sterbenden ihre Hoffnungen«, hatte er geschrieben, spannenderweise auch im *Spiegel* – und jetzt kam ich, eine Geschichtenpflegerin ohne Doktortitel, und hatte den Spieß einfach umgedreht.

Als ich hörte, dass der Arzt, der sich beschwert hatte, Neurologe in der Frührehabilitation war, begriff ich allerdings sofort, warum diese Überschrift offenbar einen wunden Punkt bei ihm getroffen hatte.

In einer anderen Frühreha, ein paar Stadtteile weiter westlich, hatte vor drei Jahren die Hoffnung meinen Vater fast fünf Monate lang massiv (und für das Krankenhaus lukrativ) beim Sterben gestört. Für einen Neurologen in einer solchen Einrichtung ist die Hoffnung also ein wichtiger Bestandteil seiner Rollenbeschreibung.

Und trotzdem, bis heute kann ich mich nicht entscheiden, ob es für meinen Vater oder für mich wirklich »besser« gewesen wäre, wenn er direkt bei seinem Herzstillstand gestorben wäre. Ihm wäre sicherlich viel erspart geblieben, das künstliche Koma mit dem darauffolgenden Delir, die ganze Anstrengung in der Reha, die damit verbundenen Ängste, aber vor allem auch dieser langsame und furchtbar anstrengende Tod.

Es ist unmöglich, wirklich zu begreifen, was mein Vater alles aushalten musste, um noch ein bisschen länger mein Vater zu sein. Dennoch, wenn ich höre, dass Menschen an Ort und Stelle an einem Herzstillstand gestorben sind, dann bin ich tatsächlich dankbar, dass es bei Papa anders gewesen ist. Aber wie kann ich dankbar dafür sein, wenn er doch viereinhalb Monate später diesen harten Tod gestorben ist?

Vielleicht, weil ich mich geliebt fühlte. Ich dachte immer, ich habe ihn mit meiner Liebe am Leben gehalten, aber vielleicht hat er mich noch viel mehr geliebt, und zwar, solange ich ihn noch brauchte. Eine spannende Frage, finde ich. Wenn sterbende Angehörige sich ans Leben klammern, was treibt sie an – unsere Liebe für sie oder ihre Liebe für uns? Oder wie meine Freundin Akua zu mir nach Papas Tod sagte: Es ist die Liebe, die uns bleiben lässt, und es ist die Liebe, die uns gehen lässt.

Ich weiß noch, wie ich kurz nach seinem Tod dachte, dass ich meine »Belohnung« nicht bekommen habe, und dass ich mich sogar verraten fühlte. Hatte ich meinen Vater denn nicht genug geliebt? Inzwischen bin ich sicher, so funktioniert Liebe nicht.

Vielleicht hatte mein Vater sich einfach entschieden, noch ein bisschen länger mein Vater zu bleiben, bis es wirklich nicht mehr ging. Und wenn es doch andersherum war, dass ich diejenige war, die ihn im Leben gehalten hat (mithilfe meiner restlichen Familie und einer ganzen Entourage medizinischen Personals, natürlich), dann weiß ich, dass der Vater, der er immer gewesen ist, mir auch das verziehen hätte, ohne sich zu beschweren. Am Ende ist es vielleicht sogar die gleiche Geschichte, es sind nur zwei Arten, sie zu erzählen.

Und ich bin dankbar dafür, dass wir überhaupt einen Abschied hatten, auch wenn er so verdammt hart war. Wäre Papa schon am achtzehnten Februar für immer gestorben, hätte dieser schnelle Tod eine Lücke hinterlassen, die nicht zu schließen gewesen wäre – die Lücke des Nicht-Abschieds. Ich denke umgekehrt ganz sicher nicht, dass jemand, der einen plötzlichen Herztod stirbt, seine An- und Zugehörigen weniger liebt. Manche Erkrankungen oder Verletzungen sind so schwerwiegend, dass die liebendste Seele trotz modernster Technik keine Chance auf eine Nachspielzeit hat. Ich kann mir aber vorstellen, dass diese Nicht-Abschiede für die Hierbleibenden vielleicht sogar noch härter sind als all das, was meine Familie durchgemacht hat.

In jedem Fall aber sind es Ennis' Worte gewesen, die seinem Opa ganz zum Schluss den Frieden geschenkt haben, den er brauchte, um endlich gehen zu können. Er hat ihm und uns mit seiner Sprachnachricht die letzte Hoffnung genommen, auf die liebevollste Art und Weise. Ich werde für immer der Schwester dankbar sein, die damals an Papas Sterbebett diesen leisen Impuls hatte, und vor allem, dass sie ihn laut *ausgesprochen* hat.

Rückblickend hatte es zwei Jahre später bei Daniel hingegen das ein oder andere gegeben, was ich nicht laut gesagt habe, und ich werde nicht mehr herausfinden, ob es irgendeinen Unterschied gemacht hätte, wenn er nicht nur geahnt, sondern auch gehört hätte, wie sehr ich ihn mochte und wie traurig ich darüber war, dass unsere Freundschaft nur drei Wochen gewährt hatte. Alles, was ich über seinen Tod weiß, ist aber, dass es »okay« gewesen sein muss, und das ist in Anbetracht der verdammt traurigen Ausgangssituation eigentlich schon eine ganze Menge.

Im Herbst 2021 hat mich eine Journalistin des *Süddeutsche Zeitung Magazins* für die Berufe-Kolumne »Der Fall meines Lebens« interviewt, und ich hatte auch ihr Daniels Geschichte erzählt. Da habe ich wieder einmal gemerkt, wie schwierig es ist, auch noch über ein Jahr später, all diese gemischten Gefühle auszuhalten. War es »richtig« gewesen, dass er sich für den Tod entschieden hatte, und bedeutete das im Gegenzug, dass er nicht »alles« für seinen Sohn gegeben hatte? Oder war er einfach nur ein sterbender Mann, der sich entschied, das zu tun, was er sowieso schon tat, nämlich zu sterben?

Ich glaube, Daniel hat, genau wie mein Vater, tatsächlich alles für seinen Sohn gegeben. Nämlich am Ende sogar sein Leben, für das es, seiner Einschätzung nach, keine Hoffnung mehr gegeben hatte. Daniel wollte in Frieden gehen, das hatte er auch zu den Ärzten genau so gesagt, und diesen Frieden hätte er nicht halten können, wenn die Hoffnung wieder angefangen hätte, ihn beim Sterben zu stören.

Natürlich bleibt eine gewisse Ambivalenz, genau wie bei meinem Vater, aber ich muss mich daran erinnern, dass Ambivalenz, obgleich sie keinen guten Ruf hat, genau wie Trauer, eine Fähigkeit ist. Die Fähigkeit, zwei oder mehrere miteinander in Widerstreit tretende Meinungen in sich zu tragen, sie auszuhalten und sogar zu pflegen, ohne sich für eine entscheiden zu müssen. Ambivalenz ist die Kunst, sich in der Grauzone zu orientieren und ohne Eile durch sie hindurchzunavigieren – und zwar mit all den sich widersprechenden Wünschen, Gefühlen und Gedanken gleichzeitig an Bord. Es geht nicht darum, so schnell wie möglich zu wissen, sondern so lange wie nötig zu lernen.

In einer schwarz-weißen Welt jedoch, die in Richtig und Falsch und in Gut und Böse aufteilt, wird Lernen meist nur vordergründig akzeptiert. »Learning on the job« heißt es im Englischen, und die meisten halten das erst mal für eine gute Sache, aber ich fürchte, die wenigsten wollen der Job sein. Erst recht nicht im Sterben. Ich bin Daniel unglaublich dankbar für diese große Lernerfahrung, die ich an seiner Seite machen durfte, und dass ich sie mit anderen teilen darf.

Als die SZ-Redakteurin mich fragte, was ich denn ganz persönlich aus dieser Geschichte mit Daniel mitgenommen hätte, antwortete ich, dass sie mich auf jeden Fall daran erinnert hat, wie hart es ist, zu wissen, dass jemand sterben muss, wenn alles in einem sich wünscht, dass es anders wäre. Dass es gut ist, sich immer mal wieder daran zu erinnern, wie schwer das ist, wenn im Kreis der »Profis«, zu denen ich ja nun inzwischen auch im weitesten Sinne gehöre, immer von Akzeptanz und Loslassen die Rede ist. Wenn du jemanden liebhast, dann willst du in den allermeisten Fällen nicht, dass er geht, und warum sollte das auch anders sein?

Heute weiß ich: Es muss nicht zwangsläufig die Hoffnung sein, die in solchen Situationen einspringt, um das Gefühlsvakuum zu füllen, wenn Akzeptieren und Loslassen nicht infrage kommen. Es gibt eine Alternative, und das ist die Trauer. Wenn wir sie zulassen, lassen wir auch die Liebe zu – und umgekehrt. Einen Menschen gehen zu lassen, auch wenn alles in dir schreit, »Bleib hier!«, das ist die Kunst. Du kannst ihn aber loslassen, ohne ihn dabei verlieren zu müssen.

Ich glaube, das ist tatsächlich auch noch ein ganz wichtiger Punkt: Zu wissen, dass die Dinge so sind, wie sie sind, bedeutet nicht, einen abgeklärten Umgang damit zu haben. Oder irgendwie krampfhaft zu versuchen, aus etwas Tieftraurigem etwas Schönes zu machen. Ich hoffe, dass weder Papas Geschichte noch Daniels oder die all der anderen, die ich begleitet habe, so rüberkommen, als hätte ich sie »schöngeredet«. Es geht nicht um Verwandlung, nicht darum, dass aus dem einen das andere wird.

Es geht darum, dass Schönheit und Traurigkeit nebeneinander und manchmal ineinander existieren. Und dass man immer dort, wo man das eine in seiner ursprünglichsten Form vorfindet, zwangsläufig auch das andere entdeckt. Vorausgesetzt, man verschließt nicht die Augen davor. Eine Geschichte hat immer zwei Seiten, mindestens.

»Trauer«, sagt auch Stephen Jenkinson, »ist das Lernen und die Fähigkeit, die ganze Geschichte zu sehen. Trauer muss gelernt werden, was bedeutet, es muss gelehrt werden.« Demnach ist es möglich, es nicht zu lernen. Tatsächlich würden viele Menschen zunächst sicher zustimmen, dass Trauer ein Gefühl ist oder ein Prozess, den man managen muss und der einen Abschluss braucht. In diesem Fall würden wir über Trauer wie über ein Problem reden, sagt Jenkinson, »in der gleichen Art, wie wir über das Sterben reden. Aber etwas ändert sich, wenn wir über Trauer wie über eine Fähigkeit sprechen, die erlernt werden muss, denn genau das ist sie.«

Im *mutmacher,* ein Magazin des »Leuchtfeuer», ein wunderbares Hospiz hier bei mir auf Hamburg-St. Pauli, las ich kürzlich die Überschrift: »Trauer ist nicht das Problem, Trauer ist die Lösung.« Das fand ich sehr klug auf den Punkt gebracht. Nur haben wir eben in den seltensten Fällen gelernt, wie trauern geht, sondern uns wird bloß beigebracht, sie zu bewältigen oder zu überwinden. Dabei ist das weder möglich noch nötig.

Meistens wird über Trauer wie etwas gesprochen, was dir passiert, etwas, was unausweichlich ist. Jenkinson schreibt: »Ohne viel darüber nachzudenken, glauben die meisten von uns, dass die Trauer uns befällt, unausweichlich, wenn die Zeit kommt: Wenn das detonierende Trauerding uns überrollt, dann werden wir trauern. Und dann, wenn alles nach Plan läuft, nicht mehr.«

Doch Trauer gehört in einem vergänglichen Leben zu den wenigen dauerhaften Angelegenheiten. Trotzdem begeben sich laut Jenkinson nur sehr wenige Leute auf die Suche danach oder wollen gut darin werden. Aber Trauer ist eine Fähigkeit, die genauso wichtig für unser emotionales, spirituelles und unser gemeinschaftliches Leben ist wie Liebe. »Wir werden vielleicht mit dem Bedürfnis, vielleicht sogar mit der Sehnsucht danach geboren, aber wir werden nicht mit dem Wissen geboren, mit beidem umzugehen.«

Ich weiß, dass ich mein Leben lang nach einem Weg gesucht habe, zu lernen, wie man über die Vergänglichkeit des Lebens trauert. Wenn ich jetzt auf die über vier Jahrzehnte zurückschaue, die ich auf dieser Welt unterwegs bin, dann stelle ich fest, dass ich mich schon längst auf genau jenem Weg befand. Es hat den Tod meines Vaters gebraucht, meine Reise nach Kanada und die indirekte Begegnung mit Stephen Jenkinson, um das zu verstehen, oder besser gesagt, um diesen Pfad deutlich zu erkennen. Ich war aber schon als Kind viel zu lange allein mit meinen Gedanken, die ich viel zu selten ausgesprochen, sondern immer wieder runtergedrückt habe, sodass sie sich schließlich in einer chronischen Depression manifestierten.

Und jetzt, fast vierzig Jahre, nachdem ich als kleines Mädchen die Mission, mich irgendwie mit dem Tod anzufreunden, auf mich genommen hatte, rede ich tatsächlich in der Öffentlichkeit darüber. Und es gibt Menschen, die mir zuhören, die mehr wissen wollen, und auf einmal bin ich auf meinem Weg nicht mehr allein.

Aber es kommt nicht allein darauf an, dass wir mehr über den Tod reden – es kommt auch darauf an, was wir sagen. Sterben sollte auch nicht nur Thema sein, wenn es an der Zeit ist, zu sterben. Vor allem finde ich wichtig, dass wir auch über die Dinge sprechen, die nicht so gut laufen, die hart sind und wehtun. Die Dinge, die wir möglicherweise bereuen oder die schmerzlich waren, obwohl wir es vielleicht wieder genauso machen würden. Mir ist auch wichtig, dass wir immer wieder daran denken, dass Trauer nicht nur diejenigen betrifft, die bleiben, sondern auch denjenigen, der geht. Und dass diese Trauer nur »bezeugbar«, aber nicht heilbar ist, schon gar nicht durch Medikamente. Mir ist wichtig, dass wir versuchen, dass unsere Sprache eine Art des Bezeugens dessen ist, was uns sprachlos macht. Das ist, was ich gerade mit meinem Freund Mark erlebe, der seiner großen Liebe nicht nur beim Sterben zusieht, sondern diesen Prozess aus und mit ganzem Herzen bezeugt. Das ist, meiner Meinung nach, was »Trauern lernen« bedeutet. Wenn du denkst, du weißt nicht, was du sagen sollst, sag deswegen nicht weniger. Sag mehr.

Und weil es mir jetzt gerade genauso geht, versuche ich diesen Rat selbst zu befolgen und weiterzumachen, obwohl ich noch nicht genau weiß, wie. Beziehungsweise, wie ich aufhören soll, um im Thema zu bleiben. Ich möchte ein Buch, das ich für meinen Sohn begonnen habe, auch mit ein paar Zeilen an ihn beenden. »Trauern lernen« bedeutet auch, jemanden zu vermissen, der noch nicht gegangen ist.

Lieber Ennis,

als ich vor einiger Zeit in dem anderen Krankenhaus anfing, war meine erste Patientin eine achtzigjährige Frau. Sie hatte wie ich einen Sohn, ihr einziges Kind, den sie über alles liebte. Ich glaube, er war inzwischen schon über fünfzig. Und sie hatte, wie ich, ein sehr inniges Verhältnis zu ihrem Vater gehabt, der genau wie dein Opa gestorben ist, als ihr Sohn erst ein paar Jahre alt war. Weißt du, manchmal gibt es Patientinnen, bei denen ich das Gefühl habe, einen Teil meines eigenen Todes in ihren Augen zu sehen. Immer dann, wenn es biografische Parallelen gibt, nur, dass die Frauen im Sterbebett mir drei oder vier Jahrzehnte voraus sind. Es sind diese Momente, in denen ich ihren Erinnerungen lausche, in denen ich zwangsläufig daran denken muss, dass auch meine Zeit kommen wird.

Die Zeit, in der ich mich von dir verabschieden werde, wenn das Leben mir denn einen Abschied vergönnt, denn manchmal sind auch die harten Dinge des Lebens ein Privileg und schon gar nicht selbstverständlich. Dann frage ich mich: Was werde ich mit dieser Zeit des Abschieds anfangen? Wird es einen Unterschied gemacht haben, dass ich mich so viel mit dem Sterben beschäftigt habe? Werde ich dir sagen, was ich fühle? So wie diese ältere Dame ihrem Sohn sagte, wie viel er ihr sein ganzes Leben lang bedeutet hatte, wissend, dass sie ihn sehr bald zurücklassen musste?

Ich weiß es nicht. Aber ich wünsche mir, dass ich den Mut finden und mich an das erinnern werde, was ich dir schon heute mit auf deinen Weg geben möchte. Auch für den Fall, dass ich es nicht oder nicht mehr schaffe, es auszusprechen. Dafür möchte ich noch ein letztes Mal Stephen Jenkinson zitieren:

»Wenn du jemanden liebst, gehört Trauer dazu. Trauer ist ein Weg, das zu lieben, was aus dem Blick verschwunden ist, und Liebe ist eine Art, um das zu trauern, was noch da ist. Liebe wird zur Er-

kenntnis ihrer eigenen Vergänglichkeit, und du liebst auch diese Vergänglichkeit.«

Trauer, das kann ich inzwischen sagen, ist so viel mehr als ein Gefühl. Eine Fähigkeit, ja, aber sie ist sogar noch mehr. Sie ist ein fester Bestandteil der Architektur des Lebens, wie Jenkinson sagt. Es kostet so viel weniger Kraft, ihr einfach zu folgen, anstatt zu versuchen, ein Loch hineinzubohren und dann zu überlegen, wie man das Loch repariert.

Natürlich tut mir der Gedanke an den Tag, an dem du aufwachst und ich nicht mehr an deiner Seite bin, schon jetzt wahnsinnig doll weh. Ich möchte mir am liebsten gar nicht vorstellen, dass es eine Zeit geben wird, in der du mich nicht mal mehr anrufen oder um Rat fragen kannst. Ich habe auch keine Ahnung, was das Leben nach dem Tod angeht, ich kann dir also auch nichts versprechen, was das »Danach« betrifft.

Aber einer Sache bin ich mir ziemlich sicher, und zwar egal wie alt ich sein werde oder wie krank: Die Tatsache, dass ich sterben muss, wird nichts daran ändern, dass ich immer für dich da sein möchte. Ich werde dich nie verlassen wollen, ich werde nie bereit dafür sein, auch wenn ich weiß, dass ich gehen muss. Und du musst auch nicht so tun, als ob es okay für dich wäre, wenn es das in Wirklichkeit gar nicht ist. Du musst mir nicht erlauben, zu gehen, wenn du nicht willst, dass ich gehe.

Und wenn du nicht willst, dass jemand stirbt, den du liebst, dann darfst du ihm das auch genau so sagen. Das ist, was »gemeinsam trauern« bedeutet: mit Menschen traurig zu sein, anstatt über sie. Und andersherum ist es genauso okay, nicht sterben zu wollen und trotzdem zu wissen, dass man stirbt – und auch das genau so zu sagen.

»Gut im Trauern sein« bedeutet auch nicht, dass dir keiner anmerkt, wie es dir wirklich geht, oder dass du schnell damit durch bist

und weitermachst so wie bisher. Es ist auch nicht die Stärke, sich »zusammenzureißen«, sondern die Stärke, offen mit Verletzlichkeit umzugehen. Das ist das, was mein Freund Daniel kurz vor Schluss noch einmal geschafft hat: Er hat den Mut aufgebracht, seinem Sohn seine Trauer zuzumuten. Das war kein Scheitern, sondern eine Errungenschaft, vielleicht sogar ein letzter Akt der Elternschaft. Indem er seinen Sohn ermutigte, offen mit seiner Trauer umzugehen und daraus Kraft zu ziehen, ist er ihm noch einmal der Vater gewesen, der er ihm während seiner Alkoholsucht nicht mehr wirklich sein konnte.

Und wenn du vielleicht selbst einmal ein Kind hast und weinen willst, weil deine Mutter stirbt, oder jemand anderes, den du gern hast – dann mach das, wenn du kannst, damit dein Kind weiß, dass auch Erwachsene manchmal ganz schön traurig sind.

Weißt du, als Opa so krank wurde, da habe ich oft an Opas Mama gedacht, also an meine Oma, und ob sie von irgendwo und in irgendeiner Form für ihn da sein kann. Vielleicht war sie es ja, ohne dass wir sie sehen konnten. In jedem Fall hoffe ich, und in diesem Fall lasse ich das Wort »hoffen« ganz bewusst so stehen, dass ich auch irgendwie für dich da sein kann, wenn du diese Welt verlässt, und dass du dann zu mir kommst, wo auch immer ich dann sein mag.

Und was meinen eigenen Tod angeht – ich wünsche mir ganz fest, dass mein Vater mich abholt, wenn ich gehe. Dass das so die letzten Bilder sind, die mein Gehirn an meine Seele sendet: mein Papa, der mich anlächelt und die Hand ausstreckt, um mir aufs Fahrrad zu helfen. In meinen letzten Momenten möchte ich noch einmal drei sein, auf seinem Fahrrad sitzen und mit ihm durch den Wald fahren. Ich wünsche mir, dass ich dann, wenn der Wald dunkler wird, keine Angst mehr habe, weil mein Vater mich sicher nach Hause begleitet.

Wenn ich mir das vorstelle, jetzt gerade, dann wird mein Tod, vor dem ich immer so Angst hatte, dass er nurmehr ein schwarzes Loch ist, in das ich falle, stattdessen zu einem Leuchtturm, der mir den Weg weist. Das Ende, dem ich entgegenlebe, vielleicht so, wie ich dem Ende eines Buches entgegenlese. Bevor ich mir ein Buch kaufe, lese ich schon in der Buchhandlung immer erst den letzten Satz. Das ist etwas, was viele Leute merkwürdig finden, aber ich möchte wissen, ob das ein Ende ist, an dem ich ankommen möchte. Ob ich das Unbekannte lesen möchte, »um am Ende mit dem Ende« belohnt zu werden.

Heute frage ich mich nicht mehr, warum leben wir, wenn wir doch sterben müssen. Und ich kann es ein bisschen besser aushalten, dass ich nicht nur dich geboren habe, sondern auch deinen Tod. Ich habe verstanden, dass wir nur ein sinnerfülltes Leben leben können, weil wir sterben werden, und dass das tatsächlich der einzige Grund ist, der Sinn ergibt. Wenn du nicht sterben würdest, welchen Sinn würde dein Leben dann ergeben? Nicht nur für dich, sondern auch für alle anderen? Welchen Sinn hätte mein Leben in deinem, wenn es nicht enden würde? Welchen Sinn hätte dein Leben ohne deinen Tod?

Als ich meine Religionslehrerin damals fragte, welchen Sinn das Leben hat, wenn es doch den Tod gibt, war ihre Antwort: »Du bist noch so jung, Sabrina, lebe erst mal dein Leben.«

Du hast jetzt meine Antwort bekommen, obwohl du mich gar nicht danach gefragt hast, aber ich dachte mir, im Zuge all meiner Erfahrungen, dass es vielleicht eine gute Idee ist, dir erst mal etwas über den Tod zu erzählen, ein bisschen zumindest. Natürlich liegt die ultimative Antwort erst in meinem eigenen Sterben verborgen, denn am Ende leben wir unseren Kindern auch das Sterben vor. Aber jetzt, lieber Ennis, my only choice, geh los und leb dein Leben!

In zeit- und raumloser Liebe,
Mama

Anmerkung der Autorin

Fakten passieren einmal und verblassen dann, sagt Stephen Jenkinson. Sie werden zu einem Teil der Geschichte, aber sie sind nicht *die* Geschichte. Die Geschichte ist das, was im Herzen bleibt.

Alle Geschichten in diesem Buch sind wahr und genau so passiert. Aber es gibt Fakten in diesen Geschichten, die ich zum Schutz der Verstorbenen und ihrer Angehörigen geändert habe.

Mein größter Dank gehört den Menschen, die mir in den vergangenen Jahren einen Teil ihrer kostbaren Zeit geschenkt und mir ihre Geschichten erzählt haben. Sie sind meine persönlichen Held*innen, und ich werde sie nie vergessen.

Apropos Helden: Danke, Papa, dass du mir in »deiner dir eigenen Art« dein Einverständnis gegeben hast, deine Geschichte zu erzählen – die Zusage für dieses Buch habe ich an deinem Geburtstag bekommen.

Ich danke Dr. Markus Faust und dem gesamten Team der Palliativstation der Asklepios Klinik in Hamburg St. Georg für eine wahrlich wundervolle gemeinsame Zeit, aber vor allem dafür, dass sie alle jeden Tag aufs Neue das Beste für die ihnen anvertrauten Menschen geben. Ihr leistet Großartiges!

Ich danke Ashleen Sauerborn von der Agentur rauchzeichen, dass sie den Mut hatte, mich und mein Buch zu vertreten, Doro Bühler vom Beltz Verlag, dass sie mir immer ganz genau zugehört hat, und Katharina Theml für ihr achtsames Lektorat.

April Bosshard und Mark Rowden – ohne unsere besondere kanadisch-englisch-deutsche Freundschaft und unseren inspirierenden Austausch hätte ich es nicht geschafft, dieses Buch überhaupt zu schreiben. Thank you!

Deb Ozarko's *Beyond Hope* war mir ebenso eine große Inspiration, und ich wünsche mir, dass die wichtige Botschaft ihres Buches noch viel mehr Menschen erreicht.

Mein Dank geht auch an North Atlantic Books für die freundliche Abdruckgenehmigung der übersetzten Passagen aus *Die Wise*, insbesondere an Sarah Serafimidis für ihre wertvolle Unterstützung.

Ich danke natürlich auch Stephen Jenkinson, dessen Weisheit nach wie vor nicht nur einen Unterschied in meinem Leben, sondern auch in dem Sterben der Menschen macht, die ich begleite. Er findet in diesem Buch nicht nur in den ausgewählten Zitaten statt, sondern ganz oft auch zwischen den Zeilen.

Und ich danke Mirko, für alles.

Quellenhinweise

Fari Amini: *A General Theory of Love*, Random House 2000

Jeff Bezos, »Wir werden die Erde besuchen wie ein Naturschutzgebiet«, stern.de, Nov. 2021, https://www.stern.de/digital/online/jeff-bezos-erwartet-umzug-der-menschheit-ins-all---wir-werden-die-erde-besuchen-wie-ein-naturschutzgebiet--30925982.html

Glennon Doyle über ihr Buch *Love Warrior*, MacMilan USA, 2017, https://kriscarr.com/blog/how-to-inspire-others-with-sensitivity-glennon-doyle-melton/

Ernst Engelke: »Lasst den Sterbenden ihre Hoffnung«, spiegel.de Nov. 2013, https://www.spiegel.de/gesundheit/psychologie/palliativmedizin-sterbenskranke-muessen-den-tod-nicht-akzeptieren-a-929854.html

Ernst Engelke: *Die Wahrheit über das Sterben. Wie wir besser damit umgehen*, Rowohlt 2015

Éva Fahidi, *Die Seele der Dinge*, Lukas Verlag, 2011

Stephen Jenkinson: *Die Wise. A Manifesto for Sanity and Soul*, North Atlantic Books 2015, © 2015 by Stephen Jenkinson. Reprinted by permission of North Atlantic Books.

Stephen Jenkinson, *Griefwalker*, Film von Tim Wilson, 2008

Jane Marczewski auf Instagram, https://www.instagram.com/p/CSaQD8wFkfy/?hl=de

Kathryn Mannix auf Twitter, https://twitter.com/drkathrynmannix/status/1569067840409419783?s=20&t=qBosv1WXvezDVr3cqi_0sg

Deb Ozarko: *Beyond Hope. Letting go of a World in Collapse*, CreateSpace 2018

Pelé auf Instagram, https://www.instagram.com/p/CluFX8JOAwl/

Martin Prechtel: *The Smell of Rain on Dust*, North Atlantic Books 2015

Rainer Maria Rilke: *Briefe an einen jungen Dichter*, Insel Verlag 2019